인생을 바꾸는 습관

현대인을 위한 윌리엄 제임스의 심리학 가이드

윌리엄 제임스 지음

인생을 바꾸는 습관
현대인을 위한 윌리엄 제임스의 심리학 가이드

초판 1쇄 인쇄 2025년 8월 1일
초판 1쇄 발행 2025년 8월 10일

지 은 이 김건아

발 행 인 이헌숙
디 자 인 (주)휴먼컬처아리랑 디자인팀
편 집 (주)휴먼컬처아리랑 편집팀
교정·교열 김건아

주 소 경기도 양평군 옥천면 용천로 37
문 의 •TEL 070-8866-2220 •FAX 02-784-4111
이 메 일 thethinkbook@naver.com
홈페이지 www.휴먼컬처아리랑.kr

발 행 처 생각쉼표 & (주)휴먼컬처아리랑
출판등록 제 2009-000008호
등록 일자 20009년 12월 29일
등록 번호 132-81-87282

ISBN 979-11-6537-392-4 (03180)

저자 소개

윌리엄 제임스

인간 정신의 선구자: 윌리엄 제임스(William James, 1842~1910)

미국 심리학의 아버지이자 철학의 거장, 그리고 실용주의 철학의 공동 창시자인 윌리엄 제임스는 19세기 말에서 20세기 초, 인간 정신과 의식에 대한 가장 심오하고 지대한 영향을 미친 사상가이다. 그는 단순히 지식을 전달하는 것을 넘어, 인간 경험의 본질과 삶의 의미를 탐구하는 데 평생을 바친 '인간 정신의 탐험가'였다.

1842년 뉴욕의 유복하고 지적인 가정에서 태어난 윌리엄 제임스는 비범한 환경에서 성장했다. 그의 아버지는 영향력 있는 신학자였고, 동생은 유명한 소설가 헨리 제임스였다. 유럽과 미국을 오가며 그림, 화학, 생리학 등 다양한 분야를 탐색한 그는 학문적 경계를 넘나드는 융합적 사고의 토대를 마련했다. 하버드 대학교에서 의학을 공부하던 중, 그는 반복되는 우울증과 신경쇠약으로 깊은 존재론적 위기를 겪었다. 특히 자유의지와 결정론 사이의 갈등은 그를 오랫동안 괴롭혔다. 이러한 개인적인 고통은 그가 인간 정신의 복잡성과 회복력에 대한 깊은 이해를 얻게 되는 계기가 되었다. 1872년, 하버드 대학교에 임용된 제임스는 1875년 미국 최초의 심리학 실험실을 설립하며 심리학을 철학에서 분리하여 독립적인 과학적 연구 분야로 격상시키는 데 결정적인 역할을 했다. 그는 실험을 통해 정신 현상을 객관적으로 측정하려 시도하면서도, 인간 의식의 복잡성을 단순히 기계적인 요소로 환원하는 것에 대한 회의를 품었고, 이는 그가 독자적인 사상 체계를 구축하는 배경이 되었다.

1890년 출간된 제임스의 기념비적인 저서 『심리학의 원리』는 심리학 분야의 고전으로 자리 잡았다. 이 방대한 저작에서 그는 의식, 감정, 자아, 습관, 의지력, 주의 등 인간 정신의 거의 모든 측면을 깊이 있게 탐구하며 혁신적인 통찰을 제시했다. 그는 의식을 구성 요소로 분해하려던 당시의 접근에 반대하며, 의식의 '기능'과 '흐름'에 주목하는 새로운 관점을 제시했다. 또한, 감정과 신체 반응의 관계를 역설하는 획기적인 이론을 내놓았고, 자아의 다층적인 측면을 파고 들었으며, 습관과 의지력이 삶을 형성하는 강력한 힘임을 강조했다. 나아가 믿음이 인간의 행동과 현실에 미치는 영향에 대해서도 선구적인 주장을 펼쳤다.

윌리엄 제임스는 심리학 분야뿐만 아니라, 실용주의 철학의 공동 창시자로도 널리 알려져 있다. 그의 사상은 아이디어의 진실성을 그 유용성이나 실천적 결과에 의해 결정된다고 보는 실용주의의 핵심을 담고 있으며, 지식과 믿음의 실제적 가치를 강조했다. 그의 방대한 사상은 행동주의, 인지 심리학, 긍정 심리학, 신경과학 등 현대 심리학의 거의 모든 분야에 직간접적인 영향을 미쳤다.

오늘날 뇌 과학 연구를 통해 그의 직관적인 통찰들이 과학적으로 증명되면서, 제임스의 사상은 여전히 살아 숨 쉬며 우리가 '나는 누구인가', '어떻게 살아야 하는가'와 같은 근본적인 질문에 대한 답을 찾아가는 데 중요한 지침이 되고 있다. 윌리엄 제임스는 우리의 삶이 생각과 감정뿐만 아니라, 무엇보다 '행동'을 통해 만들어지고 변화될 수 있음을 강력하게 역설하며, 우리 각자가 자신의 삶의 진정한 주인이 될 수 있다는 희망의 메시지를 전하는 위대한 사상가이다.

프롤로그

130년 전, 마음을 꿰뚫어 본 천재 - 윌리엄 제임스를 다시 읽어야 하는 이유

130여 년 전, 서구 문명이 급변하는 산업화의 물결 속에서 인간 정신의 본질을 탐구했던 한 천재가 있었다. 바로 '미국 심리학의 아버지'이자 철학의 거장인 윌리엄 제임스(William James)이다.

오늘날 우리는 인공지능과 디지털 기술이 삶의 모든 영역을 지배하는 초연결 시대를 살아가고 있다. 정보의 홍수 속에서 우리의 주의력은 산만해지고, 소셜 미디어의 끊임없는 비교 속에서 자아는 흔들리며, 끝없는 자극에 반응하며 충동적으로 행동하는 일상이 반복되고 있다. 이러한 혼돈 속에서 우리는 종종 '나는 누구인가?', '무엇이 나를 행복하게 하는가?', '어떻게 삶의 의미를 찾을 수 있는가?'와 같은 근원적인 질문에 대한 답을 찾지 못해 방황하곤 한다. 역설적이게도, 130여 년 전 제임스가 던졌던 질문과 그의 통찰은 오늘날 우리에게 더욱 깊은 울림과 실질적인 해답을 제공하고 있다.

제임스는 단순히 이론을 제시한 학자가 아니었다. 그는 심각한 우울증과 신경쇠약을 겪으며 인간 정신의 고통을 직접 경험했고, 그 속에서

'의지'와 '선택'을 통해 삶의 방향을 바꿀 수 있다는 깊은 깨달음을 얻었다. 그의 심리학은 인간 경험의 복잡성을 있는 그대로 포용하려 했으며, 정신 현상을 단순히 해부학적 구조로 분해하는 것을 넘어, 삶의 기능과 목적에 초점을 맞춘 기능주의 심리학을 개척했다. 그가 말한 '의식의 흐름', '자아', '습관', '의지력', '믿음' 같은 개념들은 복잡한 현대 사회를 살아가는 우리에게 여전히 강력한 지침이 된다.

이 책은 윌리엄 제임스의 위대한 통찰을 현대적인 관점에서 재해석하고, 뇌 과학과 행동 심리학의 최신 연구를 접목하여 오늘날 우리의 삶에 실질적인 변화를 가져올 수 있는 심리학적 도구들을 제시한다. 우리는 제임스의 지혜 속에서 현대인들이 겪는 문제에 대한 놀랍도록 시대를 초월한 해답을 발견할 수 있을 것이다.

이 책은 특히 다음 세 가지 핵심 개념을 통해 독자 여러분의 삶을 변화시킬 강력한 방법을 제시한다.

첫째, **습관(Habit)이다.** 윌리엄 제임스는 습관을 '제2의 천성'이라 부르며, 우리의 삶과 운명을 결정하는 가장 강력한 힘이라고 강조했다. 제임스의 습관 변화 원칙을 바탕으로 하는 이 책은 뇌 과학적 통찰과 현대 행동 심리학의 구체적인 기법들을 접목하여 나쁜 습관에서 벗어나 긍정적인 습관을 성공적으로 구축하는 실질적인 로드맵을 제시할 것이다. 당신이 원하는 삶을 살기 위한 첫걸음은 바로 습관을 이해하고 바꾸는 데서 시작된다.

둘째, **의식의 흐름(Stream of Consciousness)과 의지력(Willpower)**

이다. 제임스는 우리의 의식이 고정된 실체가 아니라 끊임없이 변화하는 강물과 같다고 보았다. 이 강물을 의도한 방향으로 이끌고, 삶의 목표를 향해 나아가게 하는 추진력이 바로 의지력이다. 이 책은 의지력의 정의와 중요성, 그리고 그 한계를 현대 뇌 과학의 관점에서 분석한다. 더 나아가, 의지력을 효과적으로 보존하고 사용하는 방법, 미루는 습관을 극복하고 바로 행동하는 구체적인 전략들을 제시하여, 당신의 목표 달성에 필요한 에너지를 극대화할 것이다.

셋째, **자아(The Self)와 믿음(Belief)이다.** '나는 누구인가'라는 질문은 인류의 영원한 화두이다. 제임스는 자아를 물질적, 사회적, 영적 측면으로 나누어 이해하는 다층적인 관점을 제시했다. 이 책은 이러한 자아 개념을 바탕으로 건강한 자존감과 확고한 정체성을 확립하는 것이 왜 중요한지 강조한다. 또한, 윌리엄 제임스가 강조했던 '스스로를 믿는 힘', 즉 자기 효능감과 긍정적 사고방식이 어떻게 우리의 행동과 감정, 심지어 신체에까지 영향을 미치는지 과학적으로 설명한다. 스스로에 대한 믿음을 키우고 잠재력을 현실로 만드는 구체적인 방법들을 제시하며, 독자 여러분이 자신의 삶에 대한 깊은 통찰을 얻고 진정한 주인이 될 수 있도록 도울 것이다.

이 책은 130년 전 윌리엄 제임스의 지혜를 현대인의 언어로 풀어내고, 과학적 근거를 더해 당신의 삶을 변화시킬 실질적인 도구들을 제공할 것이다. 이제, 과거와 현재를 아우르는 심리학적 통찰 속에서 당신의 삶을 더욱 풍요롭고 의미 있게 만들어갈 여정을 함께 시작해 보자.

목차

프롤로그: 130년 전, 마음을 꿰뚫어 본 천재 - 윌리엄 제임스를 다시 읽어야 하는 이유

PART 1

습관의 전환 원리-변화는 어떻게 시작되고 유지되는가 ······ 17

1장. 삶을 변화시키는 힘 - 윌리엄 제임스의 심리학적 도구 ······ 19

1. 윌리엄 제임스, 그의 시대를 초월한 통찰 / 19
2. 제임스의 심리학적 도구들: 의식의 흐름, 감정, 자아, 습관, 의지력, 믿음, 행동 / 27
3. 이 책이 제시하는 현대 심리학과의 연결점 / 31

2장. 의식(Consciousness) - 강물처럼 흐르는 마음의 본질 ······ 37

1. 의식의 정의와 특성: 제임스의 '의식의 흐름' / 38
2. 주의(Attention)의 중요성: 의식의 초점을 조절하는 능력 / 41
3. 의식의 확장을 통한 새로운 통찰 얻기 / 44

3장. 감정(Emotion) - 생각보다 행동이 먼저다 49

1. 제임스-랑게 감정 이론의 핵심: 신체 반응이 감정을 만든다 / 50
2. 감정 조절의 새로운 접근: 행동으로 감정 바꾸기 / 54
3. 부정적인 감정을 긍정적인 에너지로 전환하는 방법 / 56

4장. 자아(The Self) - 나는 누구인가 63

1. 제임스의 다층적인 자아 개념: 물질적, 사회적, 영적 자아 / 64
2. 건강한 자아 정체성 형성의 중요성 / 67
3. 자아 성장을 위한 내면 탐색과 외적 실천 / 72

5장. 자유의지(Free Will) - 선택과 책임의 힘 77

1. 자유의지와 결정론에 대한 제임스의 통찰 / 78
2. 선택의 중요성: 매 순간 우리의 삶을 형성하는 힘 / 82
3. 책임감을 통해 삶의 주도권 되찾기 / 85

6장. 습관(Habit) - 나쁜 습관에서 벗어나기 91

1. 제임스의 습관 변화 원칙 상세 설명 / 92
2. 현대 행동 심리학 기법(작은 습관, 환경 설정 등) 소개 / 95
3. 실패 없이 습관을 바꾸는 구체적인 단계 제시 / 99

PART 2

행동의 심리학- 반복, 감정, 의지가 만드는 삶의 변화 105

7장. 의지력(Willpower) - 목표를 향해 나아가는 에너지 107

1. 의지력의 정의, 중요성, 한계 설명 / 108
2. 의지력을 효과적으로 사용하는 방법 제시 / 112
3. 목표 달성을 위한 실질적인 전략 제시 / 115

8장. 믿음(Belief) - 스스로를 믿는 힘 121

1. 믿음의 정의, 종류, 영향력 설명 / 122
2. 자기 효능감, 긍정적 사고방식의 중요성 강조 / 126
3. 스스로에 대한 믿음을 키우는 방법 제시 / 129

9장. 행동(Action) - 생각만으로는 아무것도 변하지 않는다 135

1. 제임스의 '행동' 강조(행동이 감정을 만든다) / 136
2. 실천의 중요성, 행동 변화를 위한 구체적인 단계 제시 / 139
3. 미루는 습관을 극복하고 바로 행동하는 방법 제시 / 143

10장. "우리는 행동을 통해 생각을 바꾼다"-감정과 행동의 심리학 149

1. 감정은 예측된 생물학적 시뮬레이션이다 / 149
2. 지금 그 사람처럼 행동하라 / 151
3. 의지가 없을 때 습관이 시작된다 / 159
4. 몸을 움직이면 마음도 따라온다 / 167
5. 하루의 작은 실천이 정체성을 만든다 / 174

11장. "믿음은 현실을 만든다"-믿음과 자기효능감의 심리학 183

1. 믿음은 행동을 만들고, 행동은 현실을 만든다 / 183
2. 믿음은 행동을 만들고, 행동은 현실을 만든다 / 189
3. 믿음은 행동을 만들고, 행동은 현실을 만든다 / 194
4. 믿음은 행동을 만들고, 행동은 현실을 만든다 / 200
5. 의식과 세계의 공진화 / 210

12장. 인간은 가능성의 존재다-변화와 성장의 심리학 215

1. 우리는 되어야 할 존재가 아니라, 될 수 있는 존재다 / 215
2. 잠재력의 절반만 써도 삶은 달라진다 / 220
3. 자기 자신이 되기를 두려워하지 마라 / 225
4. 안전지대를 넘을 때 진짜 자아가 나온다 / 230
5. 제임스의 심학적 도구, 인간 내면의 지도 완성하기 / 236

13장. 존재의 심연, 영원한 항해 241

1. 삶이라는 미지의 바다 / 241
2. 삶이라는 미지의 바다 / 244
3. 결단의 본질, 존재의 구조를 바꾸는 힘 / 248
4. 지속되는 여정, 영원한 성장 / 253

PART 1

습관의 전환 원리

변화는 어떻게 시작되고 유지되는가

1장

삶을 변화시키는 힘

윌리엄 제임스의 심리학적 도구

윌리엄 제임스, 그의 시대를 초월한 통찰

우리의 의식은 마치 끊임없이 흘러가는 강물과 같다. 이 강물은 그 어떤 순간에도 정지하지 않으며, 단절 없이 흐르고, 순간마다 새로운 물로 채워지며, 누구도 두 번 다시 같은 물줄기를 밟을 수 없다. 이 놀라운 현상을 의식의 흐름(Stream of Consciousness)이라 명명하며 현대 심리학의 기초를 놓은 이가 바로 윌리엄 제임스(William James)이다.

1890년 출간된 그의 기념비적인 저서 『심리학의 원리(*The Principles of Psychology*)』는 인간의 정신 활동을 바라보는 우리의 시각을 근본적으로 변화시켰다. 그는 의식을 정적이고 분리된 요소들의 집합이 아닌, 역동적이고 유기적인 전체로 파악하며, 이후 심리학은 물론 철학, 문학 등 수많은 분야에 지대한 영향을 미쳤다. 제임스의 통찰은 당시의 과학 기술로는 밝혀내기 어려웠던 뇌 과학적 메커니즘을 예리하게 꿰뚫어 보았다는 점에서 더욱 놀라운 일이다.

제임스는 의식이 가진 본질적인 특성들을 면밀히 관찰하고, 이를 통해 우리 마음의 작동 방식을 설명하였다. 그가 강조한 의식의 네 가지 핵심 특징은 오늘날 뇌 과학과 인지 심리학 연구를 통해 더욱 명확하게 그 근거를 드러내고 있는 바이다.

첫째, **연속성(Continuity)이다.** 제임스는 우리의 의식이 결코 뚝뚝 끊어진 조각들로 이루어져 있지 않다고 주장하였다. 마치 구슬을 꿰어 만든 목걸이처럼 개별적인 '생각들'이 존재하는 것이 아니라, 하나의 매끄러운 흐름처럼 이어진다는 것이다. 그는 "의식은 흐른다."라고 단언하며, 우리의 의식이 마치 호수나 연못처럼 고여 있는 것이 아니라, 강물처럼 끊임없이 흘러간다고 비유하였다. 이는 우리가 어떤 대상에 대해 생각하다가 다음 대상으로 넘어갈 때, 그 사이에 의식의 공백이 발생하지 않음을 의미하는 것이다. 이 연속성은 단순한 주장이 아니라, 우리 뇌의 신경생리학적 기반에서 그 근거를 찾을 수 있다.

이 연속성의 뇌 과학적 근거는 신경망의 지속적인 활동과 통합적 정보 처리에서 찾아볼 수 있다. 뇌는 우리가 의식적으로 특정 과제에 집중하지 않을 때도 '디폴트 모드 네트워크(Default Mode Network, DMN)'[1]와 같은 특정 신경망이 활발하게 작동하며 내부적인 사고와 기

1) 디폴트 모드 네트워크(Default Mode Network, DMN): 뇌의 여러 영역이 상호 연결된 네트워크. 외부 활동에 집중하지 않고 쉴 때, 몽상, 기억 회상 등 내면 활동 시 활성화된다.
자아 성찰, 미래 계획, 사회적 인지 등에 중요한 역할을 한다.

억의 연결을 끊임없이 수행한다. DMN은 주로 내적 지향적 사고, 즉 자기 성찰, 미래 계획, 과거 회상 등과 관련된 뇌 영역들(내측 전전두피질, 후측 대상 피질, 하측 두정소엽 등)로 구성된다. 이 네트워크는 우리가 잠을 자거나 휴식을 취하는 동안에도 활성화되어 기억을 통합하고 정돈하며, 깨어났을 때 우리는 여전히 어제 그 '나'임을 인지한다. 이는 의식의 흐름이 표면적으로 드러나지 않는 순간에도 뇌의 깊은 곳에서는 연속적인 정보 처리가 이루어지고 있음을 시사하는 것이다.

더 나아가, 기억 형성 과정에서 뉴런들이 새로운 연결을 만들거나 기존 연결을 강화하는 시냅스 가소성(synaptic plasticity)[2]은 과거의 경험이 현재의 의식에 끊임없이 영향을 미치며 연속적인 자아 인식을 가능하게 하는 물리적 기반을 제공한다. 특히 해마와 관련된 신경회로들은 단기 기억을 장기 기억으로 전환하고, 서로 다른 경험들을 통합하여 하나의 연속적인 자아 서사(self-narrative)[3]를 구성하는 데 핵심적인 역할을 한다. 우리가 특정 경험을 떠올릴 때, 그 경험은 독립적으로 존재하는 것이 아니라, 이전의 경험들과 연결되어 전체적인 삶의 흐름 속에 위치하게 된다. 이러한 신경학적 연결성은 의식의 흐름이 파편화되지 않고

---

2) 시냅스 가소성(synaptic plasticity): 뇌의 신경세포(뉴런) 사이 연결점인 시냅스의 효율성이 변화하는 현상. 학습과 기억을 가능하게 하는 핵심 메커니즘으로, 시냅스 강도가 강화되거나 약화될 수 있다.
경험에 따라 뇌의 구조와 기능이 변화하고 적응하는 능력을 의미한다.

3) 서사(self-narrative): 개인이 자신의 삶을 이해하고 의미를 부여하기 위해 구성하는 스토리. 과거의 경험, 현재의 정체성, 미래의 기대를 연결하여 자신만의 고유한 이야기를 만든다.
경험에 따라 뇌의 구조와 기능이 변화하고 적응하는 능력을 의미한다.

통합된 경험으로 지속되도록 하는 근본적인 메커니즘인 것이다. 마치 강물이 상류에서 하류로 흐르며 이전의 물을 다음 물줄기에 더하는 것처럼, 뇌의 정보 처리도 과거의 흔적을 현재의 의식에 끊임없이 통합하며 연속적인 자기 인식을 유지한다. 이는 제임스가 관찰한 의식의 연속성이 단순히 현상적인 것이 아니라, 뇌의 생물학적 구조와 기능에서 기원함을 명확히 보여주는 것이다.

둘째, **끊임없는 변화(Constant Change)이다.** 제임스는 "강물에 두 번 발을 담글 수 없듯이, 의식도 같은 상태로 두 번 존재할 수 없다"고 하였다. 우리가 특정 대상에 대해 두 번째로 생각할 때, 그 생각은 이미 첫 번째 경험이라는 기억을 포함하고 있으므로, 결코 첫 번째와 동일한 순수한 상태일 수 없다는 것이다. 즉, 의식은 매 순간 새로운 경험과 정보에 의해 미세하게 변화하고, 심지어 같은 대상에 대한 생각일지라도 이전의 경험이 누적되어 의식의 질이 달라진다는 것이다. 이는 의식이 결코 고정된 실체가 아니라, 환경과 상호작용하며 역동적으로 진화하는 과정임을 강조하는 주장이다.

이러한 변화는 뇌의 학습과 적응 메커니즘인 신경가소성(neuroplasticity)[4] 의 직접적인 결과이다. 뇌는 끊임없이 새로운 정보를 받아들

---

4) 신경가소성(neuroplasticity): 뇌가 경험, 학습, 환경 변화에 따라 스스로 구조와 기능을 변화시키고 재조직하는 능력. 단순히 어린 시절에만 나타나는 것이 아니라 평생에 걸쳐 발현되며, 뇌 손상 회복 등 다양한 긍정적 변화를 가능하게 한다. 새로운 기술 학습, 기억 형성, 특정 능력 강화 등 인간의 지속적인 성장에 근본적인 역할을 한다.

이고 기존의 신경 연결망을 수정한다. 이는 단순히 새로운 시냅스를 형성하는 것을 넘어, 기존 시냅스의 강도를 변화시키거나 심지어 새로운 뉴런을 생성하는(성인 신경 발생) 과정까지 포함한다. 예를 들어, 새로운 기술을 배우거나 언어를 학습할 때 뇌의 특정 영역(예: 운동 피질, 언어 관련 피질)은 물리적으로 변화하며, 이는 우리의 사고방식과 의식의 내용에 영향을 미친다. 이처럼 뇌의 활동 자체가 끊임없이 변화하는 외부 환경에 적응하며 의식의 내용도 동적으로 진화하는 것이다.

또한, 우리의 감각 기관은 지속적으로 변화하는 외부 자극을 받아들이며, 이에 따라 의식의 내용 역시 시시각각 업데이트될 수밖에 없다. 시각, 청각, 촉각 등 오감을 통해 들어오는 정보는 뇌의 감각 피질에서 처리되며, 이 정보의 미세한 변화는 즉각적으로 의식의 변화를 유발한다. 이는 같은 음악을 듣더라도 우리의 기분이나 주변 환경에 따라 다르게 느껴지는 것은 외부 자극과 내부 상태의 상호작용으로 의식이 끊임없이 변하기 때문이다. 고정된 의식이란 존재할 수 없으며, 모든 의식은 움직임과 흐름 속에서 그 존재를 드러낸다. 마치 강물이 지형에 따라 모양을 바꾸고 새로운 지류를 만들어내듯이, 우리의 의식도 매 순간 새로운 자극에 반응하고 변화하며 그 복잡성을 더해간다. 이러한 변화는 우리의 인지적 유연성과 문제 해결 능력의 중요한 기반이 되는 것이다.

셋째, **개인성(Personalization)이다.** 제임스는 모든 의식은 본질적으로 개인적이며, 어느 누구도 다른 사람의 의식을 직접 경험하거나 완전히 이해할 수 없다고 강조하였다. 같은 사건을 목격해도 두 사람은 각기 다른 방식으로 그 사건을 인식하고, 다른 감정을 느끼며, 다른 기억으로 저장한다. 이는 주관적 경험의 본질을 꿰뚫는 통찰로, 심리학에서 '경험의 주관성' 개념의 중요성을 부각시킨다.

이러한 개인성은 뇌의 독자적인 신경 회로 구성과 경험의 비대칭성에서 비롯된다. 모든 개인의 뇌는 유전적 요인(예: 신경전달물질 수용체의 분포, 특정 뇌 영역의 크기)과 태어나서 죽을 때까지 경험하는 독특한 환경적 상호작용의 결과로 미세하게 다른 신경 회로를 형성한다. 동일한 쌍둥이라 할지라도 미세한 경험의 차이는 뇌의 연결망(connectome)에 영향을 미치고, 이는 결국 세상을 인식하고 해석하는 방식의 차이로 이어진다. 이러한 인지 편향(cognitive bias) 연구는 개인이 가진 고유한 신념 체계, 과거 경험, 그리고 감정 상태가 특정 정보를 해석하는 방식을 어떻게 왜곡하는지 명확히 보여준다. 확증 편향(confirmation bias)[5)]이나 가용성 휴리스틱(availability heuristic)[6)]과 같은 인지 편향은 개개인의 의식적 경험이 얼마나 주관적이고 개인적인지를 보여주는 대표적인 예이다.

---

5) 확증 편향(confirmation bias): 자신의 기존 신념이나 가설을 확증해 주는 정보만을 선별적으로 찾거나 해석하고, 반대되는 정보는 무시하거나 폄하하는 경향.
사람들이 자신이 믿고 싶은 것을 믿는 경향이 있어 객관적인 판단을 방해할 수 있다.
정보의 홍수 속에서 잘못된 확신을 강화하고, 다양한 관점의 수용을 어렵게 만드는 인지적 오류이다.

6) 휴리스틱(availability heuristic): 특정 사건이나 정보가 얼마나 쉽게 떠오르는지에 따라 그 빈도나 가능성을 판단하는 인지적 편향.
기억하기 쉽거나 최근에 접한 정보일수록 더 흔하거나 중요하다고 과대평가하는 경향이 있다.
빠른 의사결정을 돕지만, 실제 확률과 다른 판단 오류를 초래할 수 있다.

또한, 정서적 반응에 관여하는 뇌 영역(예: 편도체, 전전두피질)의 활성화 패턴도 개인마다 다르게 나타날 수 있어 동일한 자극에도 상이한 감정 반응을 유발한다. 이는 개인의 고유한 감정 조절 방식과 과거의 감정 학습 경험에 기반 한다. 각자의 신경회로가 다르게 형성되고 발달하기 때문에 우리는 서로의 의식의 흐름을 직접 볼 수는 없지만, 각자의 주관적 세계가 어떻게 형성되는지 이해함으로써 타인과의 공감과 소통의 중요성을 역설적으로 깨달을 수 있는 것이다. 공감은 타인의 주관적인 경험을 이해하려는 의식적인 노력에서 시작되는 것이다.

넷째, **선택성(Selectivity)이다.** 제임스는 우리 주변에는 무수히 많은 자극과 정보가 존재하지만, 의식은 이 모든 것을 한꺼번에 처리할 수 없다고 보았다. 따라서 의식은 특정 대상이나 생각에 초점을 맞추고 나머지는 배경으로 밀어내는 선택적 주의(Selective Attention)의 기능을 수행하는 것이다. 이는 의식의 효율성과 생존적 가치를 입증하는 중요한 특성이다.

이 선택성은 뇌의 정보 필터링 메커니즘과 인지 자원 배분 전략의 결과이다. 뇌는 무수히 쏟아지는 감각 정보 중에서 생존과 목적 달성에 필요한 정보만을 우선적으로 처리하는 능력을 가진다. 주의 네트워크(attentional networks) 연구의 권위자인 마이클 포스너(Michael Posner)[7]와 메리 로스바트(Mary Rothbart)[8] 등은 뇌의 전두엽과 두정엽을 포함하는 특정 영역들이 우리가 무엇에 주의를 기울일지 결정하고, 관련 없는 자극을 억제하는 역할을 한다는 것을 밝혀냈다. 이는 마치 정보의 병목 현상을 관리하는 필터와 같다.

시끄러운 파티장에서도 내가 관심 있는 사람의 목소리만 또렷하게 들을 수 있는 '칵테일 파티 효과'는 청각 피질이 중요한 소리에만 집중하고 다른 소리는 억제하는 뇌의 선택적 주의 기능을 보여주는 대표적인 예시이다.

이러한 선택성은 인지 자원의 효율적 배분을 통해 우리가 복잡한 환경 속에서도 목표 지향적으로 기능할 수 있도록 돕는다. 의식의 선택적 주의는 우리의 의지가 개입할 수 있는 영역이며, 의식의 흐름을 조절하는 중요한 실마리가 된다. 우리는 무엇에 주의를 기울일지 선택함으로써 의식의 강물이 흘러가는 방향을 어느 정도 통제할 수 있다. 이 능력은 복잡한 문제 해결, 학습 효율성 증대, 그리고 자기 목표 달성에 필수적인 인지 기능이다.

제임스의 시대에는 상상하기 어려웠던 뇌 영상 기술은 이러한 선택적 주의가 뇌의 특정 회로 활성화와 비활성화를 통해 이루어짐을 명확히 보여주고 있는 것이다.

---

7) 포스너(Michael Posner): 인지 신경과학 분야의 선구적인 심리학자. 주의(Attention) 연구의 대가로, 주의의 세 가지 기능(경계, 지향, 실행 통제)을 제시하며 뇌의 주의 네트워크를 규명했다. 인지 훈련을 통해 주의력을 향상시킬 수 있음을 입증하며, 교육 및 임상 분야에 큰 영향을 미쳤다.

8) 메리 로스바트(Mary Rothbart): 기질(Temperament) 연구의 세계적인 권위자. 기질을 개인의 타고난 반응성과 자기조절 특성으로 정의하고, 이를 측정하는 신뢰도 높은 도구들을 개발했다.
아동 발달, 성격 심리학, 교육학 분야에 지대한 영향을 미치며, 유전과 환경의 상호작용에 대한 이해를 높이는 데 기여했다.

제임스의 심리학적 도구들: 의식의 흐름, 감정, 자아, 습관, 의지력, 믿음, 행동

윌리엄 제임스가 19세기 말에 통찰한 의식의 흐름은 21세기 디지털 시대를 살아가는 우리에게 더욱 현실적이고 심각한 문제로 다가온다. 정보의 홍수 속에서 우리는 끊임없이 외부 자극에 노출되며, 제임스가 말한 의식의 '선택성'은 역설적으로 그 기능을 상실하고, 우리의 '의식의 강물'은 통제 불능의 급류로 변질되어 뇌에 과부하를 초래하고 있는 것이다.

정보 과부하(Information Overload)와 전두엽 기능 저하, 스마트폰 알림, 수많은 앱, 끊임없이 업데이트되는 소셜 미디어 피드, 넘쳐나는 뉴스 기사 등은 우리의 의식을 파편화시키고, 한 가지에 집중하는 능력을 저해한다.

제임스가 '선택성'을 통해 효율적인 정보 처리가 가능하다고 보았지만, 현대 사회는 그 선택의 부담을 너무나 크게 만들었다. 뇌 과학 연구, 특히 뇌 영상 연구(fMRI)는 멀티태스킹 환경에서 뇌의 전전두피질(prefrontal cortex)[9]의 인지 통제 기능이 저하되고, 오히려 작업 전환 비용(switching cost)이 발생하여 전반적인 인지 효율성이 떨어진다는 것을 보여준다. 이는 마치 하나의 컴퓨터가 너무 많은 프로그램을 동시에

9) 전전두피질(prefrontal cortex): 뇌의 가장 앞쪽에 위치한 영역으로, 인간의 고차원적인 인지 기능과 행동을 총괄한다. 계획 수립, 의사결정, 문제 해결, 충동 제어, 사회적 행동 등 '실행 기능(executive functions)'을 담당한다. 인간의 이성적 사고, 성격 형성, 복잡한 사회생활에 핵심적인 역할을 수행한다.

실행할 때 처리 속도가 느려지고 결국 멈추는 것과 유사하다.

인간의 뇌는 본질적으로 순차적 정보 처리에 더 효율적이며, 동시다발적인 자극은 인지 자원을 고갈시켜 피로도를 증가시킨다. 심리학자인 다니엘 카너먼(Daniel Kahneman)[10]의 '이중 과정 이론'에 따르면, 우리는 의식적인 노력을 요구하는 '시스템 2' 사고에 필요한 인지 자원이 제한적이다. 끊임없이 전환되는 외부 자극은 이 제한된 자원을 빠르게 소모시켜 중요한 의사결정이나 깊은 사고를 방해한다. 이로 인해 우리는 '멀티태스킹의 환상‘에 빠져 실제로는 어떤 일에도 깊이 몰입하지 못하고, 생산성은 저하되며, 인지적 피로도가 급증하는 것이다. 마치 여러 갈래로 뻗어나가는 물길을 모두 따라가려다 결국 제 갈 길을 잃어버리는 강물처럼 말이다. 이러한 만성적인 인지 과부하는 장기적으로 뇌의 효율성을 떨어뜨리고 번아웃 증후군, 만성 피로 등의 원인이 되기도 한다.

잡념(Mind-wandering)과 디폴트 모드 네트워크(DMN)의 과활성화

현대인들은 과거의 후회나 미래에 대한 막연한 불안, 혹은 타인과의 끊임없는 비교에서 비롯된 열등감에 사로잡혀 잡념의 늪에 빠지기 쉽다. 이는 뇌의 디폴트 모드 네트워크(Default Mode Network, DMN)와 밀접한 관련이 있다. DMN은 우리가 외부 작업에 집중하지 않을 때, 즉 멍

10) 카너먼(Daniel Kahneman): 인지 심리학자이자 행동경제학의 창시자 중 한 명. 인간의 비합리적 판단과 의사결정 과정을 파헤쳐 2002년 노벨 경제학상을 수상했다. '시스템 1(직관)과 시스템 2(숙고)' 이론, 전망 이론 등을 통해 인간 행동의 심리적 편향을 규명하여 경제학뿐 아니라 다양한 분야에 지대한 영향을 미쳤다.

하니 있거나 상상할 때 활성화되는 뇌 영역들의 집합이다. 이 네트워크는 자기 성찰, 미래 계획, 과거 기억을 되새기는 등 중요한 인지 기능을 수행하지만, 과도하게 활성화되거나 부정적인 내용에만 집중될 경우 반추(rumination)로 이어져 불안과 우울감을 심화시키는 것으로 알려져 있다.

심리학자인 수잔 노렌-혹세마(Susan Nolen-Hoeksema)[11]의 반추 연구는 부정적인 생각의 반복이 문제 해결을 방해하고, 오히려 우울증 증상을 악화시킨다는 것을 명확히 보여준다.

특히 소셜 미디어는 남들의 완벽해 보이는 삶을 보여주며 자신의 부족함을 끊임없이 되새기게 만들고, 이는 부정적인 의식의 흐름을 강화한다. 제임스가 의식의 '연속성'을 긍정적으로 보았지만, 통제되지 않는 연속성은 되려 부정적인 생각의 고리를 형성하여 스트레스와 불안, 우울감을 심화시킨다. 심지어 잠자리에 들어서도 낮 동안의 잡념과 걱정이 꼬리에 꼬리를 물어 수면을 방해하고, 이는 악순환으로 이어진다. 수면 부족은 뇌의 인지 기능 회복을 방해하고, 스트레스 호르몬인 코르티솔(cortisol)[12] 분비를 증가시켜 만성적인 스트레스와 염증 반응을 유발할

11) 수잔 노렌-혹세마(Susan Nolen-Hoeksema): 미국의 저명한 임상 심리학자로, 우울증과 정서 조절 분야의 세계적인 권위자. 특히 '반추(rumination)' 이론을 발전시켜 우울증의 원인과 유지에 대한 새로운 이해를 제공했다. 여성의 우울증 유병률이 높은 이유를 규명하고, 효과적인 치료 및 예방 전략 개발에 크게 기여했다.

12) 코르티솔(cortisol): 스트레스에 반응하여 부신 피질에서 분비되는 대표적인 스트레스 호르몬. 단기적으로는 에너지를 공급하고 염증을 조절하여 신체 방어에 도움을 주지만, 만성적으로 과다 분비되면 건강에 해롭다. 면역력 저하, 수면 장애, 체중 증가, 불안 및 우울감 등 다양한 부정적 영향을 미칠 수 있다.

수 있다. 이러한 상태는 뇌의 해마(기억 형성)와 전전두피질(의사결정, 감정 조절) 기능에 부정적인 영향을 미쳐, 악순환을 심화시키는 것이다.

현실과의 괴리 및 몰입의 상실-'현재'의 상실과 뇌의 피로: 끊임없이 밀려드는 정보와 생각은 우리를 '지금 여기'에 온전히 머무르지 못하게 한다. 우리는 식사를 하면서도 스마트폰을 보고, 대화를 하면서도 다른 생각을 하며, 중요한 업무 중에도 다른 알림에 주의를 빼앗긴다. 이는 제임스가 강조한 의식의 '개인성'과 '선택성'이 외부 환경에 의해 교란되는 현상이다. 신경과학 연구들은 우리가 여러 가지 일에 동시에 주의를 기울일 때 뇌의 보상 시스템(특히 도파민 회로)이 과도하게 자극되어 '주의 중독'과 유사한 현상이 나타날 수 있음을 시사한다. 이로 인해 우리의 의식은 지속적인 새로움을 추구하게 되고, 한 가지에 깊이 몰입하는 능력이 저하된다.

미하이 칙센트미하이(Mihaly Csikszentmihalyi)[13]의 '몰입(Flow)' 이론은 우리가 특정 활동에 완전히 몰입할 때 최상의 수행 능력과 행복감을 경험한다고 설명한다. 그러나 현대인의 파편화된 주의력은 이러한 몰입 상태에 진입하는 것을 방해한다. 뇌는 끊임없는 정보 처리와 주의 전환으로 인해 만성적인 피로 상태에 놓이게 되고, 이는 뇌의 효율성과 회

13) 미하이 칙센트미하이(Mihaly Csikszentmihalyi): 긍정 심리학의 대가이자 '몰입(Flow)' 이론을 정립한 심리학자. 개인이 어떤 활동에 깊이 빠져들어 시간 가는 줄 모르고 즐거움을 느끼는 최적의 경험 상태를 '몰입'이라 정의했다. 몰입이 창의성, 생산성, 행복 증진에 핵심적인 역할을 함을 밝혀내며 삶의 질 향상에 지대한 영향을 미쳤다.

복 능력을 떨어뜨린다. 결국 우리는 현재의 경험에 대한 감각적 인식이 둔화되고, 삶의 진정한 의미와 만족감을 놓치게 되며, 삶의 질은 전반적으로 저하된다. 삶의 중요한 순간들을 '의식의 흐름' 속에서 놓치고 마는 비극이 반복되는 것이다. 이러한 인지적 피로는 단순히 지루함을 넘어 뇌 기능의 장기적인 손상으로 이어질 수 있는 위험성을 내포한다.

이 책이 제시하는 현대 심리학과의 연결점

윌리엄 제임스의 『심리학의 원리』에 담긴 '의식의 흐름'에 대한 통찰은 21세기 현대인이 겪는 정신적 고통에 대한 강력한 해결책을 제시한다. 바로 의식을 의도적으로 관리하고 통제하는 기술, 즉 마음 챙김(Mindfulness)과 명상이다. 이들은 제임스가 말한 의식의 본질적인 특성을 이해하고 활용하여, 우리의 '생각의 강물'을 평온하고 생산적인 방향으로 이끄는 실질적인 방법론이며, 그 효과는 이제 수많은 뇌 과학 연구와 임상 심리 연구를 통해 과학적으로 증명되고 있다.

'의식의 흐름'에 대한 메타 인지 개발, 전전두피질의 강화와 반추 감소

마음 챙김의 핵심은 바로 '의식의 흐름'을 객관적으로 관찰하는 능력, 즉 메타 인지(Meta-cognition)를 키우는 것이다. 우리는 보통 자신의 생각이나 감정에 완전히 동일시되어 그것에 휩쓸려 다닌다. 그러나 마음 챙김은 마치 강가에 앉아 흘러가는 강물을 바라보듯이 자신의 생각과 감정을 판단 없이 알아차리고 그로부터 한 걸음 떨어져 관찰하도록 훈련한다. "아, 지금 이런 생각이 드는구나", "이런 감정을 느끼고 있구나"라고 알아차리는 것만으로도, 우리는 생각의 '주인'이 아닌 '노예'에서 벗어나 스스로 생각의 '관찰자'가 될 수 있다.

뇌 영상 연구(fMRI)는 마음 챙김 훈련을 통해 전전두피질(prefrontal cortex), 특히 인지 통제와 자기 인식에 관여하는 영역의 활성화가 증가함을 보여준다. 이 영역은 충동을 억제하고, 감정을 조절하며, 복잡한 의사결정을 내리는 데 중요한 역할을 한다. 또한, 마음 챙김은 부정적인 감정을 처리하는 뇌 영역인 편도체(amygdala)의 과활성을 감소시키고, 편도체와 전전두피질 사이의 연결성을 강화한다. 이는 감정적 자극에 대한 반응성을 줄이고, 감정을 더욱 효과적으로 조절할 수 있도록 돕는 것이다.

존 카밧진(Jon Kabat-Zinn)[14]이 개발한 '마음 챙김 기반 스트레스 감소(MBSR)' 프로그램은 수많은 임상 연구를 통해 만성 스트레스, 불안, 우울증 증상 감소에 효과가 있음을 입증하였다. 이는 뇌의 구조적, 기능적 변화를 통해 메타 인지 능력을 향상시키고, 부정적인 의식의 흐름인 반추를 줄이는 직접적인 효과를 가져오는 것이다.

---

14) 존 카밧진(Jon Kabat-Zinn): 미국의 분자생물학자이자 명상가로, 마음챙김(Mindfulness) 명상을 의학 분야에 도입하고 대중화하는 데 결정적인 역할을 했다.
'마음챙김에 기반한 스트레스 감소(MBSR)' 프로그램을 개발하여 만성 통증, 스트레스, 불안 등의 완화에 기여하며 서구 의료계에 큰 영향을 미쳤다. 과학적 근거 기반의 마음챙김 수련을 통해 심신 건강 증진과 삶의 질 향상에 기여한 것으로 평가받는다.

주의력 훈련: 뇌의 주의 네트워크 재구성 및 효율성 증대

명상은 우리의 주의력을 의도적으로 통제하는 강력한 도구이다. 제임스는 의식이 '선택성'을 가진다고 했지만, 현대 사회에서는 이 선택성이 외부 자극에 의해 교란되기 쉽다. 명상은 호흡이나 특정 신체 감각, 혹은 주변의 소리 등 하나의 대상에 의식을 집중하도록 훈련한다. 이 훈련을 통해 우리는 산만하게 흩어져 있던 의식의 에너지를 한곳으로 모으고, 스스로 주의를 통제하는 능력을 키울 수 있다.

신경과학 연구들은 명상이 뇌의 주의 네트워크(attentional networks)를 강화한다는 것을 입증하였다. 특히, 목표 지향적 주의를 담당하는 집행주의 네트워크(executive attentional network)와 외부 자극을 인식하고 반응하는 지향주의 네트워크(orienting attentional network) 모두 명상 훈련을 통해 효율성이 증대된다. 이는 뇌의 전두엽-두정엽 네트워크(fronto-parietal network)의 연결성을 강화하여, 작업 기억 능력과 문제 해결 능력을 향상시키는 데 기여한다. 명상 수련자들은 비명상자들에 비해 주의 전환 비용이 적고, 지속적인 주의를 유지하는 능력이 뛰어나다는 연구 결과들이 이를 뒷받침한다. 마치 강물의 물줄기를 한 방향으로 모아 강력한 흐름을 만들 듯 집중된 주의력은 우리에게 더 깊은 몰입과 문제 해결 능력을 선사한다. 우리의 의식을 외부 자극에 무방비로 노출시키는 대신 중요한 것에 주의를 기울이는 힘을 길러주는 것이다.

현재에 머무르기, 삶의 온전한 경험과 스트레스 생리 반응 조절

의식의 흐름은 과거의 후회나 미래의 불안으로 우리를 끊임없이 끌고

가려는 경향이 있다. 마음 챙김은 바로 이 현재 순간, 지금 여기에 의식을 온전히 집중하도록 돕는다. 과거의 경험에 대한 판단을 멈추고, 미래에 대한 막연한 걱정을 내려놓고, 오직 지금 이 순간의 오감(보고, 듣고, 맛보고, 맡고, 만지는) 경험에 집중하는 것이다.

제임스가 의식의 '변화성'을 강조했듯이, 매 순간은 새롭고 유일하다.

이러한 '현재에 머무르기' 훈련은 스트레스 반응에 관여하는 뇌 영역과 생리적 시스템에 긍정적인 영향을 미친다. 심박 변이도(Heart Rate Variability, HRV)[15] 연구는 명상 훈련이 부교감 신경계의 활성을 증가시키고 교감 신경계의 과활성을 줄여 심혈관 건강에 긍정적인 영향을 미친다는 것을 보여준다. 이는 스트레스 상황에서 신체가 더 잘 이완하고 회복할 수 있도록 돕는다는 의미이다. 또한, 만성 스트레스의 지표인 코르티솔(cortisol) 수치를 감소시킨다는 연구 결과도 다수 보고되었다. 뇌의 구조적인 변화 또한 관찰된다. 명상 수련은 감정 조절과 자기 인식을 담당하는 섬엽(insula)과 전대상피질(anterior cingulate cortex, ACC)[16]

---

15) 심박 변이도(Heart Rate Variability, HRV): 심장 박동 간 간격의 미세한 변화를 측정하는 지표. 자율신경계의 활동 균형을 반영하며, 스트레스 수준, 회복 능력, 감정 상태 등을 파악하는 데 활용된다.
HRV가 높을수록 스트레스에 대한 회복력과 정신적 유연성이 좋음을 의미한다.

16) 전대상피질(anterior cingulate cortex, ACC): 뇌의 전두엽 안쪽에 위치한 영역으로, 인지 및 정서 처리에 중요한 역할을 한다.
갈등 모니터링, 오류 감지, 의사결정, 보상 예측, 감정 조절 등 복잡한 정신 기능에 관여한다.
주의력, 문제 해결 능력, 그리고 스트레스 및 고통 반응과 밀접하게 연관된 핵심 뇌 영역이다.

의 두께와 회백질 밀도를 증가시킨다. 이는 감각 경험을 더욱 풍부하게 인식하고, 고통스러운 감정에도 더 유연하게 반응할 수 있도록 돕는 신경학적 기반이 된다.

현재에 온전히 머무를 때 우리는 지나간 것을 후회하거나 오지 않은 것을 걱정하는 대신, 지금 이 순간의 삶을 충만하게 경험하고 진정한 평온과 만족감을 느낄 수 있다. 이는 삶의 질을 근본적으로 향상시키는 가장 강력한 방법인 것이다.

2장

의식(Consciousness)

강물처럼 흐르는 마음의 본질

우리의 의식이 끊임없이 흘러가는 강물과 같다면, 주의(Attention)는 그 강물의 물꼬를 트고 흐름을 조절하는 댐과 같다. 수많은 정보와 자극이 범람하는 세상에서, 무엇을 받아들이고 무엇을 흘려보낼 것인가를 결정하는 핵심적인 정신 활동이 바로 주의이다. 우리가 지금 이 글에 집중하는 것, 붐비는 거리에서 친구의 목소리를 알아듣는 것, 혹은 복잡한 문제를 해결하기 위해 골똘히 생각하는 모든 행위 뒤에는 '주의'의 작용이 존재한다.

윌리엄 제임스는 그의 역작 『심리학의 원리』에서 이 주의의 본질과 종류, 그리고 그 중요성을 명확하게 제시하였다. 그는 주의를 단순히 수동적인 감각 반응이 아닌, 의지가 개입하는 능동적인 정신 활동으로 보았으며, 이는 현대 인지 심리학의 주의력 연구에 지대한 영향을 미쳤다."

의식의 정의와 특성: 제임스의 '의식의 흐름'

제임스는 주의를 단순히 감각 기관이 특정 자극을 인식하는 것을 넘어, 의식적으로 대상을 선택하고 그에 몰두하는 능동적인 과정으로 정의하였다. 그의 주의 개념은 크게 자발적 주의와 비자발적 주의로 나뉘며, 이는 오늘날 인지 심리학의 하향식(Top-down) 주의와 상향식(Bottom-up) 주의 개념과도 상통한다.

첫째, 주의의 중요성은 인간의 생존과 학습, 그리고 고차원적 사고에 필수적인 기능이라는 점에서 찾을 수 있다. 우리의 뇌는 초당 수백만 비트의 감각 정보를 받아들이지만, 의식적으로 처리할 수 있는 정보의 양은 극히 제한적이다. 만약 모든 자극에 동일하게 주의를 기울인다면, 뇌는 즉각적인 과부하 상태에 빠져 기능을 마비될 것이다. 따라서 주의는 필수적인 정보를 선별하고 불필요한 정보를 걸러내는 '인지적 필터' 역할을 수행한다. 선택적 주의(Selective Attention)는 이러한 필터링 기능의 핵심이다. 이는 특정 대상에 집중하고 나머지 자극은 무시하는 능력으로, 제임스가 '관심의 집중'이라고 표현한 것과 일맥상통한다. 신경과학적으로 선택적 주의는 뇌의 전두엽과 두정엽을 포함하는 피질하 영역이 특정 감각 입력에 대한 뇌의 반응을 증폭시키고, 관련 없는 자극에 대한 반응은 억제함으로써 가능해진다. 이는 뇌가 자원을 효율적으로 배분하여 목적 지향적인 행동을 가능하게 하는 신경 기제인 것이다. 특정 정보에 대한 주의가 증가하면 해당 정보에 대한 뇌의 신경 반응이 증폭되고, 이는 기억 형성 및 학습 효율성 증대로 이어진다. 주의는 학습의 첫 단추이며, 새로운 지식과 기술을 습득하기 위한 전제 조건이다.

둘째, **자발적 주의(Voluntary Attention)**는 우리의 의지적 노력과 목표 지향적 행동과 밀접하게 연결된다. 이는 우리가 어떤 것에 의도적으로 집중하려고 할 때 발휘되는 주의력이다. 예를 들어, 어려운 책을 읽거나 복잡한 수학 문제를 풀 때, 혹은 특정 작업을 완료하기 위해 스스로 주의를 기울이는 것이 여기에 해당한다. 제임스는 이러한 자발적 주의를 '의지의 노력'의 한 형태로 보았으며, 이는 인간의 능동적인 정신 활동의 중요한 증거라고 하였다. 뇌 과학적으로 자발적 주의는 주로 뇌의 하향식(Top-down) 통제와 관련이 있다. 즉, 뇌의 고차원적인 인지 영역인 전전두피질(Prefrontal Cortex, PFC)이 우리의 목표와 의도에 따라 감각피질의 정보 처리를 조절하는 것이다. PFC는 주의를 유지하고, 방해 자극을 억제하며, 인지적 갈등을 해결하는 데 핵심적인 역할을 한다. 이렇듯 기능적 자기공명영상(fMRI)[17] 연구는 특정 과제에 의식적으로 집중할 때 PFC와 두정엽의 연결성이 강화되는 것을 보여준다. 이는 우리가 어떤 것에 집중할지 선택하고, 그 주의를 유지하기 위해 인지적 노력을 기울일 때 뇌의 해당 영역들이 활성화됨을 의미한다. 이러한 자발적 주의 능력은 학습, 문제 해결, 의사 결정 등 복잡한 인지 과제를 수행하는

17) 자기공명영상(fMRI): 뇌 활동에 따른 혈류 변화를 감지하여 뇌 기능을 측정하는 비침습적 신경영상 기법.뇌의 특정 영역이 활성화될 때 혈액 내 산소량 변화(BOLD 신호)를 통해 해당 부위의 활동성을 시각화한다. 인지, 감각, 운동 등 다양한 정신 활동 시 뇌의 기능적 연결성과 활성 영역을 연구하는 데 널리 활용된다.

데 필수적이며, 개인의 성취와 직결되는 중요한 요소이다.

셋째, **비자발적 주의(Involuntary Attention)**는 우리의 의지와 상관없이 외부 자극에 의해 자동으로 이끌리는 주의를 말한다. 갑작스러운 소리, 밝은 빛, 강렬한 냄새 등 새롭거나 강렬한 자극에 우리는 본능적으로 주의를 기울이게 된다. 이는 생존에 유리한 기본적인 반응 메커니즘으로, 위험을 감지하거나 중요한 정보를 빠르게 파악하는 데 기여한다. 제임스는 이러한 주의를 '감각적 자극에 대한 강제적 반응'으로 보았다. 뇌 과학적으로 비자발적 주의는 주로 상향식(Bottom-up) 정보 처리와 관련이 깊다. 즉, 외부 자극 자체가 뇌의 주의 시스템을 활성화시키는 방식이다. 뇌의 변연계(limbic system)와 편도체(amygdala)는 갑작스럽거나 위협적인 자극에 빠르게 반응하여 주의를 유도하며, 이는 생존과 직결되는 신속한 행동을 가능하게 한다. 예를 들어, 예상치 못한 큰 소리가 나면 반사적으로 그 소리 나는 곳으로 주의가 향하는 것은 뇌간(brainstem)의 망상 활성화 시스템(reticular activating system, RAS)과 같은 하위 구조가 자극에 즉각적으로 반응하기 때문이다. 이러한 비자발적 주의는 위협 탐지, 새로운 정보 습득 등 기본적인 인지 기능에 중요한 역할을 하지만, 때로는 우리의 의지적 집중을 방해하는 요인이 되기도 한다.

넷째, **습관적 주의(Habitual Attention)**는 우리가 의식하지 못하는 사이에 특정 대상이나 정보에 반복적으로 주의를 기울이는 경향을 말한다. 이는 오랜 반복과 학습을 통해 형성된 자동적인 주의 패턴이다. 이는 특정 직업을 가진 사람이 자신의 직업과 관련된 정보에 무의식적으로 더 잘 주의를 기울이는 것이나, 반복적으로 사용하는 앱 알림에 자동적으로 반응하는 것 등이 습관적 주의에 해당한다. 제임스는 습관이 의식의 흐름을 효율적으로 만들어주지만, 때로는 새로운 정보나 중요한 변화를 간과하게 만들 수도 있다고 지적하였다. 습관적 주의의 뇌 과학적 기반은 뇌의 보상 시스템과 신경 경로의 강화에 있다. 특정 자극에 반복적으로 주의를 기울이고 그 결과 긍정적인 보상을 얻으면, 해당 자극과 관련된 신경 회로가 강화되어 자동적인 주의 반응이 형성된다. 이는 주로 뇌의 기저핵(basal ganglia)[18]과 보상 회로(reward circuit)가 관여하며, 도파민과 같은 신경전달물질이 중요한 역할을 한다. 습관적 주의는 효율성을 높이는 순기능이 있지만, 때로는 주의의 유연성을 떨어뜨려 새로운 환경에 대한 적응을 방해할 수도 있다.

주의(Attention)의 중요성: 의식의 초점을 조절하는 능력

윌리엄 제임스 시대에는 상상하기 어려웠던 디지털 환경은 우리의 주의 시스템에 전례 없는 도전을 제기하고 있다. 끊임없이 쏟아지는 정보와 자극, 그리고 다중 매체 환경은 제임스가 강조한 '선택적 주의'의 기능을 마비시키고, 뇌의 인지 부하를 극대화하여 심각한 주의 분산 문제를 생성하고 있는 것이다.

---

18) 뇌의 기저핵(basal ganglia): 뇌 깊숙이 위치한 신경핵들의 집합체. 운동 제어, 습관 형성, 동기 부여, 보상 처리 등 다양한 기능에 관여한다. 파킨슨병이나 헌팅턴병과 같은 운동 장애와 중독 행동에도 밀접하게 연관되어 있다.

첫째, **정보 과부하와 작업 기억의 한계**

디지털 기기는 우리의 주의 시스템을 압도하는 정보의 폭포를 만들어낸다. 소셜 미디어 피드, 뉴스 알림, 이메일, 메신저 등은 쉴 새 없이 새로운 정보를 제공하며, 우리의 의식은 이 모든 것에 반응하려 애쓴다. 그러나 인간의 작업 기억(Working Memory)은 한 번에 처리할 수 있는 정보의 양에 명확한 한계를 가진다(대략 7±2개의 정보 덩어리). 이러한 한계에도 불구하고 우리는 끊임없이 멀티태스킹을 시도하며 여러 작업을 동시에 처리하려 한다. 인지 신경과학 연구는 멀티태스킹이 실제로는 '빠른 작업 전환(task switching)'에 불과하며, 작업 전환 시마다 발생하는 '전환 비용(switching cost)'으로 인해 오히려 전반적인 효율성과 정확성이 떨어진다는 것을 보여준다. 뇌는 각 작업 사이를 전환하는 데 추가적인 인지 자원을 소모하며, 이는 전전두피질의 부담을 가중시킨다. 만성적인 작업 기억의 과부하는 뇌의 피로도를 높이고, 장기적으로는 인지 기능 저하로 이어질 수 있다. 지속적인 정보 과부하는 우리의 뇌가 불필요한 정보에도 주의를 기울이게 만들어, 제임스가 강조한 '선택적 주의'의 효율성을 파괴하고, 진정으로 중요한 것에 집중하기 어렵게 만드는 것이다.

둘째, **주의 중독(Attention Addiction)과 보상 회로의 교란**

디지털 플랫폼은 우리의 뇌가 보상을 갈구하는 메커니즘을 교묘하게 이용한다. 소셜 미디어의 '좋아요' 알림, 게임의 성취 보상, 새로운 정보의 발견 등은 뇌의 도파민(dopamine) 보상 회로를 활성화시킨다. 도파민은 동기 부여와 즐거움에 관여하는 신경전달물질로, 긍정적인 경험을 추구하도록 우리를 이끈다. 디지털 기기 사용은 예측 불가능한 간헐적 보상(intermittent reinforcement)을 제공함으로써, 행동 중독을 유발하는 데 매우 효과적이다. 이는 마치 도박 중독과 유사한 신경학적 반응을 일으키며, 우리는 새로운 알림이나 정보가 언제 올지 모른다는 기대감에 끊임없이 스마트폰을 확인하게 된다.

이러한 주의 중독은 우리의 자발적 주의력을 심각하게 침해한다. 뇌는 보상 회로의 자극을 우선시하게 되어, 의식적으로 중요하다고 판단한 작업(예: 공부, 업무)보다 즉각적인 도파민 보상을 제공하는 디지털 활동에 더 쉽게 주의를 빼앗기는 것이다. 이는 전전두피질의 실행 기능(executive function)인 목표 유지 및 방해 자극 억제 능력을 약화시킨다. 결과적으로, 우리의 주의는 외부의 강력한 자극에 의해 수동적으로 이끌리게 되고, 제임스가 강조한 '의지적 노력'을 통한 주의 통제가 더욱 어려워지는 현상이 발생한다. 장기적으로 이러한 과도한 도파민 자극은 뇌의 보상 시스템을 둔감하게 만들어, 일상적인 활동에서 즐거움과 동기를 느끼기 어렵게 만들 수도 있다.

셋째, **인지적 피로(Cognitive Fatigue)[19]와 뇌 기능 저하**

만성적인 주의 분산과 정보 과부하는 뇌에 지속적인 인지적 피로를

19) 인지적 피로(Cognitive Fatigue): 장시간의 집중, 복잡한 문제 해결 등 정신적 자원 소모가 많은 활동 후 발생하는 수행 능력 저하 및 피로감.
주의력, 기억력, 의사결정 능력 등이 일시적으로 감소하며, 짜증, 무기력감 같은 정서적 증상을 동반할 수 있다. 충분한 휴식이나 수면을 통해 회복될 수 있으나, 만성적인 경우 번아웃으로 이어질 수 있다.

유발한다. 뇌는 마치 근육처럼, 과도하게 사용되면 피로해지고 효율성이 떨어진다. 연구 결과에 따르면, 인지적 피로는 주의력뿐만 아니라 의사결정 능력, 문제 해결 능력, 창의성, 감정 조절 능력 등 전반적인 인지 기능에 부정적인 영향을 미친다. 뇌의 에너지가 고갈되면, 특히 전전두피질과 같은 고차원적 인지 영역의 기능이 저하되어 충동적인 행동이나 감정적인 반응이 더 쉽게 나타난다.

또한, 수면 부족은 이러한 인지적 피로를 더욱 심화시킨다. 디지털 기기 사용은 수면 패턴을 교란하고, 이는 뇌의 회복 과정을 방해하여 다음 날 주의력과 인지 기능을 떨어뜨린다. 의식의 흐름이 밤새 잡념으로 이어지는 것은 수면의 질을 저하시키고, 이는 악순환으로 연결된다. 장기적으로 이러한 인지적 피로는 뇌의 구조적 변화까지 유발할 수 있으며, 뇌 건강에 심각한 위협이 될 수 있다는 경고도 나오고 있다.

디지털 시대의 주의 분산 문제는 단순히 '집중이 안 되는' 개인적 불편함을 넘어, 사회 전반의 생산성과 정신 건강에 영향을 미치는 중대한 과제인 것이다.

의식의 확장을 통한 새로운 통찰 얻기

윌리엄 제임스의 '주의'에 대한 통찰은 우리가 디지털 시대의 주의 분산 문제에 맞서 싸울 수 있는 중요한 단서를 제공한다. 그의 이론은 현대 뇌 과학과 인지심리학 연구를 통해 더욱 구체적인 실천 방안으로 발전하였으며, 우리의 뇌를 훈련하여 집중력을 회복하고 강화하는 데 도움을 줄 수 있다.

첫째, **선택적 주의의 의도적 훈련**

뇌의 전전두피질 활성화: 제임스가 강조한 주의의 '선택성'을 강화하는 것이 핵심이다. 이는 우리가 의도적으로 특정 대상에만 주의를 기울이고 나머지 자극을 억제하는 연습을 반복하는 것이다.

'단일 작업 집중' 실천: 멀티태스킹을 피하고, 한 번에 한 가지 작업에만 집중하는 훈련을 시작해야 한다. 여기에는 이메일 확인, SNS 사용 시간 등을 정해두고, 정해진 시간 외에는 관련 알림을 끄는 등의 환경 설정을 하는 것이 도움이 된다. 연구에 따르면, 단일 작업 집중은 뇌의 전전두피질이 특정 정보 처리 경로를 강화하고, 관련 없는 신경 활동을 억제하는 데 기여한다. 이는 마치 댐의 수문을 열어 한 방향으로만 물이 흐르도록 조절하는 것과 같다.

포모도로 기법(Pomodoro Technique)[20]: 25분간 집중하고 5분 휴식하는 방식으로, 짧지만 강렬한 집중 구간을 설정하여 의식의 피로를 줄이고 주의력을 효율적으로 관리하는 방법이다. 이는 뇌의 인지 자원을 효과적으로 재충전하면서 장시간 집중할 수 있도록 돕는다.

둘째, **습관적 주의의 재구성**

---

20) 포모도로 기법(Pomodoro Technique): 타이머를 이용해 25분간 집중하고 5분 휴식하는 짧은 간격으로 반복하여 업무 효율을 높이는 시간 관리 방법. 집중력 유지와 인지적 피로 감소에 효과적이며, 장기적인 작업도 부담 없이 시작할 수 있도록 돕는다.
'뽀모도로'라는 이름은 개발자가 사용했던 토마토 모양 타이머에서 유래했다.

보상 회로의 재조정과 환경 통제: 우리는 무의식적으로 특정 자극에 주의를 빼앗기는 습관적 주의에 취약하다. 이를 의도적으로 재구성하는 것이 중요하다.

디지털 디톡스 및 알림 통제: 스마트폰 알림을 최소화하고, 불필요한 앱은 삭제하며, 정기적으로 디지털 기기 사용을 중단하는 시간을 갖는 것이 필요하다. 이는 뇌의 도파민 보상 회로가 외부 자극에 과도하게 반응하는 것을 줄이고, 의지적 주의를 강화하는 데 도움을 준다. 신경과학 연구는 도파민 분비 패턴의 변화가 중독 행동을 조절하는 데 중요하다고 밝힌다.

주의를 분산시키는 환경 통제: 작업 공간을 정리하고, 집중을 방해하는 물건이나 소음을 제거하며, 방해받지 않는 시간과 공간을 확보하는 것이 중요하다. 물리적 환경의 변화는 우리의 주의가 자동적으로 흘러가는 방향을 바꾸는 데 큰 영향을 미친다. 이는 제임스가 강조한 '습관'의 중요성과도 연결되며, 환경을 조절함으로써 새로운 주의 습관을 형성할 수 있다.

셋째, **명상과 마음 챙김**

뇌의 주의 네트워크 재활성화 및 메타 인지 강화: 윌리엄 제임스의 통찰을 현대적으로 실천하는 가장 효과적인 방법이다. 이들은 우리의 의식과 주의력을 직접적으로 훈련하는 검증된 기술이다.

주의 집중 명상(Focused Attention Meditation): 호흡과 같은 하나의 대상에 의식을 집중하고, 생각이 다른 곳으로 벗어나면 다시 부드럽게 호흡으로 주의를 되돌리는 연습을 반복한다. 이 훈련은 뇌의 전두엽-두정엽 네트워크(fronto-parietal network)의 연결성을 강화하여, 주의를 유지하고 방해 자극을 억제하는 능력을 향상시킨다. 연구에 따르면, 명상 수련자들은 비명상자들에 비해 뇌의 주의 네트워크가 더 효율적으로 작동하며, 인지적 과제를 수행할 때 더 적은 뇌 자원을 소모하는 경향을 보인다.

열린 알아차림 명상(Open Monitoring Meditation): 자신의 생각, 감정, 감각 등 의식의 흐름을 판단 없이 있는 그대로 알아차리는 연습이다. 이는 제임스의 '의식의 흐름' 개념을 직접적으로 활용하는 방법으로, 메타 인지 능력을 향상시키고 부정적인 생각이나 감정에 대한 동일시를 줄여준다. 뇌 영상 연구는 마음 챙김 명상이 전전두피질의 활성화를 증가시키고, 감정 조절에 중요한 역할을 하는 전대상피질(anterior cingulate cortex, ACC)[21]의 구조적, 기능적 변화를 유도한다. 이는 우리가 자신의 주의를 더 잘 이해하고 관리하며, 감정적 동요에 덜 휘둘리도록 돕는 신경학적 기반이 된다.

넷째, **정기적인 휴식과 수면의 질 확보**

뇌의 회복과 재충전: 주의력과 집중력은 뇌의 에너지 수준과 밀접하게

21) 전대상피질(anterior cingulate cortex, ACC): 뇌의 전두엽 안쪽에 위치한 영역으로, 인지 및 정서 처리에 중요한 역할을 한다.갈등 모니터링, 오류 감지, 의사결정, 보상 예측, 감정 조절 등 복잡한 정신 기능에 관여한다. 주의력, 문제 해결 능력, 그리고 스트레스 및 고통 반응과 밀접하게 연관된 핵심 뇌 영역이다.

관련되어 있다. 충분한 휴식과 양질의 수면은 뇌 기능 회복의 필수 조건이다.

짧은 휴식과 자연 노출: 장시간 집중 후에는 짧게라도 휴식을 취하고, 가능하면 자연 환경에 노출되는 것이 뇌의 주의 자원을 회복하는 데 도움이 된다. 연구는 자연 환경에서의 휴식이 뇌의 피로를 줄이고, '비자발적 주의'를 통해 뇌의 주의 네트워크를 회복시키는 효과가 있다고 보고한다.

충분한 수면: 매일 7~8시간의 충분한 수면을 취하는 것은 뇌의 인지 기능, 특히 주의력과 기억력을 최적의 상태로 유지하는 데 필수적이다. 수면 중에는 뇌에서 노폐물이 제거되고, 낮 동안 학습된 정보가 통합되는 중요한 과정이 일어난다. 이는 다음 날 아침 의식의 흐름이 더 명료하고 집중력이 높아질 수 있는 생물학적 기반을 제공한다.

윌리엄 제임스의 '주의'에 대한 통찰은 단순한 이론적 개념을 넘어, 끊임없이 우리를 산만하게 만드는 현대 사회에서 우리 자신의 의식을 되찾고 삶의 주인이 되는 데 필요한 강력한 도구이다. 그의 지혜는 이제 최첨단 뇌 과학 연구를 통해 더욱 견고한 과학적 기반을 얻고 있으며, 우리는 이를 바탕으로 우리의 주의력을 훈련하고 강화하여, 더 나은 삶과 효율적인 학습, 그리고 깊은 몰입을 경험할 수 있다. 이 책은 당신의 의식을 더 나은 방향으로 이끌기 위한 실질적인 가이드라인을 제시할 것이다.

3장

감정(Emotion)

생각보다 행동이 먼저다

우리는 의식의 흐름 속에서 매 순간을 경험하지만, 사실 우리 삶의 상당 부분은 의식적인 선택보다는 무의식적인 행동 패턴, 즉 '습관'에 의해 지배된다. 아침에 눈을 뜨는 순간부터 잠자리에 들 때까지, 우리는 거의 생각할 필요도 없이 수많은 행동들을 반복한다. 칫솔질, 옷 입기, 출근길 선택, 업무 처리 방식, 심지어 스트레스에 반응하는 방식까지, 이 모든 것에는 습관의 힘이 깊숙이 개입되어 있다.

윌리엄 제임스는 그의 걸작 『심리학의 원리』에서 '습관'이 인간 삶의 가장 강력하고 보편적인 원리 중 하나임을 통찰력 있게 분석하였다. 그는 습관이 단순히 반복적인 행동을 넘어, 신경계에 물리적인 흔적을 남기고 우리의 성격과 운명을 형성하는 결정적인 힘임을 강조하였다. 제임스의 주장은 당시로서는 혁신적인 통찰이었으며, 오늘날의 뇌 과학과 행동 심리학 연구를 통해 더욱 명확한 과학적 근거를 확보하고 있다. 습관은 우리를 자유롭게도 하지만, 때로는 강력하게 구속하기도 하는 '보이지 않는 손'인 것이다.

제임스-랑게 감정 이론의 핵심: 신체 반응이 감정을 만든다.

습관은 '반복적인 행동이나 사고가 무의식적으로 수행되는 경향'이다. 윌리엄 제임스는 습관이 인간의 신경계에 물리적인 경로를 만든다고 보았다. 마치 종이가 반복적으로 접히면 접힌 자국이 남듯이, 신경세포의 연결(시냅스)도 특정 행동이 반복될수록 강화되어, 나중에는 최소한의 의식적 노력만으로도 그 행동이 자동적으로 실행되게 된다는 것이다. 이러한 자동성은 인간이 복잡한 환경에 효율적으로 적응하고 살아가는 데 필수적인 요소이다.

습관의 형성 과정은 크게 세 단계로 이루어지는 '습관 고리(Habit Loop)' 모델로 설명될 수 있다. 이는 제임스의 통찰을 현대적으로 정교화한 것이다.

첫째, **'신호(Cue)' 또는 '계기'이다.** 이는 특정한 행동을 유발하는 방아쇠 역할을 하는 요소이다. 예를 들어, 잠에서 깨는 것(시간), 특정 장소에 가는 것(장소), 특정 사람을 만나는 것(사람), 특정 감정을 느끼는 것(감정 상태), 혹은 이전 행동의 종료(직전 행동) 등이 신호가 될 수 있다. 우리의 뇌는 이 신호를 통해 특정 행동 루틴을 시작할 준비를 한다. 제임스는 의식이 '선택성'을 가지고 주의를 기울인다고 했지만, 일단 습관 고리가 형성되면 의식적인 주의 없이도 신호에 반응하게 된다.

둘째, **'루틴(Routine)'이다.** 이는 신호에 반응하여 자동으로 수행되는 행동이나 사고 패턴이다. 이는 물리적인 행동(예: 손을 씻는 것, 운전대를 잡는 것)일 수도 있고, 정신적인 행동(예: 스트레스 받을 때 특정 생각을 반복하는 것)일 수도 있다. 루틴은 습관 고리의 핵심 요소로, 반복을 통해 신경 경로를 강화하고 자동성을 부여한다.

제임스는 '반복이 행동을 쉽고 빠르게 만든다.'고 강조하며 이 루틴의 중요성을 역설하였다. 반복이 거듭될수록 신경경로는 더욱 견고해지며, 이는 '최소 노력의 법칙'을 따르게 된다. 즉, 뇌는 가장 적은 에너지를 사용하여 과제를 수행하려는 경향이 있는데, 습관화된 행동은 이러한 최소 노력 원칙에 가장 잘 부합한다.

셋째, **'보상(Reward)'이다.** 이는 루틴을 수행한 후 얻게 되는 만족감이나 이점이다. 보상은 뇌에게 '이 행동을 계속 반복해야 한다.'는 메시지를 전달하여 습관 고리를 완성하고 강화한다. 보상은 즉각적인 즐거움(예: 초콜릿을 먹는 것), 문제 해결(예: 운동 후 개운함), 스트레스 감소(예: 흡연으로 인한 일시적 안도감), 혹은 사회적 인정(예: 칭찬받는 것) 등 다양한 형태를 가질 수 있다. 보상이 강력할수록 습관은 더 빨리, 더 견고하게 형성된다. 제임스는 습관의 형성 과정에서 쾌감의 중요성을 직접적으로 언급하지는 않았지만, 행동의 자동화가 결국 우리의 효율성과 만족감을 높인다는 점에서 보상 개념을 내포하고 있었다.

이 세 가지 요소인 '신호 - 루틴 - 보상'이 반복적으로 연결되면, 뇌는 해당 행동을 자동적으로 실행하는 경로를 만들고, 이 경로는 시간이 지날수록 더욱 강화된다. 처음에는 의식적인 노력이 필요했던 행동도, 충분한 반복과 보상이 주어지면 무의식적인 습관으로 굳어지게 된다.

습관의 종류는 그 적용 범위와 의식성 여부에 따라 다양하게 분류될 수 있다.

물리적 습관: 가장 흔히 떠올리는 습관의 형태로, 특정 신체 활동의 반복을 포함한다. 걷는 방식, 글씨 쓰는 습관, 식사 습관, 운전 습관, 운동 루틴 등이 여기에 해당한다. 특히, 특정 악기 연주는 수많은 반복 연습을 통해 손가락과 뇌의 운동 피질 사이에 자동적인 연결을 형성하는 물리적 습관의 정점이다.

정신적 습관: 생각하고 느끼는 방식에도 습관이 존재한다. 특정 문제에 직면했을 때 부정적으로 반응하는 습관, 긍정적으로 해석하는 습관, 스트레스 받을 때 특정 생각을 반복하는 습관, 혹은 창의적인 사고를 시작하기 전에 특정 의식(ritual)을 치르는 습관 등이 이에 해당한다. 정신적 습관은 우리의 인지 편향이나 고정관념 형성에도 영향을 미친다. 이처럼 반복적인 부정적인 생각은 '반추(Rumination)'라는 정신적 습관으로 굳어질 수 있다.

감정적 습관: 특정 상황에서 특정한 감정을 느끼거나 표현하는 방식 또한 습관화될 수 있다. 화가 날 때 소리를 지르는 습관, 불안할 때 손톱을 물어뜯는 습관, 슬플 때 숨는 습관 등이 있다. 이러한 감정적 습관은 종종 유년기의 경험이나 특정 학습 과정에서 형성되며, 의식적인 노력 없이는 변화시키기 매우 어렵다.

사회적 습관: 타인과 상호작용하는 방식에도 습관이 존재한다. 특정 관계에서 수동적으로 반응하는 습관, 공격적으로 대하는 습관, 혹은 항상 긍정적인 피드백을 주는 습관 등이 이에 속한다. 사회적 습관은 우리의

대인 관계와 사회적 성공에 지대한 영향을 미친다.

핵심 습관(Keystone Habit): 이 개념은 찰스 두히그(Charles Duhigg)[22]가 『습관의 힘(*The Power of Habit*)』에서 제시한 것으로, 하나의 습관이 다른 여러 습관의 긍정적인 변화를 촉발하는 경우를 말한다. 여기에는 '매일 아침 운동하기'라는 습관이 형성되면, 자연스럽게 건강한 식단, 충분한 수면, 업무 효율성 향상 등 다른 긍정적인 습관들이 연쇄적으로 따라올 수 있다. 이는 제임스가 '습관의 축적'을 통해 인간의 성격과 운명이 형성된다고 본 것과 맥을 같이 한다.

윌리엄 제임스는 습관이 인간의 삶에 미치는 영향력이 상상을 초월한다고 보았다. 그는 "습관은 제2의 천성이며, 어쩌면 제1의 천성보다 더 강력하다"고 말하며, 습관이 우리의 행동뿐만 아니라 사고방식, 감정, 나아가 성격과 정체성까지 형성하는 근본적인 힘임을 강조하였다. 이는 인간이 환경에 적응하고 진화하는 과정에서 습득된 가장 효율적인 행동 전략인 것이다.

---

22) 찰스 두히그(Charles Duhigg): 미국의 탐사보도 전문 기자이자 베스트셀러 작가. 특히 저서 『습관의 힘(*The Power of Habit*)』을 통해 습관 형성의 과학적 원리와 개인, 조직, 사회에 미치는 영향을 대중에게 널리 알렸다. 복잡한 행동 패턴을 이해하고 긍정적인 변화를 이끌어내는 통찰력 있는 분석으로 세계적인 명성을 얻었다.

감정 조절의 새로운 접근: 행동으로 감정 바꾸기

윌리엄 제임스가 19세기 말에 통찰했던 '습관은 신경계에 물리적인 흔적을 남긴다.'는 주장이다. 이 주장은 오늘날의 첨단 뇌 과학 연구를 통해 놀랍도록 정확한 예견이었음이 증명되었다. 습관 형성은 뇌의 여러 영역이 복합적으로 작용하는 복잡한 신경학적 과정이며, 특히 '신경가소성(Neuroplasticity)'의 대표적인 예시이다.

습관의 핵심적인 신경학적 기반은 기저핵(Basal Ganglia), 특히 선조체(Striatum)에 있다.

선조체는 도파민 신경전달물질의 영향을 받아 보상 기반 학습과 습관 형성에 결정적인 역할을 하는 뇌 영역이다. 초기에는 새로운 행동을 할 때 뇌의 전전두피질(Prefrontal Cortex, PFC)이 활발하게 작동하여 의식적인 계획과 의사결정을 담당한다. 이는 처음 운전을 배울 때는 모든 과정(핸들 조작, 페달 밟기, 차선 변경 등)에 의식적인 노력이 필요하며, PFC가 이 복잡한 정보 처리를 주도한다. 하지만 반복적인 연습을 통해 운전이 점차 익숙해지면, PFC의 개입은 줄어들고, 대신 기저핵과 같은 하위 뇌 영역들이 해당 행동을 자동적으로 실행하는 역할을 넘겨받는다.

이러한 과정은 다음과 같은 신경학적 변화를 수반한다.

신경 경로의 강화(Long-Term Potentiation, LTP): 특정 행동이 반복될 때마다, 그 행동과 관련된 신경세포들 간의 연결, 즉 시냅스(Synapse)는 물리적으로 강화된다. 이 현상을 '장기 시냅스 강화(LTP)'라고 부르는데,

이는 특정 신경 경로를 통해 정보가 더 쉽고 빠르게 전달되도록 만든다. 마치 숲속의 작은 길이 사람들이 반복적으로 지나다니면서 넓고 평탄한 길이 되는 것과 같다. 이 강화된 신경 경로는 해당 행동을 의식적인 노력 없이도 자동으로 수행할 수 있게 하는 '신경학적 지름길'을 형성한다.

활동 패턴의 변화: 초기 학습 단계에서는 뇌의 넓은 영역이 활성화되지만, 습관이 형성되면 특정 행동과 관련된 뇌 영역(주로 기저핵)의 활동이 집중되고, 다른 불필요한 영역의 활동은 줄어든다. 이는 뇌가 해당 행동을 수행하는 데 필요한 에너지를 최소화하고 효율성을 극대화하기 위한 '최적화' 과정이다. 뇌는 '에너지 절약 모드'를 선호하며, 습관은 이러한 에너지 절약의 궁극적인 형태인 것이다.

도파민(Dopamine)의 역할: 습관 형성에는 도파민이라는 신경전달물질이 핵심적인 역할을 한다. 초기 학습 단계에서는 보상(예: 맛있는 음식을 먹는 즐거움)을 얻었을 때 도파민이 폭발적으로 분비되어 '이 행동을 기억하고 다시 하라'는 신호를 뇌에 전달한다. 그러나 습관이 형성되면, 도파민은 행동 자체를 수행한 후가 아니라, '신호(Cue)'가 나타났을 때 가장 많이 분비된다. 이는 뇌가 보상 자체를 기대하기보다, 보상을 얻기 위한 '루틴'을 시작하라는 신호를 보내는 것으로 해석된다. 즉, 도파민은 습관의 '자동화'를 촉진하고, 해당 행동을 무의식적으로 수행하게 만드는 강력한 동기 부여 역할을 하는 것이다. 여기에 흡연자는 니코틴의 보상보다 담배를 피우는 '행위' 자체와 관련된 신호(스트레스, 특정 시간 등)에 도파민이 분비되어 자동적으로 담배를 찾게 된다.

이러한 신경학적 메커니즘 덕분에 우리는 일상생활의 대부분을 의식적인 노력 없이도 효율적으로 수행할 수 있다. 만약 모든 행동에 매번 의식적인 결정을 내려야 한다면, 우리의 인지 자원은 순식간에 고갈되고 아무것도 제대로 할 수 없을 것이다. 제임스가 '습관은 우리의 삶을 지탱하는 거대한 바퀴'라고 표현한 것은 이러한 뇌의 자동화 능력에 대한 통찰에서 비롯된 것이다.

하지만 습관의 이러한 자동성은 양날의 검과 같다. 좋은 습관은 우리를 발전시키지만, 나쁜 습관은 우리를 무기력하게 만들거나 파괴적인 결과를 초래할 수 있다. 뇌의 신경 경로는 한번 형성되면 매우 견고해지기 때문에 나쁜 습관을 제거하거나 새로운 좋은 습관으로 대체하는 것은 상당한 노력과 전략을 필요로 한다. 이는 뇌가 이미 효율적으로 작동하는 경로를 바꾸는 데 저항하기 때문이다. 따라서 습관의 뇌 과학적 메커니즘을 이해하는 것은 우리가 의도적으로 우리의 행동과 사고방식을 변화시키는 데 매우 중요한 지침이 된다. 우리는 우리의 뇌가 어떻게 작동하는지 이해함으로써, '보이지 않는 손'인 습관을 우리의 의지대로 조종할 수 있는 가능성을 열 수 있는 것이다.

부정적인 감정을 긍정적인 에너지로 전환하는 방법

윌리엄 제임스는 습관의 강력한 힘을 인정하면서도, 인간의 의지가 이를 조절하고 새로운 습관을 형성할 수 있다고 보았다. 그의 통찰은 오늘날 뇌 과학과 행동 심리학 연구를 통해 더욱 구체적이고 실용적인 전략으로 발전하였다. 긍정적인 습관을 형성하고 부정적인 습관을 제거하는 것은 단순히 '의지력'만의 문제가 아니라, 뇌의 작동 방식을 이해하고 그에 맞춰 시스템을 설계하는 '전략'의 문제이다.

긍정적 습관 형성을 위한 전략: '신호'의 명확화와 환경 설계(뇌의 보상 예측 회로 활용): 습관 형성의 첫 단계는 명확하고 일관된 신호를 설정하는 것이다. 뇌는 특정 신호가 나타나면 뒤따라올 보상을 예측하며 해당 루틴을 시작할 준비를 한다. 이 예측은 도파민 분비를 촉진하여 행동 동기를 부여한다.

행동유도 설계(Nudge Theory) 적용: 행동경제학에서 제시하는 '넛지' 개념을 활용하여, 원하는 행동을 유도하는 환경을 물리적으로 조성한다. 예를 들어, 물을 더 마시고 싶다면 물병을 항상 눈에 띄는 곳에 두는 것, 운동화를 현관에 미리 꺼내두는 것 등이 있다. 이는 뇌가 의식적인 노력을 덜 들이고도 해당 행동을 시작할 수 있도록 환경적 '신호'를 강화하는 것이다.

기존 습관과의 연결(Habit Stacking): 이미 견고하게 자리 잡은 좋은 습관(예: 아침에 커피 마시기) 뒤에 새로운 습관(예: 커피 마시면서 5분 독서하기)을 연결하는 것이다. 뇌는 기존 습관의 신호를 활용하여 새로운 습관을 자연스럽게 받아들이고, 이는 새로운 신경 경로를 더 쉽고 효율적으로 구축하는 데 도움을 준다. 이는 뇌가 이미 익숙한 경로를 확장하려는 경향을 이용하는 전략이다.

'루틴'의 간소화와 점진적 접근(신경가소성의 점진적 변화 활용): 새로운 행동이 너무 어렵거나 복잡하면 뇌는 쉽게 저항한다. 작은 시작은 뇌의 부담을 줄이고, 행동이 자동화되는 데 필요한 반복 횟수를 채우는 데 유리하다.

'아주 작은 습관(Atomic Habit)' 적용: 제임스 클리어(James Clear)[23)]가 제시한 이 개념은 윌리엄 제임스의 '작은 반복이 신경계를 변화시킨다.'는 통찰과 맥을 같이 한다. 예를 들어, '매일 팔굽혀펴기 100개' 대신 '매일 팔굽혀펴기 1개'로 시작하는 것이다. 이처럼 작은 시작은 실패에 대한 두려움을 줄이고, 뇌가 '나는 이 행동을 할 수 있다'는 성공 경험을 축적하게 하여 동기를 부여한다. 작은 성공은 뇌의 보상 회로를 활성화시켜 도파민을 분비하고, 이는 다음 행동으로 이어지는 동기를 강화한다.

'2분 규칙(Two-Minute Rule)': 새로운 습관을 2분 이내에 할 수 있는 형태로 축소하여 시작하는 것이다. 예를 들어, '책 한 권 읽기' 대신 '책 한 페이지 읽기'로 시작하는 것은 뇌가 부담 없이 시작할 수 있도록 돕는다. 이는 행동을 시작하는 데 필요한 '마찰'을 최소화하여 습관 형성의 문턱을 낮추는 전략이다.

'보상'의 즉각화와 강화(뇌의 도파민 회로 자극): 보상은 습관 고리를 완성하고 강화하는 핵심 요소이다. 긍정적인 보상은 뇌에게 '이 행동을 계속하라'는 강력한 신호를 보낸다.

즉각적인 만족감 부여: 원하는 행동을 한 직후에 스스로에게 작은 보상을 주는 것이다. 예를 들어, 운동 후 좋아하는 음악을 듣거나, 독서 후

23) 제임스 클리어(James Clear): 미국의 베스트셀러 작가이자 습관 형성 전문가. 저서 『아주 작은 습관의 힘(*Atomic Habits*)』을 통해 행동 변화의 과학적 원리를 단순하고 실용적인 방법으로 제시하여 전 세계적인 인기를 얻었다. 복잡한 목표를 달성하기 위한 구체적인 시스템 구축과 점진적 변화의 중요성을 강조하며 수많은 사람들의 삶을 긍정적으로 변화시키는 데 기여했다.

맛있는 차 한 잔을 마시는 것 등이 있다. 뇌는 즉각적인 보상에 더 강력하게 반응하므로, 행동과 보상 사이의 시간 간격을 최소화하는 것이 중요하다. 이는 도파민 분비를 최대화하여 신경 경로를 강화하고 습관화를 촉진한다.

진행 상황 시각화: 습관 추적기(Habit Tracker)를 사용하거나 달력에 X 표를 치는 등, 자신이 습관을 꾸준히 실천하고 있음을 시각적으로 확인하는 것이다. 이러한 시각적 피드백은 성취감을 주고, 뇌의 보상 회로를 자극하여 동기를 지속시키는 데 효과적이다. 이는 우리가 목표를 향해 나아가고 있음을 인지하게 하여 자아 효능감을 높인다.

부정적 습관 제거를 위한 전략

'신호'의 제거 또는 회피(뇌의 자동 반응 차단): 나쁜 습관의 신호를 제거하거나 회피하는 것이 가장 효과적인 방법이다. 뇌는 신호가 없으면 해당 루틴을 시작하기 어렵다.

환경 통제: 나쁜 습관을 유발하는 환경적 신호를 물리적으로 제거한다. 예를 들어, 스마트폰 중독을 줄이려면 스마트폰을 손이 닿지 않는 곳에 두거나, 알림을 끄거나, 특정 앱을 삭제하는 것이다. 흡연을 줄이려면 담배나 재떨이를 시야에서 치우는 것이 좋다. 이는 뇌가 자동적으로 반응할 수 있는 경로를 차단하는 것이다.

신호 인지 및 회피 훈련: 자신이 어떤 상황(시간, 장소, 감정 등)에서 나쁜 습관의 신호를 받는지 정확히 인지하고, 그러한 상황 자체를 피하거나 다른 방식으로 대응하는 연습을 하는 것이다. 이는 뇌의 충동 제어

(Impulse Control) 기능을 담당하는 전전두피질을 의도적으로 활성화시켜 자동적인 반응을 억제하는 데 도움을 준다.

'루틴'의 대체(새로운 신경 경로 구축): 단순히 나쁜 행동을 '하지 않는 것'은 어렵다. 대신, 나쁜 행동이 일어나는 '신호'에 새로운 긍정적인 '루틴'으로 대체하는 것이 훨씬 효과적이다.

대체 행동 찾기: 나쁜 습관의 신호가 나타났을 때, 원래의 부정적인 루틴 대신 새롭고 긍정적인 루틴을 수행하도록 계획한다. 예를 들어, 스트레스 받을 때 흡연하는 대신, 짧은 산책을 하거나 심호흡을 하는 것으로 대체하는 것이다. 중요한 것은 새로운 루틴이 기존 습관이 제공하던 '보상'과 유사하거나 더 나은 보상을 제공해야 한다는 점이다. 뇌는 가장 효율적인 보상 경로를 선택하려는 경향이 있으므로, 대체 행동이 충분한 보상을 주어야 한다.

정신적 연습(Mental Rehearsal): 실제 행동하기 전에 머릿속으로 새로운 루틴을 반복적으로 시뮬레이션하는 것이다. 스포츠 선수들이 경기 전에 이미지트레이닝을 하는 것과 유사하다. 뇌 과학 연구는 정신적 연습만으로도 실제 행동과 유사한 뇌 활성화를 유도하여 신경 경로를 강화할 수 있음을 보여준다. 이는 실제 행동의 어려움을 줄이고 새로운 루틴의 정착을 돕는다.

'보상' 체계의 재설계(도파민 보상 회로 재조정): 나쁜 습관이 제공하는 보상을 부정적인 것으로 인식하게 하거나, 새로운 긍정적 습관이 더 큰 보상을 준다는 것을 뇌에 학습시키는 것이다.

나쁜 습관의 부정적 결과 명확화: 나쁜 습관이 장기적으로 가져올 부정적인 결과(건강 악화, 재정적 손실, 관계 문제 등)를 명확히 인지하고, 이를 시각적으로 상기시키는 것이다. 이는 뇌의 보상 회로가 해당 행동에 대해 '부정적인 보상'을 연결하도록 학습시키는 효과가 있다.

긍정적 대체 보상 활용: 새로운 긍정적인 습관을 수행했을 때, 즉각적이고 충분한 보상을 스스로에게 제공하는 것이다. 이는 뇌가 '이 새로운 행동이 기존의 나쁜 습관보다 더 큰 보상을 가져다준다.'고 학습하게 하여, 새로운 신경 경로를 더욱 강력하게 강화한다. 예를 들어, 금연 성공 시 모아둔 돈으로 특별한 경험을 하는 것 등이 해당된다.

윌리엄 제임스는 습관의 힘이 단순히 개인의 의지력 문제가 아니라, 신경계에 뿌리박힌 물리적 현상임을 일찍이 간파하였다. 그의 통찰은 오늘날 뇌 과학과 행동 심리학의 발전과 만나, 우리가 '나를 만드는 보이지 않는 손'인 습관을 의도적으로 조절하고 삶의 주인이 될 수 있는 구체적인 지침을 제공한다. 좋은 습관은 우리의 삶을 긍정적인 방향으로 이끌고, 나쁜 습관은 우리를 제약한다. 습관의 메커니즘을 이해하고 이를 활용하는 것은 단순한 자기 계발을 넘어, 우리의 뇌를 재설계하고 더 나은 미래를 만들어가는 강력한 도구가 될 것이다. 우리는 습관의 노예가 아니라, 습관을 창조하고 변화시킬 수 있는 능동적인 주체인 것이다.

4장

자아(The Self)

나는 누구인가

우리의 의식이 끊임없이 흐르는 강물이라면, 그 강물 위를 넘실대는 파도이자, 때로는 거대한 해일처럼 우리를 뒤흔드는 것이 바로 감정(Emotion)이다. 감정은 인간 경험의 본질적인 부분이며, 기쁨, 슬픔, 분노, 두려움, 사랑과 같은 다양한 형태로 우리의 삶을 색칠하고, 우리의 행동과 사고에 깊은 영향을 미친다. 그러나 우리는 종종 감정의 본질을 오해하거나, 감정에 휩쓸려 자신을 잃기도 한다. 윌리엄 제임스는 그의 걸작 『심리학의 원리』에서 당시로서는 혁신적인 감정 이론을 제시하며, 감정이 단순히 외부 자극에 대한 내면의 반응이 아니라, 우리 몸의 생리적 변화와 밀접하게 연결되어 있음을 역설하였다. 그의 통찰은 이후 심리학 연구의 중요한 전환점이 되었으며, 오늘날의 신경과학과 생리학 연구를 통해 더욱 견고한 과학적 기반을 확보하고 있는 것이다. 감정은 우리 마음의 풍경을 끊임없이 변화시키고, 우리의 삶을 역동적으로 만드는 강력한 힘이다.

제임스의 다층적인 자아 개념: 물질적, 사회적, 영적 자아

윌리엄 제임스가 1884년 처음 제안하고 덴마크의 칼 랑게(Carl Lange)가 비슷한 시기에 독립적으로 발표하여 '제임스-랑게 감정 이론(James-Lange Theory of Emotion)'으로 알려진 이 이론은 감정에 대한 우리의 상식적인 이해를 뒤집는 파격적인 주장이다. 일반적으로 우리는 '무서운 곰을 보고 두려움을 느껴서 도망간다.'고 생각한다. 즉, '인지 → 감정 → 행동'의 순서이다. 그러나 제임스-랑게 이론은 이와 반대되는 순서를 제시한다. '우리는 무서운 곰을 보고 도망가기 때문에 두려움을 느낀다.'는 것이다. 즉, '자극 → 신체 변화 → 감정'의 순서이다.

이 이론의 핵심은 감정이 외부 자극에 대한 신체적 반응을 '지각'한 결과라는 것이다. 특정 자극에 직면했을 때, 우리 몸은 먼저 심장 박동 증가, 근육 긴장, 호흡 가빠짐, 혈압 상승, 땀 분비 등과 같은 자율신경계(autonomic nervous system)의 생리적 변화를 일으킨다. 그리고 우리의 뇌는 이러한 신체적 변화들을 감지하고 해석함으로써 비로소 특정한 '감정'을 경험하게 된다는 설명이다.

제임스-랑게 이론의 논리적 근거는 다음과 같다.

신체 변화의 특수성: 제임스는 각각의 감정(예: 두려움, 분노, 슬픔)이 특정한 생리적 변화 패턴과 연관된다고 보았다. 즉, 두려움을 느낄 때의 신체 변화와 분노를 느낄 때의 신체 변화는 미묘하게 다르며, 뇌는 이러한 미세한 차이를 감지하여 어떤 감정인지를 식별한다는 것이다.

감정 없는 신체 변화의 부재: 만약 신체 변화가 없다면 감정 또한 없을 것이라고 제임스는 주장하였다. 이는 감정이 신체적 표현의 단순한 인지적 라벨링(labeling)이라는 점을 강조한 것이다.

뇌 과학적 재조명과 비판적 평가: 제임스-랑게 이론은 발표 당시 격렬한 논쟁을 불러일으켰고, 이후 캐논-바드 이론(Cannon-Bard Theory), 슐랙터-싱어 이론(Schachter-Singer Theory) 등 다양한 감정 이론들이 등장하며 그 한계점 또한 명확히 드러났다. 주요 비판은 다음과 같다.

신체 변화의 비특이성: 뇌손상 환자 연구 등에서 특정 감정과 관련된 신체 반응이 없이도 감정을 경험할 수 있다는 사례들이 보고되었다. 또한, 모든 감정이 고유한 신체 반응 패턴을 가지는지에 대한 증거가 불충분하다는 비판이 제기되었다. 이는 두려움과 분노는 유사한 자율신경계 반응(심박수 증가, 혈압 상승 등)을 유발할 수 있다.

신체 반응의 속도: 신체 변화가 감정 경험보다 항상 선행한다고 보기에는 너무 느리다는 지적도 있었다. 뇌가 감정 자극을 인지하고 반응하는 속도가 신체 변화보다 빠르다는 것이다.

그러나 제임스-랑게 이론은 오늘날의 신경과학 연구를 통해 상당 부분 재조명되고 있으며, 그 중요성이 재평가되고 있다. 비록 감정이 단순히 신체 반응의 지각만으로 형성되는 것은 아니지만, 신체 변화가 감정 경험에 지대한 영향을 미친다는 제임스의 핵심 주장은 여전히 유효하다.

체성 감각 피질(Somatosensory Cortex)의 역할: 뇌의 체성 감각 피질은 신체 내부의 상태(내장 감각, 근육의 긴장, 피부 온도 등)에 대한 정보를 처리한다. 최근 연구들은 감정을 경험할 때 체성 감각 피질과 인슐라(Insula)[24] 피질이 활발하게 작동하며, 이러한 '내수용 감각(Interoception)'이 감정 경험의 중요한 부분을 구성한다는 것을 보여준다. 즉, 뇌는 신체의 미묘한 변화를 지속적으로 모니터링하고, 이를 감정의 질감으로 인식하는 것이다.

감정은 생리적 구성물이다: 감정의 동적 생성 원리: 감정은 고정된 심리 상태가 아니라, 끊임없이 갱신되는 생리적 구성물이다. 뇌는 신체 내부의 생리 신호와 환경 자극을 통합하여 감정이라는 심리 상태를 구성하며, 이 과정은 단선적 반응이 아니라 상호작용적 조절로 이루어진다. 감정은 자율신경계의 각성과 중추신경계의 통합적 해석을 통해 발생하며, 이는 생리적 균형(homeostasis)을 유지하기 위한 진화적 전략의 일부로 볼 수 있다.

감정의 발생은 외부 자극에 대한 단순 반응이 아니라, 뇌가 내부 상태를 평가하고 조절하려는 메커니즘의 일환이다. 특히 전측 대상피질(ACC)과 섬엽(insular cortex)은 내부감각(interoception)을 통해 감정 상태를 실시간으로 조율하며, 이는 정서적 민감성과 조절능력의 신경학적 기반이 된다. 감정은 이처럼 신체 상태의 지속적 모니터링과 맥락적 해석의 결과로 나타난다.

---

24) 인슐라(Insula): 뇌의 측두엽과 전두엽 사이에 깊숙이 숨겨진 대뇌 피질 영역. 신체 내부 감각(내수용 감각), 감정 경험(혐오, 공포, 기쁨 등), 자기 인식 및 사회적 인지 등 광범위한 기능에 관여한다.공감, 의사결정, 중독 행동, 그리고 마음챙김 수련과도 밀접하게 관련된 핵심 뇌 영역으로 주목받고 있다.

감정의 구성은 유전적 기질, 반복된 학습, 행동적 경험, 인지적 해석이 동시에 관여하는 복합 과정이다. 초기 생리적 반응은 뇌간 수준에서 시작되지만, 그것이 '감정'으로 인식되기 위해서는 전전두엽 영역의 평가와 명명 작업이 필요하다. 이처럼 감정은 뇌 전체를 동원하는 통합적 활동이다.

신체의 작은 움직임이나 표정 변화는 뇌의 해석에 영향을 주며, 이러한 신체-정서 피드백 루프는 감정 조절의 핵심 열쇠로 작용한다. 감정은 더 이상 마음속에 존재하는 순수한 상태가 아니라, 몸과 뇌의 협업을 통해 순간순간 구성되는 '심리적 사건'이다. 감정을 이해한다는 것은 곧, 생리적 신호가 인지 구조 속에서 어떤 방식으로 변환되는지를 이해하는 일이다.

건강한 자아 정체성 형성의 중요성

감정은 단순히 좋거나 나쁜 기분을 넘어, 우리의 생존, 사회적 관계 형성, 그리고 인지 기능에 지대한 영향을 미치는 복잡한 심리적 현상이다. 윌리엄 제임스는 감정의 생리적 기반을 강조하면서도, 각 감정이 가진 고유한 특징과 역할에 대해 통찰하였다. 현대 심리학은 감정을 크게 기본 감정(Basic Emotions)과 복합 감정(Complex Emotions)으로 분류하고, 각 감정이 진화론적, 사회적, 인지적 관점에서 어떤 기능을 수행하는지 분석한다.

기본 감정(Basic Emotions): 진화론적 생존 도구

폴 에크만(Paul Ekman)과 같은 연구자들은 문화 보편적으로 나타나는 소수의 감정들을 '기본 감정'으로 분류하였다. 두려움, 분노, 슬픔, 기쁨, 혐오, 놀람 등이 대표적이다. 이 감정들은 진화론적 관점에서 생존에 필수적인 기능을 수행한다.

두려움(Fear): 위협적인 상황에 직면했을 때 나타나는 감정으로, 신체를 '투쟁-도피-정지(Fight-Flight-Freeze)' 반응으로 준비시킨다. 심박수 증가, 혈압 상승, 근육 긴장 등의 생리적 변화가 나타나 위험으로부터 자신을 보호하도록 돕는다. 뇌의 편도체(Amygdala)는 두려움 반응의 핵심 중추로, 위협적인 자극을 빠르게 처리하고 즉각적인 생리적 반응을 유발한다. 이는 생존에 필수적인 가장 기본적인 감정 중 하나이다.

분노(Anger): 위협이나 침해에 대한 반응으로, 에너지를 동원하여 대항하거나 문제를 해결하도록 준비시킨다. 공격적인 행동을 유발할 수 있지만, 동시에 불의에 맞서고 자신의 경계를 지키는 데 필요한 동기 부여가 되기도 한다. 분노 시에는 뇌의 복측 피개 영역(Ventral Tegmental Area, VTA)과 관련된 도파민 회로가 활성화되어 공격적인 행동에 대한 보상 신호를 줄 수 있으며, 이는 복측 전전두피질(ventromedial prefrontal cortex, vmPFC)과의 상호작용을 통해 조절된다.

슬픔(Sadness): 상실이나 좌절에 대한 반응으로, 활동을 둔화시키고 내면으로 에너지를 돌려 손실을 처리하고 회복하는 시간을 제공한다. 슬픔은 타인에게 도움을 요청하는 사회적 신호가 되기도 한다. 슬픔은 뇌의 전대상피질(Anterior Cingulate Cortex, ACC)과 같은 영역의 활성화와 관련이 있으며, 이는 고통 처리 및 사회적 유대감과 연관된다.

기쁨(Joy): 긍정적인 경험과 성취에 대한 반응으로, 에너지를 증가시키고 활동을 확장하며, 사회적 유대감을 강화한다. 기쁨은 뇌의 보상 회로(Reward Circuit), 특히 중뇌 변연계 도파민 경로(mesolimbic dopamine pathway)의 활성화와 밀접하게 관련되어 있다. 도파민은 긍정적인 경험을 학습하고 반복하도록 동기를 부여한다.

혐오(Disgust): 잠재적인 오염원이나 유해한 물질로부터 자신을 멀리하도록 돕는 감정이다. 생물학적으로는 독성 물질 섭취를 막는 데 중요한 역할을 한다. 사회적으로는 특정 행동이나 관습에 대한 거부감을 표현하는 데 사용된다. 뇌의 섬엽(Insula)[25]은 혐오 감정 처리에 중요한 역할을 하며, 특히 신체 내부의 불쾌한 감각을 처리하는 데 관여한다.

놀람(Surprise): 예상치 못한 자극에 대한 순간적인 반응으로, 주의를 집중하고 새로운 정보를 빠르게 처리하도록 준비시킨다. 짧고 강렬한 감정으로, 이후 다른 감정으로 빠르게 전환될 수 있다.

복합 감정(Complex Emotions): 사회적 관계와 인지적 평가의 산물

기본 감정이 직접적인 자극에 대한 원초적인 반응이라면, 복합 감정은 여러 기본 감정의 조합, 인지적 평가, 사회적 맥락, 그리고 개인의 학

25) 섬엽(Insula): 뇌의 측두엽과 전두엽 사이에 깊숙이 숨겨진 대뇌 피질 영역. 신체 내부 감각(내수용 감각), 감정 경험(혐오, 공포, 기쁨 등), 자기 인식 및 사회적 인지 등 광범위한 기능에 관여한다. 공감, 의사결정, 중독 행동, 그리고 마음챙김 수련과도 밀접하게 관련된 핵심 뇌 영역으로 주목받고 있다.

습 경험이 복합적으로 작용하여 형성된다. 죄책감, 수치심, 자부심, 질투, 사랑, 공감, 당황함 등이 복합 감정에 속한다.

사회적 기능: 복합 감정은 주로 사회적 관계와 규범 속에서 발생하며, 타인과의 상호작용을 조절하는 데 중요한 역할을 한다. 이렇게 죄책감(Guilt)은 자신의 잘못된 행동에 대한 인지적 평가와 타인에게 피해를 주었다는 인식이 결합되어 발생하며, 이는 사회적 규범을 준수하고 관계를 유지하려는 동기를 부여한다. 수치심(Shame)은 자신이 타인에게 부정적으로 평가될 것이라는 예상에서 비롯되며, 사회적 배제에 대한 두려움과 관련이 깊다.

인지적 평가의 중요성: 복합 감정은 단순히 신체 반응만으로 설명될 수 없으며, 자극이나 상황에 대한 개인의 인지적 평가(cognitive appraisal)가 핵심적인 역할을 한다. 슐랙터-싱어(Schachter-Singer)[26)]의 '두 요인 이론(Two-Factor Theory)'은 감정이 '신체적 각성'과 그 각성에 대한 '인지적 해석'의 조합으로 발생한다고 주장한다. 여기에 동일한 심장 박동 증가도 상황에 따라 '두려움'으로 해석될 수도 있고, '흥분'으로 해석될 수도 있다는 것이다. 뇌의 전전두피질(PFC), 특히 복부전두엽피질(vmPFC)는 복합 감정의 인지적 평가와 조절에 중요한 역할을 한다.

---

26) 슐랙터-싱어(Schachter-Singer): 감정의 '2요인 이론(Two-Factor Theory of Emotion)'을 제시한 심리학자들.감정이 신체적 각성과 그 각성에 대한 인지적 해석이라는 두 가지 요소의 결합으로 발생한다고 주장했다. 동일한 신체적 각성이라도 상황에 대한 해석에 따라 전혀 다른 감정을 경험할 수 있음을 보여주며 감정 연구에 큰 영향을 미쳤다.

학습과 문화의 영향: 복합 감정은 문화적 규범과 개인의 학습 경험에 따라 매우 다양하게 형성되고 표현된다. 특정 상황에서 어떤 감정을 느끼고 어떻게 표현해야 하는지는 사회화 과정을 통해 습득된다. 이는 뇌의 신경가소성이 감정 형성 과정에서도 중요한 역할을 함을 시사한다.

감정의 역할 요약-생존 및 적응: 감정은 우리에게 중요한 정보(위협, 보상 등)를 전달하고, 위험에 반응하거나 기회를 포착하도록 동기를 부여한다.

의사소통 및 사회적 유대: 표정, 몸짓, 목소리 톤 등을 통해 감정을 표현함으로써 타인과 소통하고 공감하며 사회적 유대감을 형성한다.

의사결정: 감정은 합리적인 의사결정 과정에 중요한 영향을 미친다. 안토니오 다마지오(Antonio Damasio)의 '신체 표지 가설(Somatic Marker Hypothesis)'에 따르면, 과거의 감정 경험이 현재의 의사결정에 '표지'로 작용하여 빠르고 효율적인 선택을 돕는다.

동기 부여: 긍정적인 감정은 행동을 반복하도록 동기를 부여하고, 부정적인 감정은 불쾌한 상황에서 벗어나도록 동기를 부여한다.

결론적으로, 감정은 단순한 심리적 현상이 아니라, 우리의 신체, 뇌, 그리고 사회적 환경이 복합적으로 상호작용하여 만들어내는 다차원적인 경험이다. 윌리엄 제임스가 감정의 신체적 기반을 강조한 것은, 감정의 복잡한 본질을 이해하고 조절하기 위한 첫걸음이 바로 우리 몸의 반응에 대한 인지에서 시작됨을 시사하는 것이다.

자아 성장을 위한 내면 탐색과 외적 실천

감정은 강력한 힘을 가지고 있지만, 이 힘에 휩쓸려 통제력을 잃는다면 오히려 우리의 삶을 해칠 수 있다. 따라서 감정을 건강하게 표현하고 조절하는 능력은 정신 건강과 사회적 관계에 필수적인 요소이다.

윌리엄 제임스는 감정의 생리적 기원을 강조하며, '몸의 반응을 조절함으로써 감정을 조절할 수 있다'는 실용적인 통찰을 제시하였다. 오늘날 신경과학과 심리 치료는 이러한 제임스의 통찰을 바탕으로 감정 조절을 위한 구체적인 방법론을 제공하고 있다.

건강한 감정 조절의 뇌 과학적 기반: 감정 조절은 주로 뇌의 전전두피질(Prefrontal Cortex, PFC), 특히 복외측 전전두피질(Ventrolateral Prefrontal Cortex, vlPFC)과 배외측 전전두피질(Dorsolateral Prefrontal Cortex, dlPFC)의 활성화와 관련이 깊다. 이 영역들은 감정 반응을 생성하는 편도체와 같은 변연계(limbic system) 영역의 활동을 억제하거나 조절하는 역할을 한다. 즉, PFC는 감정적 충동에 대한 '브레이크' 역할을 수행하는 것이다. 감정 조절은 이러한 뇌 영역 간의 효과적인 소통과 협력을 통해 이루어진다.

건강하게 감정을 표현하고 조절하는 방법

감정 인식 및 명명하기(Emotion Recognition & Labeling)-'내부 감각'의 정교화: 첫 단계는 자신이 어떤 감정을 느끼는지 정확하게 인식하고 이름을 붙이는 것이다. 제임스-랑게 이론에 따르면 감정은 신체적 변화를 지각한 결과이다. 따라서 자신의 심장 박동, 호흡, 근육 긴장 등 신체적 감각을 민감하게 알아차리는 연습은 감정을 더 잘 인식하는 데 도움이 된다. 이를 '내수용 감각(Interoception)[27]'이라고 하는데, 뇌의 섬엽(Insula)은 이 내수용 감각과 감정 경험을 통합하는 핵심 영역이다. 자신이 느끼는 감정을 '화'인지 '좌절'인지, '불안'인지 '초조함'인지 명확히 구분하여 명명하는 것은, 뇌의 편도체 활성을 감소시키고 전전두피질의 통제력을 높이는 효과가 있다. 이를 '감정 명명 효과(Affect Labeling Effect)[28]'라고 부르는데, 감정에 이름을 붙이는 것만으로도 감정의 강도를 줄이고 인지적 통제력을 강화할 수 있다는 연구 결과들이 이를 뒷받침한다. '내 마음속의 파도가 어떤 파도인지' 정확히 아는 것이 조절의 시작이다.

---

27) 내수용 감각은 우리 몸 내부의 상태를 감지하고 인지하는 능력을 말한다. 심장 박동, 호흡, 소화, 체온, 근육의 긴장감, 갈증, 배고픔 등 신체 내부에서 일어나는 다양한 신호들을 느끼는 것이다. 이러한 감각은 자율신경계와 밀접하게 연결되어 있으며, 신체적 안정성과 균형을 유지하는 데 필수적이다. 내수용 감각이 발달할수록 자신의 신체 상태와 감정을 더 잘 인지하고 조절하는 능력이 향상된다.

28) 감정 명명 효과는 자신이 느끼는 감정을 언어로 명확히 표현할 때 그 감정의 강도가 약해지거나 조절되는 현상을 말한다. 이는 특히 부정적인 감정에 효과적인데, 감정을 인지적으로 처리하고 언어로 전환하는 과정에서 뇌의 편도체(감정 반응 담당) 활동이 줄어들고 전전두피질(인지 조절 담당) 활동이 증가하기 때문이다. 감정을 이름 붙이는 행위는 감정으로부터 한 발짝 떨어져 객관적으로 바라보게 함으로써, 감정에 압도되지 않고 스스로를 진정시키는 데 도움을 준다.

인지적 재평가(Cognitive Reappraisal)-'생각의 틀' 바꾸기: 감정은 종종 우리가 상황을 어떻게 해석하느냐에 따라 달라진다. 인지적 재평가는 특정 상황이나 사건에 대한 우리의 생각을 의도적으로 바꾸어 감정적 반응을 조절하는 전략이다. 예를 들어, 지하철에서 누군가 나를 밀쳤을 때 '나를 무시한다.'고 해석하면 분노가 치솟지만, '저 사람이 급한 일이 있나 보다.'라고 해석하면 감정이 훨씬 덜해진다. 이는 뇌의 배외측 전전두피질(dlPFC)이 활성화되어 부정적인 감정 자극에 대한 뇌의 반응을 억제하고 긍정적인 감정으로 전환하는 데 관여한다. 연구에 따르면, 인지적 재평가는 감정 조절에 가장 효과적인 전략 중 하나로, 스트레스 상황에서 편도체 활성을 감소시키고 PFC 활성을 증가시키는 것으로 나타났다. 우리의 생각의 틀을 바꾸는 것이 곧 감정의 파도를 조절하는 리모컨이 되는 것이다.

신체적 이완 및 행동 조절: '몸-마음 연결'의 활용: 제임스-랑게 이론에 따라, 신체적 변화는 감정 경험에 영향을 미친다. 따라서 몸의 반응을 의도적으로 조절함으로써 감정 상태를 변화시킬 수 있다.

심호흡과 점진적 근육 이완: 스트레스나 불안을 느낄 때 심박수가 증가하고 근육이 긴장한다. 이때 의도적으로 깊고 천천히 심호흡을 하거나, 몸의 각 근육을 이완시키는 연습은 부교감 신경계의 활성을 높여 신체를 진정시키고 감정을 가라앉히는 데 효과적이다. 이는 뇌의 자율신경계를 직접적으로 조절하여 감정 반응의 강도를 낮추는 방법이다.

감정 조절과 신경계의 자기 조정 메커니즘: 감정은 단순한 주관적 체험이 아니라, 신경생리학적 시스템이 외부 자극과 내부 상태를 통합적으로 처리한 결과로 이해되어야 한다. 특히 행동의 방향성과 감정의 형성은 서로 분리된 현상이 아니라, 생리적 조정과 신경회로의 상호작용에 기반한 동시적 구조다. 특정 근육군의 활성이나 생리적 긴장은 자율신경계에 신호를 제공하며, 뇌는 이러한 데이터를 토대로 정서적 해석을 구성한다. 이 과정은 비의식적 신체 반응이 정서적 경험을 유도하는 하향식 처리의 한 예다.

감정 표현은 뇌의 전전두피질, 측좌핵, 편도체, 시상하부 등 다양한 뇌 영역 간의 조율을 필요로 한다. 이때 감정 표현의 적절성과 사회적 맥락에 대한 인식은 전전두피질의 인지적 판단 능력에 의해 조절된다. 감정 표현은 해소 이상의 기능을 수행하며, 사회적 피드백과 내적 조율을 통한 정서 구조의 재구성을 가능하게 한다. 이는 뇌가 지속적으로 맥락 정보를 갱신하고, 상황에 적합한 반응을 선택하는 신경적 학습의 일환이다.

정서 조절에서 사회적 상호작용은 중요한 매개 변수로 작동한다. 감정 공유는 신경생리적 동조(synchrony)를 유도하고, 공감 기반의 연결은 신경화학적 보상 체계를 활성화시킨다. 이러한 과정에서 옥시토신과 세로토닌 시스템은 안정성과 친밀감을 강화하며, 부정 정서의 생리적 파장을 완화하는 역할을 수행한다. 이와 같은 감정-사회적 지지 상관성은 정서적 균형 유지에 있어 필수적인 구조적 조건이다.

감정 상태는 반복된 행동 패턴을 통해 신경망 수준에서 재구조화될 수 있으며, 이는 장기적 감정 조절 능력과 밀접하게 연관된다. 감정을 이해하고 조절하는 과정은 개별 뇌 영역의 반응이 아니라, 생리적, 인지적, 사회적 요인이 상호작용하는 복합적 시스템으로 구성된다. 이 시스템의

인생을 바꾸는 습관

작동을 이해하는 것은 감정에 대한 반응적 태도를 넘어서, 감정을 설계하고 조율하는 능력을 강화하는 핵심 열쇠가 된다.

5장

자유의지(Free Will)

선택과 책임의 힘

우리의 의식이 끊임없이 흐르는 강물이라면, 그 강물 속에서 일관성을 유지하며 '나'라는 존재를 규정하는 가장 근원적인 개념이 바로 자아(The Self)이다. 아침에 잠에서 깨어나 거울을 볼 때 우리는 어렴풋이 '나'라는 인식을 한다. 이 '나'는 단순히 몸뚱이를 의미하는 것일까? 아니면 타인과의 관계 속에서 형성되는 것일까? 혹은 더 깊은 내면의 가치와 신념을 의미하는 것일까? 윌리엄 제임스는 그의 기념비적인 저서『심리학의 원리』에서 자아를 단순히 단일한 실체가 아닌, 다양한 측면이 복합적으로 어우러진 다층적인 존재로 보았다. 그는 자아를 '나는 아는 자아(I-Self)'와 '나는 아는 대상으로서의 자아(Me-Self)'로 구분하며, 특히 'Me-Self'를 물질적 자아, 사회적 자아, 영적 자아로 세분화하여 설명하였다. 제임스의 이러한 자아 개념은 이후 심리학의 자아 이론 발전은 물론, 철학, 사회학, 신경과학 등 수많은 분야에 지대한 영향을 미쳤다. '나는 누구인가'라는 인류의 영원한 질문에 대한 답을 찾는 여정에서, 제임스의 통찰은 우리에게 깊은 사유와 깨달음을 선사하는 출발점인 것이다.

자유의지와 결정론에 대한 제임스의 통찰

윌리엄 제임스는 자아를 두 가지 핵심적인 측면으로 나누어 설명하였다. 하나는 '나는 아는 자아(I-Self)', 즉 경험하고 아는 주체로서의 자아이다. 이는 의식의 흐름 그 자체이자, 지속적으로 경험을 통합하고 인식하는 능동적인 자아이다. 다른 하나는 '나는 아는 대상으로서의 자아(Me-Self)', 즉 주체가 경험하고 알게 되는 대상으로서의 자아이다. 제임스는 이 'Me-Self'를 우리가 소유하거나 우리와 관련된 모든 것으로 확장하여 세 가지 주요 구성 요소로 분류하였고, 이는 오늘날 자아개념 연구의 중요한 틀이 되고 있다.

첫째, **물질적 자아(The Material Self)이다.** 이는 우리의 신체뿐만 아니라, 우리가 소유하고 '내 것'이라고 생각하는 모든 물리적 대상을 포함하는 자아 개념이다. 제임스는 물질적 자아를 우리의 의식이 자신과 동일시하는 가장 기본적인 형태라고 보았다.

신체(Body)로서의 자아: 가장 직접적이고 핵심적인 물질적 자아는 우리 자신의 신체이다. 우리의 몸은 우리가 세상을 경험하고 타인과 상호작용하는 물리적 매개체이다. 몸의 감각, 건강 상태, 외모 등은 우리가 자신을 인식하는 방식에 지대한 영향을 미친다. 뇌 과학적으로, 뇌의 체성 감각 피질(Somatosensory Cortex)[29]은 신체 각 부위의 감각 정보를 통합하여 '신체 도식(Body Schema)'을 형성하며, 이는 우리가 우리 몸을 '나'라고 느끼는 신경학적 기반이다. 신체에 대한 긍정적 또는 부정적인 인식이 자아 개념에 직접적으로 반영되는 것이다.

소유물(Possessions)로서의 자아: 제임스는 우리의 옷, 집, 재산, 심지어 가족까지도 물질적 자아의 확장으로 보았다. 우리가 '내 것'이라고 여기는 모든 것은 우리의 자아에 포함되어, 그것이 손상되거나 빼앗길 때 우리는 마치 자신을 잃은 것처럼 고통을 느낀다. 이는 자신이 아끼는 물건이 망가졌을 때 느끼는 불쾌감은 단순히 물건의 손실을 넘어, 자신의 자아 일부가 훼손된 것과 같은 심리적 경험이다. 이는 인간이 환경과의 상호작용을 통해 자신의 존재를 확장하려는 근원적인 욕구를 반영하는 것이다. 소유는 단순한 물리적 점유를 넘어, 심리적 확장을 통해 자아를 강화하려는 인간의 본능적인 경향인 것이다.

둘째, **사회적 자아(The Social Self)이다.** 이는 우리가 타인과의 관계 속에서 형성되고 인식되는 자아의 측면이다. 제임스는 우리가 만나는 사람의 수만큼 다양한 사회적 자아를 가진다고 보았다.

우리는 부모님 앞에서는 자녀의 자아, 친구들 앞에서는 친구의 자아, 직장에서는 직원의 자아를 드러낸다. 이처럼 사회적 자아는 특정 사회적 역할, 타인의 시선, 그리고 우리가 속한 집단의 가치관에 따라 형성된다.

---

29) 체성 감각 피질(Somatosensory Cortex)
체성 감각 피질은 뇌의 두정엽에 위치하며, 몸에서 들어오는 모든 감각 정보를 처리하는 영역이다. 촉각, 온도, 통증, 압력, 그리고 몸의 위치와 움직임(고유수용감각) 등 다양한 신체 감각 신호들이 이곳으로 전달되어 분석된다. 이 영역은 신체 각 부위와 연결되어 있어, 손상 시 특정 신체 부위의 감각 인지에 문제가 발생할 수 있다.

타인의 인정과 시선: 사회적 자아는 타인의 인정과 피드백에 크게 의존한다. 우리는 타인에게 긍정적으로 평가받고 싶어 하며, 부정적인 평가를 받을까 봐 두려워한다. 이러한 욕구는 우리의 행동과 사고에 큰 영향을 미치며, 사회적 규범과 기대에 부합하려는 동기가 된다. 신경과학적으로, 뇌의 사회적 인지 네트워크, 특히 내측 전전두피질(Medial Prefrontal Cortex, mPFC)과 측두엽 접합부(Temporoparietal Junction, TPJ)[30]는 타인의 마음을 읽고 사회적 상황을 해석하며, 이에 따라 우리의 행동과 자아 인식을 조절하는 데 중요한 역할을 한다. 타인의 시선이 우리의 자아 개념에 미치는 영향은 강력하며, 이는 '사회적 비교(Social Comparison)'를 통해 자존감 형성에도 기여한다.

역할과 정체성: 사회적 자아는 우리가 수행하는 다양한 역할과 그에 따른 정체성으로 구성된다. 학생, 교사, 부모, 시민 등 각 역할은 특정 기대와 행동 패턴을 요구하며, 우리는 이러한 역할을 수행하면서 자신의 사회적 자아를 확립해 나간다. 사회적 역할은 개인에게 소속감과 의미를 부여하며, 이는 정신 건강에도 긍정적인 영향을 미친다. 사회적 관계가 단절되거나 역할 상실을 겪을 때, 자아의 한 부분이 흔들리는 경험을 하게 되는 것이다.

30) 측두엽 접합부는 뇌의 측두엽과 두정엽이 만나는 경계 부위에 위치한 핵심 영역이다. 이 영역은 타인의 관점을 이해하고 공감하는 능력(마음 이론), 그리고 자기 인식과 주의 전환 등 고차원적인 사회적 인지 기능을 담당한다. 외부 감각 정보들을 통합하여 자아와 타인을 구분하고 사회적 상호작용을 가능하게 하는 중요한 역할을 수행한다.

셋째, **영적 자아(The Spiritual Self)이다.** 제임스는 이를 자아의 가장 깊고 본질적인 측면으로 보았다. 영적 자아는 우리의 가치관, 신념, 양심, 도덕관, 그리고 우리가 가진 지적 능력과 성격적 특성 등 내면의 핵심적인 요소들을 포함한다. 이는 타인의 시선이나 외부 환경에 구애받지 않고, '나'라는 존재를 궁극적으로 규정하는 정신적 실체이다.

가치관과 신념: 영적 자아는 우리가 무엇을 옳다고 믿는지, 어떤 삶의 목적을 추구하는지 등 개인의 핵심적인 가치관과 신념으로 이루어진다. 이는 우리의 행동을 이끌고, 어려운 상황에서 의사결정을 내리는 데 중요한 지침이 된다. 여기에 '정직'이라는 가치를 중요하게 여기는 사람은 어떤 상황에서도 정직하게 행동하려는 경향을 보인다. 이는 뇌의 복측 전전두피질(Ventromedial Prefrontal Cortex, vmPFC)이 가치 기반 의사결정과 도덕적 판단에 중요한 역할을 한다는 연구 결과와도 연결된다.

양심과 도덕성: 영적 자아는 우리의 양심과 도덕적 판단을 포함한다. 옳고 그름을 구분하고, 죄책감이나 만족감을 느끼는 능력은 영적 자아의 중요한 표현이다. 이는 인간 고유의 특성이며, 사회적 상호작용과 도덕적 발달을 통해 형성된다.

인지적 능력과 성격: 우리의 지능, 창의성, 문제 해결 능력과 같은 인지적 능력, 그리고 내향성/외향성, 개방성, 성실성 등 성격적 특성 또한 영적 자아의 중요한 부분이다. 이는 개인이 가진 고유한 강점과 잠재력을 반영하며, 자기 효능감과 자존감 형성에도 기여한다. 영적 자아는 외부 세계와의 독립적인 관계를 통해 자신을 성찰하고, 삶의 의미와 목적을 탐구하는 내면의 활동과 밀접하게 관련되어 있는 것이다.

제임스의 이러한 자아 개념은 자아가 고정된 실체가 아니라, 끊임없이 변화하고 발전하는 역동적인 구조임을 시사한다. 우리는 이 세 가지 자아를 통합적으로 인식하고 발전시켜 나감으로써 진정한 '나는 누구인가'라는 질문에 대한 답을 찾아갈 수 있는 것이다.

선택의 중요성: 매 순간 우리의 삶을 형성하는 힘

윌리엄 제임스가 제시한 자아의 다층적 개념은 자존감(Self-esteem)과 정체성(Identity) 확립의 중요성을 이해하는 데 필수적인 통찰을 제공한다. 건강한 자존감과 확고한 정체성은 개인의 정신 건강, 사회적 관계, 그리고 전반적인 삶의 만족도에 결정적인 영향을 미친다. 디지털 시대에 더욱 중요해지는 이 두 가지 개념은 뇌의 보상 시스템과 사회적 연결망과 밀접하게 연결되어 있다.

첫째, **자존감의 중요성**

자존감은 '자신을 가치 있고 능력 있는 사람이라고 믿는 전반적인 평가'이다. 제임스는 자존감을 '성공/목표'의 비율로 정의하며, 우리가 중요하게 여기는 영역에서 성공을 거두거나 목표를 달성할 때 자존감이 높아진다고 보았다. 이는 뇌의 보상 시스템(Reward System)과 직접적으로 연결된다. 우리가 목표를 달성하거나 타인에게 인정받을 때, 뇌는 도파민(dopamine)과 같은 신경전달물질을 분비하여 쾌감과 만족감을 느끼게 한다. 이러한 긍정적인 감정은 우리의 자아 개념을 강화하고, 앞으로 더 나은 성과를 내도록 동기를 부여한다.

심리적 회복탄력성 강화: 높은 자존감은 개인이 스트레스나 실패에 직면했을 때 좌절하지 않고 다시 일어설 수 있는 심리적 회복탄력성(Resilience)을 높인다. 자신에 대한 긍정적인 믿음은 어려운 상황을 극복할 수 있다는 자기 효능감으로 이어지고, 이는 뇌의 전전두피질(PFC), 특히 감정 조절과 문제 해결을 담당하는 영역의 기능을 강화한다. 반대로 낮은 자존감은 우울증, 불안 장애, 사회적 위축 등 다양한 정신 건강 문제의 위험을 높인다.

사회적 관계 개선: 자존감이 높은 사람은 타인과 건강하고 긍정적인 관계를 맺을 가능성이 높다. 자신을 존중하는 사람은 타인도 존중하며, 비판에 더 유연하게 반응하고, 갈등 상황에서도 건설적인 태도를 보인다. 이는 뇌의 사회적 인지 네트워크가 타인과의 상호작용에서 긍정적인 피드백을 처리하고, 사회적 유대감을 강화하는 데 기여한다. 반대로 낮은 자존감은 관계 불안정성, 지나친 타인 의존, 혹은 방어적인 태도로 이어질 수 있다.

성취 동기 및 잠재력 발휘: 자존감이 높은 사람은 새로운 도전을 두려워하지 않고, 자신의 잠재력을 최대한 발휘하려는 동기가 강하다. 이는 학습, 직업, 개인적 성장에 긍정적인 영향을 미친다. 자신에 대한 긍정적인 기대는 '자기 충족적 예언(Self-Fulfilling Prophecy)'으로 이어져 실제로 긍정적인 결과를 만들어낼 가능성을 높인다. 이는 뇌의 동기 부여 시스템이 활성화되어 목표 지향적 행동을 강화하기 때문이다.

둘째, **정체성 확립의 중요성**

정체성은 '나는 누구이며, 무엇을 믿고, 무엇을 추구하는가'에 대한 개인의 총체적인 이해와 인식이다. 이는 제임스가 말한 물질적, 사회적, 영적 자아의 통합된 형태로 나타난다. 정체성 확립은 청소년기에 가장 중요한 발달 과제 중 하나이지만, 평생에 걸쳐 변화하고 발전하는 역동적인 과정이다.

삶의 의미와 방향 제시: 확고한 정체성은 삶의 의미와 목적을 제공하고, 개인이 어떤 가치를 추구하며 살아갈 것인지에 대한 명확한 방향을 제시한다. 이는 혼란스러운 세상 속에서 흔들리지 않고 자신의 길을 갈 수 있는 내면의 나침반과 같다. 정체성이 확립된 개인은 자신의 가치관에 따라 일관된 행동을 보이며, 이는 외부의 압력에 덜 흔들리게 한다.

자율성과 주도성 증진: 자신의 정체성을 명확히 아는 사람은 타인의 기대나 사회적 압력에 휩쓸리지 않고, 스스로의 선택에 따라 삶을 주도할 수 있는 자율성을 가진다. 이는 뇌의 전전두피질이 주도하는 '자율적 의사결정' 능력과 밀접하게 관련된다. 자신의 가치와 신념에 기반한 선택은 후회나 갈등을 줄이고, 내면의 만족감을 높인다.

사회적 소속감과 공감 능력: 정체성 확립은 개인이 자신과 유사한 가치를 공유하는 집단에 소속감을 느끼게 하고, 이는 사회적 유대감을 강화한다. 동시에, 자신의 정체성을 확고히 한 개인은 타인의 정체성과 다양성을 더 잘 이해하고 공감할 수 있는 능력을 갖게 된다. 이는 뇌의 거울 신경망(Mirror Neuron System)[31]과 관련된 공감 능력을 향상시키는 데 기여한다.

디지털 시대는 자존감과 정체성 확립에 새로운 도전을 던진다. 소셜 미디어는 끊임없는 사회적 비교와 '이상적인 자아'에 대한 압박을 가하여 자존감을 흔들 수 있다. 또한, 파편화된 정보와 급변하는 가치관은 개인이 자신의 정체성을 확립하는 데 혼란을 줄 수 있다. 이러한 환경 속에서 제임스의 자아 개념을 이해하고, 건강한 자존감과 확고한 정체성을 형성하는 것은 개인이 행복하고 의미 있는 삶을 살아가는 데 필수적인 과제인 것이다.

책임감을 통해 삶의 주도권 되찾기

윌리엄 제임스의 자아 개념은 우리가 '나는 누구인가'라는 질문에 대한 답을 찾아가는 데 중요한 지침을 제공한다. 건강한 자아 개념은 단번에 형성되는 것이 아니라, 의식적인 노력과 실천을 통해 끊임없이 발전시켜 나가야 할 과정이다. 뇌 과학 연구는 이러한 자아 형성 과정에서 특정 뇌 영역의 활성화와 신경 가소성의 중요성을 강조하며, 이를 바탕으로 한 실질적인 방법들을 제시한다.

---

31) 뇌의 거울 신경망(Mirror Neuron System): 특정 행동을 직접 수행할 때뿐만 아니라, 다른 사람이나 동물이 같은 행동을 하는 것을 관찰할 때도 활성화되는 뇌 영역 및 신경세포의 집합이다.
이 신경망은 타인의 행동을 이해하고, 감정을 공감하며, 모방 학습을 하는 데 핵심적인 역할을 한다.
인간의 사회적 인지 능력, 언어 발달, 공감 능력의 신경학적 기반으로 주목받고 있다.

첫째, **자기 성찰(Self-Reflection)과 메타인지(Meta-cognition) 훈련**[32)]

영적 자아를 강화하고 '나는 아는 자아(I-Self)'를 명확히 하는 데 필수적인 과정이다. 자신의 생각, 감정, 행동을 객관적으로 관찰하고 분석하는 능력을 키워야 한다.

일기 쓰기: 매일 자신의 생각과 감정, 그날 있었던 일들을 기록하는 것은 자신을 객관적으로 돌아보고, 자신의 패턴과 가치관을 인식하는 데 매우 효과적이다. 이는 뇌의 전전두피질(PFC), 특히 자기 참조 처리(Self-Referential Processing)를 담당하는 영역의 활성화를 촉진한다.

명상 및 마음 챙김: 감정 챕터에서 다루었듯이, 마음 챙김은 자신의 의식의 흐름과 생각, 감각을 판단 없이 알아차리는 훈련이다. 이는 자신의 내면을 깊이 들여다보고, '나는 누구인가'라는 질문에 대한 답을 찾아가는 데 중요한 통찰을 제공한다. 뇌 영상 연구는 마음 챙김이 자기 인식과 관련된 뇌 영역(예: 내측 전전두피질, 후대상피질)의 연결성을 강화한다는 것을 보여준다.

피드백 수용: 타인으로부터 건설적인 피드백을 경청하고 받아들이는 것은 자신의 사회적 자아를 객관적으로 평가하고 개선하는 데 중요하다. 비판을 개인적인 공격으로 받아들이기보다, 성장의 기회로 삼는 태

---

32) 메타인지(Meta-cognition) 훈련: 자신의 인지 과정(생각, 학습, 기억 등)을 스스로 인식하고, 평가하며, 조절하는 능력을 향상시키는 훈련이다.
자신이 무엇을 알고 모르는지, 어떻게 학습하는 것이 효과적인지 등을 성찰하게 하여 학습 전략을 개선한다. 문제 해결 능력, 의사 결정, 자기 주도 학습 능력을 높이는 데 핵심적인 역할을 한다.

도가 필요하다. 이는 뇌의 사회적 인지 네트워크가 타인의 관점을 이해하고 자신의 행동을 조절하는 능력을 향상시키는 데 기여한다.

둘째, **가치관 정립과 목표 설정(뇌의 보상 예측 및 실행 기능 활용)**

영적 자아를 강화하고, 삶의 의미와 방향을 설정하는 것은 건강한 자아 개념의 핵심이다.

핵심 가치 찾기: 자신이 삶에서 가장 중요하게 여기는 가치(예: 정직, 자유, 성장, 관계, 봉사 등)가 무엇인지 명확히 정의하는 시간을 갖는다. 이러한 가치는 우리의 행동과 의사결정의 기준점이 되어, 일관성 있는 자아를 형성하는 데 도움을 준다. 가치 기반 의사결정은 뇌의 보상 회로와 전전두피질이 통합적으로 작동하며, 우리가 어떤 목표를 추구할지 결정하는 데 영향을 미친다.

목표 설정 및 달성 경험: 자신의 가치관에 부합하는 구체적이고 현실적인 목표를 설정하고, 이를 달성하기 위해 노력하는 과정은 자존감을 높이고 자기 효능감을 강화한다. 목표 달성 시 뇌에서 분비되는 도파민은 긍정적인 강화를 제공하여, '나는 할 수 있다'는 자기 믿음을 견고하게 만든다. 제임스가 말했듯, '성공/목표'의 비율을 높이는 것이 자존감 향상의 핵심이다.

셋째, **사회적 연결과 역할 수행(사회적 뇌의 활성화)**

사회적 자아를 건강하게 발전시키는 것은 고립감을 줄이고 소속감을 높여, 전반적인 자아 개념을 강화한다.

긍정적인 관계 형성: 자신을 지지하고 격려하며, 건강한 피드백을 주고받을 수 있는 사람들과 관계를 맺는 것은 매우 중요하다. 사회적 지지는 스트레스를 완화하고, 뇌의 옥시토신(oxytocin) 분비를 촉진하여 유대감과 안정감을 높인다. 이는 사회적 자아를 긍정적으로 형성하는 데 필수적인 요소이다.

다양한 역할 경험: 새로운 사회적 역할에 도전하고 경험하는 것은 자신의 다양한 측면을 발견하고 자아를 확장하는 기회가 된다. 봉사 활동, 새로운 취미 활동, 동아리 참여 등을 통해 다양한 정체성을 경험하고 발전시킬 수 있다. 이는 뇌의 신경가소성을 촉진하여 새로운 사회적 인지 및 행동 패턴을 형성하는 데 기여한다.

사회적 비교의 지혜로운 관리: 소셜 미디어를 통해 끊임없이 타인과 자신을 비교하는 것은 자존감을 해칠 수 있다. 타인과의 비교를 멈추고, 자신만의 성장과 발전에 집중하는 태도가 필요하다. 뇌의 사회적 비교 관련 영역(예: 전대상피질)의 과도한 활성화를 줄이고, 자기 자비(self-compassion)를 통해 자신을 있는 그대로 받아들이는 연습이 중요하다.

넷째, **신체적 자기 돌봄(물질적 자아의 존중)**

가장 기본적인 자아인 물질적 자아를 건강하게 돌보는 것은 다른 자아의 토대가 된다.

건강한 생활 습관: 규칙적인 운동, 균형 잡힌 식단, 충분한 수면은 신체 건강뿐만 아니라 정신 건강과 자존감에도 지대한 영향을 미친다. 신체가 건강할 때 우리는 더 많은 에너지를 얻고, 자신감을 느끼며, 긍정적인

기분을 유지하기 쉽다. 운동은 뇌유래신경영양인자(BDNF)[33] 분비를 촉진하여 뇌 건강과 신경 가소성을 증진시키고, 이는 전반적인 인지 기능과 감정 조절 능력에 긍정적인 영향을 미친다.

자기 신체에 대한 긍정적 인식: 자신의 신체적 특성을 있는 그대로 받아들이고 사랑하는 태도가 중요하다. 완벽하지 않아도 자신의 몸을 존중하고 감사하는 마음은 자존감을 높이는 데 기여한다.

윌리엄 제임스의 '자아'에 대한 통찰은 우리가 '나는 누구인가'라는 질문에 대한 답을 찾아가는 여정이 단순히 개인의 내면적 탐구에 그치지 않고, 우리의 몸, 사회적 관계, 그리고 가치관과 신념을 통합적으로 이해하고 발전시켜 나가는 과정임을 보여준다. 건강한 자아는 유한한 삶 속에서 우리의 잠재력을 최대한 발휘하고, 의미 있고 만족스러운 삶을 살아가기 위한 가장 강력한 기반인 것이다. 이 책을 통해 독자들이 자신만의 '자아'를 깊이 탐색하고, 더욱 풍요로운 삶을 만들어가는 여정을 시작하기를 바란다.

---

33) 뇌유래신경영양인자(BDNF): 뇌에서 생성되는 단백질로, 신경세포의 성장, 생존, 분화를 돕는 중요한 역할을 하는 성장 인자이다. 학습과 기억을 담당하는 시냅스 가소성(synaptic plasticity)을 조절하며, 새로운 신경세포의 생성(신경 발생)에도 기여한다. 뇌 건강 유지에 필수적이며, 부족할 경우 우울증, 알츠하이머병 등 다양한 신경정신 질환과 관련이 있는 것으로 알려져 있다.

6장

습관(Habit)

나쁜 습관에서 벗어나기

우리의 삶은 어쩌면 거대한 습관의 집합체라고 해도 과언이 아니다. 윌리엄 제임스가 강조했듯이, 습관은 '제2의 천성'이며 우리의 행동, 사고, 나아가 성격과 운명까지 형성하는 강력한 '보이지 않는 손'이다. 하지만 이 보이지 않는 손에 언제나 휘둘리는 것은 아니다. 제임스는 동시에 인간에게는 습관을 의도적으로 바꾸고 새로운 행동 양식을 구축할 수 있는 '의지'와 '자율성'이 있다고 보았다. 나쁜 습관에서 벗어나고 긍정적인 변화를 만들어내는 것은 단순히 '안 하던 일을 하는 것'이나 '하던 일을 안 하는 것'을 넘어, 우리 뇌의 신경 경로를 재설계하고 새로운 자아를 구축하는 복잡하면서도 강력한 과정이다. 이 장에서는 윌리엄 제임스의 습관 변화 원칙을 심층적으로 탐구하고, 현대 행동 심리학과 뇌 과학이 제시하는 구체적인 전략들을 통해 우리가 어떻게 나쁜 습관의 굴레에서 벗어나 진정한 자기 삶의 주인이 될 수 있는지 알아보자.

제임스의 습관 변화 원칙 상세 설명

윌리엄 제임스는 그의 저서 『심리학의 원리』에서 습관의 형성과 변화에 대한 심오한 통찰을 제시하였다. 그의 원칙들은 오늘날의 행동 변화 심리학과 뇌 과학 연구의 토대가 되었으며, 습관을 바꾸려는 모든 사람에게 여전히 유효한 지침이 된다. 제임스는 습관 변화를 단순히 의지력에만 의존하는 것이 아니라, 환경과 행동의 초기 조건을 전략적으로 관리하는 것의 중요성을 강조하였다. 그의 주요 원칙들은 다음과 같다.

첫째, **'시작은 강력하게'이다.** 제임스는 새로운 습관을 시작할 때는 '최대한 강력하고 확실하게 시작해야 한다.'고 강조하였다. 이는 일종의 '충격 요법'으로, 새로운 행동에 대한 뇌의 저항을 최소화하고 긍정적인 첫인상을 각인시키기 위함이다. 어떠한 예외도 두지 않고 처음부터 완전히 몰입하는 것이 중요하다고 보았다.

뇌 과학적 근거 1: 전전두피질의 초기 활성화와 보상 예측. 새로운 행동을 시작할 때, 뇌의 전전두피질(Prefrontal Cortex, PFC)은 목표 설정, 계획, 그리고 실행에 관여하며 활발하게 작동한다. 강력한 시작은 PFC의 이러한 '실행 기능(Executive Function)'을 초기에 최대한으로 활용하여, 행동을 위한 강력한 신경 경로를 구축하려는 시도이다. 또한, 새로운 행동에 대한 초기 성공 경험은 뇌의 보상 회로(Reward Circuit)에서 도파민(dopamine) 분비를 촉진하며, 이는 해당 행동을 긍정적으로 강화하고 지속적인 동기를 부여한다. '처음부터 제대로'라는 강력한 다짐은 뇌가 그 행동에 대한 보상을 예측하고, 이를 통해 더 많은 에너지를 할당하도록 유도하는 효과가 있다. 마치 로켓이 이륙할 때 초기에 가장 많은 에너지를 소모하여 중력을 이겨내듯이, 습관 변화의 초기 단계는 가장 큰 동기와 노력이 필요한 시기이다. 초기 성공은 자기 효능감(Self-Efficacy)을 높여, 앞으로의 어려움을 극복할 수 있다는 믿음을 심어주는 데 결정적이다.

둘째, **'예외를 만들지 마라'이다.** 제임스는 "한 번의 예외도 만들지 마라"고 강력히 주장하였다. 단 한 번의 예외가 전체 시스템을 무너뜨릴 수 있다는 경고이다. 습관은 신경 경로의 반복적인 강화로 형성되는데, 예외는 이 강화된 경로에 '균열'을 만들고, 뇌가 다시 이전의 나쁜 습관 경로로 돌아가도록 유도하는 '퇴행적 신호'를 보내는 것과 같다고 보았다.

뇌 과학적 근거 2: 신경 경로의 재강화 및 도파민의 예측 오류. 습관은 뇌의 기저핵(Basal Ganglia), 특히 선조체(Striatum)에 깊이 뿌리박힌 자동적인 신경 경로이다. 나쁜 습관의 신경 경로는 오랫동안 반복되어 매우 견고하게 형성되어 있다. 예외를 허용하는 것은 이 견고한 나쁜 습관 경로를 다시 활성화시키고 강화하는 것과 같다. 또한, 도파민은 보상뿐만 아니라 '예측 오류(Prediction Error)'에도 반응한다. 즉, 예상치 못한 보상이나 좌절에 대해 뇌는 새로운 학습 신호를 보낸다. 만약 나쁜 습관을 포기하려 할 때 단 한 번의 예외로 인해 '일시적인 보상'을 얻게 되면, 뇌는 이 예외적인 행동을 다시 학습하고 강화하여 습관 변화를 더욱 어렵게 만든다. '이 정도는 괜찮아'라는 생각은 뇌에게 '이전의 나쁜 행동이 여전히 보상을 줄 수 있다.'는 잘못된 신호를 보내는 것이며, 이는 습관 변화의 노력을 무력화시킬 수 있다. 따라서 습관 변화 초기에는 완벽주의에 가까운 일관성이 필요하다.

셋째, **'기회를 활용하라'이다.** 제임스는 특정 행동을 바꾸려는 마음을 먹었을 때, 가능한 한 빨리 그 행동을 실천할 수 있는 기회를 찾아 즉시 행동으로 옮겨야 한다고 조언하였다. 이는 마음속의 '선한 의지'가 단순한 생각으로 끝나지 않고 실제 행동으로 이어지도록 하는 것이 중요하기 때문이다.

뇌 과학적 근거 3: 의사결정의 실행과 행동 동기 부여. 우리가 어떤 행동을 하겠다는 '의도(Intention)'를 가질 때, 뇌의 전전두피질은 활성화된다. 그러나 이 의도가 실제 행동으로 이어지기까지는 상당한 '실행 기능'이 필요하다. 제임스는 이 의지가 사라지기 전에 즉시 행동으로 옮김으로써, '의도-행동 간극(Intention-Action Gap)'을 줄여야 한다고 본 것이다. 즉각적인 행동은 뇌가 해당 행동과 관련된 신경 경로를 더 강하게 활성화시키고, 도파민 보상 회로를 통해 행동의 동기를 강화한다. 여기에 운동을 결심했다면 곧바로 운동복으로 갈아입고 집을 나서는 것이 좋다. 이러한 즉각적인 행동은 뇌가 '이것은 지금 해야 할 일이다.'라고 인식하게 만들어 불필요한 고민이나 망설임을 줄인다. 제임스는 이러한 '기회 활용'이 의지력을 '단련하는' 중요한 방법이라고 보았다.

넷째, **'자신을 새로운 환경에 노출시켜라'이다.** 제임스는 습관이 환경과 밀접하게 연결되어 있다고 보았다. 나쁜 습관을 유발하는 환경적 '신호(Cue)'로부터 자신을 분리하고, 새로운 습관 형성에 유리한 환경에 자신을 노출시키는 것이 효과적이라고 주장하였다.

뇌 과학적 근거 4: 환경적 신호와 신경 경로의 연결성. 뇌는 환경적 신호(예: 특정 장소, 특정 시간, 특정 사람)와 특정 행동을 강하게 연결한다. 이러한 연결은 해마(Hippocampus)와 같은 기억 관련 영역과 기저핵의 상호작용을 통해 이루어진다. 나쁜 습관의 신호로부터 자신을 분리하는 것은 뇌가 해당 신호와 나쁜 루틴 사이의 연결을 약화시키고, 새로운 환경에서 새로운 신경 경로를 형성하도록 돕는다. 만약 야식을 먹는 습관을 없애려면 주방에서 식탁에 앉아 있는 대신, 침실에서 책을 읽는 것으로 환경을 바꾸는 것이 효과적이다. 새로운 환경은 새로운 신경 경로가 형성될 수 있는 '백지'를 제공하며, 이는 기존의 강력한 나쁜 습관 경로를 우회하는 데 도움을 준다.

제임스의 이러한 원칙들은 오늘날 행동 변화를 위한 수많은 전략들의 근간이 된다. 그의 통찰은 습관이 단순히 심리적인 현상이 아니라, 우리의 신경계에 물리적으로 각인된 '도로'와 같으며, 이 도로를 바꾸기 위해서는 의지뿐만 아니라 전략적인 접근이 필요하다는 것을 명확히 보여준다.

현대 행동 심리학 기법(작은 습관, 환경 설정 등) 소개

윌리엄 제임스의 습관 변화 원칙은 현대 행동 심리학과 뇌 과학의 발전을 통해 더욱 정교하고 실용적인 기법들로 발전하였다. 특히 '작은 습관(Atomic Habits)' 개념과 '환경 설정(Environment Design)' 전략은 뇌의 작동 방식을 이해하고 이를 활용하여 습관 변화의 성공률을 극적으로 높이는 데 기여한다.

첫째, **'작은 습관'의 힘(뇌의 보상 회로 및 실패 회피 전략)**

윌리엄 제임스가 '점진적인 반복'의 중요성을 언급했지만, 현대 행동 심리학은 이 반복의 '크기'를 혁신적으로 줄여서 시작하는 것을 강조한다. 제임스 클리어(James Clear)의 『아주 작은 습관의 힘』은 이러한 개념의 대표적인 예시이다. 매일 '책 100페이지 읽기' 대신 '책 1페이지 읽기'로 시작하는 것이다.

뇌 과학적 근거: 도파민의 동기 부여와 실패 회피. 뇌의 보상 시스템은 행동의 '시작'과 '완료' 모두에 반응하지만, 특히 '시작'에 대한 장벽이 낮을수록 도파민 분비가 촉진되어 동기를 부여한다. '아주 작은 습관'은 뇌가 느끼는 부담감과 저항감을 최소화한다. 너무 큰 목표는 뇌의 편도체(Amygdala)에 '실패에 대한 두려움'이라는 부정적인 신호를 보내어 행동 시작을 주저하게 만든다. 하지만 아주 작은 목표는 이러한 두려움을 줄이고, '나는 이것을 쉽게 할 수 있다'는 인식을 심어준다. 매일 1분 운동, 팔굽혀펴기 1개와 같은 아주 작은 습관은 뇌가 '성공' 경험을 매일 축적하게 하여 도파민을 꾸준히 분비시키고, 이는 해당 행동을 긍정적으로 강화하여 습관의 신경 경로를 점진적으로 구축한다. 이 과정은 뇌의 신경가소성(Neuroplasticity)을 활용하여 기존의 강력한 나쁜 습관 경로를

압도하지 않고, 새로운 약한 경로를 점진적으로 강화하는 데 유리하다. 마치 작은 물줄기가 꾸준히 흐르면서 바위를 깎아내듯이, 작은 습관은 뇌의 회로를 점진적으로 변화시킨다.

둘째, '환경 설정'의 중요성(뇌의 자동 반응 유도 및 방해 요소 제거)

윌리엄 제임스는 환경 변화의 중요성을 강조했다. 현대 행동 심리학은 이를 더욱 체계적으로 적용하여, 습관을 형성하거나 제거하는 데 유리한 물리적/사회적 환경을 의도적으로 설계하는 전략을 제시한다.

뇌 과학적 근거: 신호(Cue)의 조작과 자동성 유도. 뇌는 환경적 신호에 매우 민감하게 반응하며, 특정 신호가 나타나면 해당 습관 루틴을 거의 무의식적으로 시작하려는 경향이 있다. '습관 고리(Habit Loop)[34)]'의 첫 번째 단계인 '신호'를 의도적으로 조작하는 것이 환경 설정의 핵심이다.

마찰(Friction)의 조절: 제임스 클리어는 '좋은 습관은 쉽게, 나쁜 습관은 어렵게' 만들어야 한다고 주장한다. 좋은 습관을 시작하는 데 필요한 물

34) 습관 고리(Habit Loop)는 찰스 두히그가 『습관의 힘』에서 제시한 개념으로, 모든 습관이 형성되고 작동하는 세 단계의 반복적인 패턴이다. 이 고리는 신호(Cue), 반복 행동(Routine), 보상(Reward)으로 구성된다. 신호(Cue): 특정 행동을 촉발하는 방아쇠나 자극이다. (예: 아침에 일어나는 것, 스마트폰 알림)반복 행동(Routine): 신호에 반응하여 무의식적으로 수행하는 행동 그 자체이다. (예: 침대에서 바로 스마트폰 확인, 알림 확인) 보상(Reward): 반복 행동을 통해 얻는 만족감이나 이득으로, 뇌가 이 습관 고리를 미래에도 반복하도록 강화한다. (예: 최신 정보 확인에 대한 만족감, 불안 해소)
이 고리를 이해하고 조작하면 나쁜 습관을 깨고 새로운 긍정적인 습관을 형성하는 데 도움이 된다.

리적/심리적 '마찰'을 줄이고, 나쁜 습관을 시작하는 데 필요한 마찰을 늘리는 것이다. 예를 들어, 건강한 간식을 눈에 잘 띄는 곳에 두고, 불건강한 간식은 손이 닿기 어려운 곳에 숨기는 것 등이 있다. 뇌는 저항이 적은 경로를 따르려는 경향이 있으므로, 마찰을 조절함으로써 행동 선택을 의도적으로 유도할 수 있다.

사회적 환경의 활용: 주변 사람들의 행동은 우리의 습관에 큰 영향을 미친다. 제임스는 '습관의 모방'에 대해 언급했는데, 현대 연구는 우리가 무의식적으로 주변 사람들의 행동을 따라 하려는 경향이 있음을 보여준다.

긍정적인 역할 모델 찾기: 자신이 닮고 싶은 습관을 가진 사람들과 시간을 보내거나, 그들의 행동을 관찰하고 모방하는 것은 새로운 습관을 형성하는 데 동기를 부여한다. 뇌의 거울 신경망(Mirror Neuron System)은 타인의 행동을 관찰하는 것만으로도 자신의 뇌에서 유사한 활성화를 유도하여 학습과 모방을 촉진한다.

책임감 공유(Accountability Partner): 자신의 습관 변화 목표를 다른 사람과 공유하고, 서로 진행 상황을 확인하며 격려하는 것은 동기 부여와 지속성을 높이는 데 효과적이다. 이는 사회적 지지가 뇌의 스트레스 반응을 완화하고 목표 달성에 대한 동기를 강화하는 것과 연결된다.

결론적으로, '작은 습관'과 '환경 설정'은 윌리엄 제임스의 습관 변화 원칙을 현대 뇌 과학과 행동 심리학의 관점에서 더욱 세분화하고 구체화한 강력한 도구이다. 이들은 우리의 뇌가 어떻게 작동하는지 이해하고, 그 작동 방식을 우리의 목표에 맞게 전략적으로 활용함으로써, 나쁜 습관의 강력한 굴레에서 벗어나 새로운 긍정적인 행동 패턴을 성공적으로 구축할 수 있도록 돕는다. 이는 단순히 의지력 싸움이 아니라, 우리의 뇌를 '훈련'시키는 과학적인 과정인 것이다.

실패 없이 습관을 바꾸는 구체적인 단계 제시

윌리엄 제임스의 지혜와 현대 행동 심리학의 통찰을 바탕으로, 나쁜 습관을 제거하고 긍정적인 습관을 성공적으로 형성하기 위한 구체적인 단계들을 제시할 수 있다. 이 단계들은 뇌의 신경가소성과 자동화 메커니즘을 이해하고, 이를 우리의 목표 달성에 활용하는 실질적인 로드맵이 될 것이다. '실패 없이'라는 표현은 '좌절을 최소화하며 꾸준히 나아가는' 과정이라는 의미이다.

단계 1: 명확한 목표 설정과 정체성 변화(뇌의 목표 지향 시스템 활성화)

습관 변화는 단순히 행동을 바꾸는 것을 넘어, '나는 어떤 사람이 될 것인가'라는 정체성의 변화에서 시작된다. 제임스의 영적 자아 개념과 연결되는 부분이다.

'내가 되고 싶은 사람' 명확히 정의하기: '책을 많이 읽는 사람'이 되고 싶다면, '나는 독서가이다'라고 스스로를 정의하는 것이다. 이러한 정체성 기반의 목표 설정은 행동의 동기를 더욱 강력하게 만든다. 뇌의 자기 참조 처리(Self-Referential Processing)를 담당하는 영역(mPFC 등)은 자신이 정의한 정체성과 일치하는 행동을 더 쉽게 수행하도록 돕는다.

구체적이고 측정 가능한 목표 설정: 추상적인 목표 대신 '매일 아침 6시에 일어나기', '하루 30분 운동하기'와 같이 명확하고 측정 가능한 목표를 설정한다. 이는 뇌가 목표 달성 여부를 명확히 인식하고, 보상 회로를 활성화하는 데 유리하다.

단계 2: 신호(Cue)의 파악 및 환경 설계(뇌의 신호-루틴 연결 재설계)

습관 고리의 첫 단계인 신호를 파악하고 이를 조절하는 것은 습관 변화의 가장 중요한 전략 중 하나이다.

나쁜 습관의 신호 제거/회피: 자신의 나쁜 습관이 어떤 신호(시간, 장소, 감정 상태, 특정 사람 등)에 의해 유발되는지 정확히 파악하고, 그 신호를 가능한 한 제거하거나 노출을 피한다. 예를 들어, 밤에 과자를 먹는 습관이 있다면, 집에서 과자를 아예 없애거나, 밤에는 주방에 가지 않는 규칙을 세우는 것이다. 이는 뇌가 해당 신호와 나쁜 행동 간의 연결을 약화시키는 데 도움이 된다.

좋은 습관의 신호 명확화: 새로운 습관을 시작하기 위한 신호를 명확하고 눈에 띄게 만든다. 예를 들어, 읽기로 마음먹은 책을 눈에 띄는 곳에 두고, 재떨이는 눈에 보이지 않는 곳으로 치워버리는 등, 뇌가 새로운 행동을 시작할 수 있는 시각적/물리적 신호를 제공한다. 이는 행동을 시작하는 데 필요한 '마찰'을 줄여 뇌의 실행 부담을 덜어준다.

단계 3: 작은 루틴 시작 및 점진적 확장(뇌의 최소 노력 원칙 활용)

제임스의 '점진적 반복'과 현대의 '아주 작은 습관' 개념을 적용하여, 뇌의 저항을 최소화하며 새로운 신경 경로를 구축한다.

'2분 규칙' 적용: 새로운 습관을 2분 이내에 할 수 있는 형태로 축소하여 시작한다. 예를 들어, '운동하기' 대신 '운동복 갈아입기', '책 읽기' 대신 '책 한 문장 읽기' 등으로 시작한다. 뇌는 아주 작은 행동에 대해서는 큰 저항을 보이지 않으며, 이 작은 시작이 다음 행동으로 이어질 가능성을 높인다. 이는 뇌의 도파민 보상 회로가 작은 성공에 대해 보상 신호를 보내 지속적인 동기를 부여하는 데 기여한다.

점진적 확장: 2분 규칙을 꾸준히 실천한 후, 점진적으로 루틴의 양을 늘려나가기 위해서 '운동복 갈아입기'가 익숙해지면 '5분 운동하기'로, 다시 '10분 운동하기'로 늘리는 식이다. 이는 뇌가 변화에 적응하고 새로운 신경 경로를 점진적으로 강화할 시간을 준다.

단계 4: 보상 시스템 구축 및 추적(뇌의 도파민 강화 및 자기 효능감 증대)

습관 고리를 완성하고 행동을 강화하기 위해 보상을 효과적으로 활용하는 것은 필수적이다.

즉각적인 보상 부여: 새로운 습관을 수행한 직후에 스스로에게 작은 보상을 준다. 이는 뇌가 해당 행동과 긍정적인 경험을 연결하도록 학습시켜 습관화를 촉진한다. 보상은 물질적인 것일 수도 있고, 좋아하는 음악 듣기, 짧은 휴식, 만족스러운 생각 등 비물질적인 것일 수도 있다. 중요한

것은 행동 직후에 보상이 주어져야 한다는 점이다.

진행 상황 시각화: 습관 추적 앱을 사용하거나 곳곳에 메모를 달아놓아, 자신의 습관 실천 과정을 시각적으로 기록한다. 이는 자신의 노력을 눈으로 확인하고, 성취감을 느끼게 하여 동기를 지속시키는 데 매우 효과적이다. 우리의 뇌는 작은 성공조차 하나의 완성으로 간주하고 미세한 보상을 제공한다. 이 작은 보상들이 반복되면 뇌는 해당 행동을 유익한 경로로 인식하고 더 자주 활성화하게 되고 이러한 시각적 성취는 뇌의 보상 회로를 활성화하고, 자기 효능감(Self-Efficacy)을 높여 '나는 이 일을 해낼 수 있다'는 믿음을 강화한다. 이는 제임스가 '성공의 누적'을 통해 자아 개념이 강화된다고 본 것과 연결된다.

단계 5: 예상되는 실패와 위기 관리(뇌의 회복탄력성 훈련)

아무리 잘 계획된 습관 변화라도 예상치 못한 상황으로 인해 '실패'할 수 있다. 중요한 것은 이 실패에 어떻게 반응하느냐이다. 제임스는 '단 한 번의 예외'가 위험하다고 했지만, 현대 행동 심리학은 '한 번의 실수는 괜찮다.'고 강조한다.

'절대 두 번 연속으로 실패하지 마라' 규칙: 한 번 습관을 놓쳤다고 해서 모든 것이 무너진 것은 아니다. 중요한 것은 그 다음 날 바로 다시 시작하는 것이다. 뇌는 실수를 통해 학습하고 적응하는 능력을 가지고 있으며, 이러한 '회복탄력성(Resilience)'은 습관 변화에 필수적이다. 한 번의 실패는 학습 기회가 될 수 있지만, 두 번 연속으로 실패하면 이전의 나쁜 습관 경로가 다시 강력하게 활성화될 위험이 커진다.

실패 원인 분석 및 재조정: 습관을 지키지 못한 이유를 냉정하게 분석하고, 환경 설정이나 루틴의 난이도를 재조정하는 등 전략을 개선한다. 예를 들어, '너무 어려웠나?', '신호가 불분명했나?', '보상이 충분치 않았나?' 등을 되돌아보는 것이다. 이는 뇌가 오류를 수정하고 다음 시도에 더 효율적인 전략을 적용하도록 돕는다.

윌리엄 제임스의 '습관'에 대한 통찰은 우리의 삶을 변화시키는 가장 강력한 도구 중 하나이다. 그의 지혜는 우리에게 습관이 단순히 행동의 반복이 아니라, 신경계에 각인된 물리적 경로이며, 우리의 의지와 전략적 접근을 통해 충분히 변화시킬 수 있음을 보여준다. 나쁜 습관에서 벗어나고 긍정적인 습관을 형성하는 것은 단순한 자기 계발을 넘어, 자신의 삶을 주도하고 잠재력을 최대한 발휘하며, 궁극적으로는 '나는 누구인가'라는 질문에 대한 답을 찾아가는 심오한 여정인 것이다. 이 로드맵을 따라가다 보면, 독자들은 자신도 모르는 사이에 더욱 견고하고 긍정적인 자아를 만들어가는 놀라운 변화를 경험하게 될 것이다. 우리는 습관의 노예가 아니라, 습관을 창조하고 변화시킬 수 있는 능동적인 존재이다.

PART 2

행동의 심리학

반복, 감정, 의지가 만드는 삶의 변화

7장

의지력(Willpower)

목표를 향해 나아가는 에너지

우리의 의식이 끊임없이 흐르는 강물이라면, 그 강물의 방향을 바꾸고 거센 물살을 헤치고 나아가게 하는 근원적인 추진력이 바로 의지력(Willpower)이다. 우리는 아침에 일어나 침대에서 벗어나는 것부터, 어려운 업무에 집중하고, 유혹을 물리치며, 장기적인 목표를 향해 꾸준히 노력하는 모든 순간에 의지력을 사용한다. 윌리엄 제임스는 그의 저서 『심리학의 원리』에서 의지력을 '주의를 유지하고 통제하는 능력'이자, '주어진 목표를 향해 나아가는 정신적 노력'으로 보았다. 그는 의지력이 단순한 정신적 근육이 아니라, 우리의 행동과 사고를 조절하고, 궁극적으로 삶의 방향을 결정하는 핵심적인 에너지임을 역설하였다. 오늘날 신경과학과 심리학 연구는 제임스의 통찰을 바탕으로 의지력의 본질, 그 한계, 그리고 효과적인 활용 방안에 대한 깊이 있는 이해를 제공하고 있다. 의지력은 단순히 타고나는 재능이 아니라, 훈련하고 관리할 수 있는 귀중한 자원인 것이다.

의지력의 정의, 중요성, 한계 설명

윌리엄 제임스가 말한 의지력은 '어려움을 극복하고 목표를 향해 나아가려는 의식적인 노력'이다. 그는 의지력을 '주의를 고정시키는 노력'과 동일시하며, 주의를 산만하게 하는 방해 요인들을 억제하고 원하는 목표에 집중하는 능력이라고 보았다. 이는 현대 심리학에서 말하는 자기 통제(Self-Control) 또는 자기 조절(Self-Regulation)과 밀접하게 연결되는 개념이다.

의지력의 정의: 의지력은 '충동을 억제하고, 유혹에 저항하며, 장기적인 목표를 위해 단기적인 만족을 지연시키는 능력'이다. 이는 단순히 '힘으로 버티는' 것이 아니라, 인지적인 노력을 통해 행동과 감정을 조절하는 복합적인 정신 기능이다. 제임스는 의지력이 우리의 '자아'가 발휘하는 가장 강력한 기능 중 하나라고 보았다.

의지력의 중요성: 의지력은 개인의 성공과 웰빙에 결정적인 영향을 미치는 핵심 역량이다.

목표 달성의 필수 조건: 학업 성적 향상, 경력 발전, 건강 관리, 재정 목표 달성 등 삶의 모든 중요한 목표는 의지력을 통해 지속적인 노력과 인내를 요구한다. 유혹에 흔들리지 않고 장기적인 보상을 추구하는 능력은 성공적인 삶의 기반이 된다.

충동 조절 및 유혹 저항: 의지력은 즉각적인 만족을 추구하는 충동적인 욕구를 억제하고, 더 나은 장기적인 결과를 위해 유혹에 저항하는 데 필수적이다. 예를 들어, 다이어트를 할 때 눈앞의 케이크를 참는 것, 소셜 미디어를 사용하고 싶은 충동을 억제하고 업무에 집중하는 것 등이 여기에 해당한다.

문제 해결 및 의사결정: 복잡한 문제를 해결하거나 중요한 결정을 내릴 때, 의지력은 인지적 노력을 기울여 다양한 선택지를 고려하고 최적의 경로를 선택하도록 돕는다. 감정적인 반응에 휩쓸리지 않고 합리적인 판단을 내리는 능력 또한 의지력과 밀접하게 연관된다.

관계 유지 및 사회적 적응: 의지력은 타인과의 관계에서 인내심을 발휘하고, 갈등을 조절하며, 공감하는 능력을 향상시킨다. 자기 조절 능력은 사회적 규범을 준수하고 타인과 조화롭게 지내는 데 필수적이다.

의지력의 한계-'의지력 고갈(Ego Depletion)' 이론: 윌리엄 제임스는 의지력을 정신적 근육으로 보았지만, 그가 간과했던 중요한 측면은 바로 의지력이 '유한한 자원'이라는 점이다. 로이 바우마이스터(Roy Baumeister)[35]와 동료들은 '의지력 고갈(Ego Depletion)' 이론을 통해 의지력이 마치 근육처럼 사용하면 지치고 소진된다는 것을 입증하였다.

---

35) 로이 바우마이스터(Roy Baumeister): 미국의 저명한 사회 심리학자로, 자아(self), 자기 통제(self-control), 의지력(willpower) 분야의 세계적인 권위자이다. 특히 '자아 고갈 이론(Ego Depletion Theory)'을 통해 의지력이 한정된 자원처럼 소모될 수 있음을 제시하며 심리학계에 큰 영향을 미쳤다.
그의 연구는 인간 행동, 의사결정, 동기 부여에 대한 깊은 통찰을 제공하며 긍정 심리학 및 행동경제학 분야에도 기여하고 있다.

실험적 증거: 고전적인 '방사형 뿌리채소(Radish and Cookie)' 실험에서, 연구자들은 초콜릿 쿠키와 방사형 뿌리채소 중 선택하게 했는데, 쿠키를 참은 그룹이 이후에 주어진 어려운 문제 해결 과제에서 훨씬 더 빨리 포기하는 경향을 보였다. 이는 첫 번째 과제에서 의지력을 사용함으로써 의지력이 소진되었기 때문이라고 해석되었다.

메커니즘: 의지력 고갈은 주로 뇌의 전전두피질(Prefrontal Cortex, PFC)의 활성 저하와 관련이 있다고 설명된다. PFC는 의사결정, 충동 조절, 주의 유지 등 고차원적인 인지 기능을 담당하는데, 의지력을 사용하는 과제를 수행할 때 PFC는 많은 에너지를 소모한다. 이로 인해 혈당 수치가 낮아지거나, 신경전달물질의 균형이 깨지면서 다음 과제에서는 의지력을 발휘하기 어려워진다는 것이다.

영향: 의지력 고갈은 단순히 피곤함을 느끼는 것을 넘어, 의사결정 능력 저하, 충동성 증가, 감정 조절의 어려움, 심지어 신체적 지구력 저하로까지 이어질 수 있다. 중요한 결정이나 어려운 과제는 의지력이 충분한 오전에 수행하는 것이 더 효율적이라는 조언은 이러한 의지력 고갈 이론에 기반 한다.

의지력 고갈 이론에 대한 최근의 비판적 논의: 의지력 고갈 이론은 지난 수십 년간 광범위하게 받아들여졌지만, 최근에는 그 과학적 엄밀성에 대한 비판과 재해석이 활발하게 이루어지고 있다.

재현성 위기: 일부 대규모 재현 연구에서 의지력 고갈 효과가 일관되게 나타나지 않았다. 이는 초기 실험의 방법론적 한계나 출판 편향

(Publication Bias) 때문일 수 있다는 지적이 제기되었다.

대체 설명: 의지력 고갈이 단순히 '인지적 피로'나 '동기 부여 감소' 때문일 수 있다는 주장도 있다. 즉, 의지력이 정말로 '소진'되는 것이 아니라, 어려운 과제를 수행하는 데 대한 동기가 줄어들거나, 뇌가 에너지를 절약하기 위해 더 이상 노력하지 않으려는 경향일 수 있다는 것이다.

마인드셋(Mindset)의 중요성: 캐롤 드웩(Carol Dweck)의 '성장 마인드셋(Growth Mindset)' 연구와 유사하게, '의지력은 무한하다'고 믿는 사람들은 의지력 고갈 효과를 덜 경험한다는 연구 결과도 있다. 즉, 의지력의 유한성에 대한 '믿음' 자체가 의지력 고갈에 영향을 미칠 수 있다는 것이다. 이는 의지력이 단순한 생리적 자원뿐만 아니라, 심리적, 인지적 요소와도 복합적으로 얽혀 있음을 시사한다.

결론적으로, 의지력은 여전히 우리의 삶에 지대한 영향을 미치는 강력한 정신적 에너지임은 분명하다. 제임스의 통찰은 의지력이 단순한 무언가가 아니라 우리의 주의와 행동을 조절하는 능동적인 힘임을 강조했다. 비록 그 유한성에 대한 논의는 계속되지만, 의지력을 현명하게 관리하고 사용하는 전략이 여전히 중요하다는 데에는 이견이 없다. 의지력은 우리가 목표를 향해 나아가고, 삶의 주인이 되는 데 필수적인 핵심 엔진인 것이다.

의지력을 효과적으로 사용하는 방법 제시

윌리엄 제임스는 의지력을 마치 근육처럼 훈련하고 강화할 수 있다고 보았다. 현대 뇌 과학과 심리학은 그의 통찰을 바탕으로 의지력을 무턱대고 소진시키는 대신, 이를 효과적으로 관리하고 활용할 수 있는 구체적인 방법들을 제시한다. 의지력을 현명하게 사용하는 것은 단순히 인내심을 기르는 것을 넘어, 뇌의 의사결정 및 자기 조절 시스템을 최적화하는 전략적인 접근이다.

첫째, **의지력의 보존 및 에너지 관리(뇌의 에너지 효율성 극대화)**

의지력이 유한한 자원이라면, 이를 불필요하게 소모하지 않고 아껴 쓰는 것이 중요하다.

결정 피로(Decision Fatigue) 줄이기: 사소한 결정(예: 오늘 점심 메뉴, 무슨 옷을 입을까)에 너무 많은 의지력을 소모하면, 정작 중요한 결정에 필요한 의지력이 고갈될 수 있다.

스티브 잡스나 마크 저커버그가 매일 같은 옷을 입었던 것처럼, 일상적인 루틴을 만들거나 미리 계획을 세워 사소한 결정을 자동화하는 것이 의지력을 아끼는 데 효과적이다. 뇌의 전전두피질(PFC)은 모든 의사결정에 에너지를 사용하므로, 반복적인 일은 뇌의 하위 영역(기저핵)이 처리하도록 자동화하여 PFC의 부담을 줄여야 한다. 이는 의지력을 더 중요하고 복잡한 과제에 집중할 수 있도록 해준다.

충분한 휴식과 수면: 수면 부족은 뇌의 인지 기능, 특히 전전두피질의 기

능을 저하시켜 의지력과 자기 통제 능력을 약화시킨다. 충분한 수면(성인 기준 7~8시간)은 뇌가 회복하고 에너지를 재충전하는 데 필수적이다. 수면 중에는 뇌에서 노폐물이 제거되고 신경 회로가 재정비되어 다음 날 의지력을 발휘할 준비를 한다. 짧은 낮잠(20-30분) 또한 의지력 고갈 상태에서 효과적인 에너지 보충원이 될 수 있다.

건강한 식단과 혈당 관리: 뇌는 포도당을 주 에너지원으로 사용하므로, 혈당 수치를 안정적으로 유지하는 것이 의지력 유지에 중요하다. 설탕이 많거나 정제된 탄수화물 위주의 식단은 혈당을 급격히 올렸다가 떨어뜨려 뇌 기능에 부정적인 영향을 미칠 수 있다. 복합 탄수화물, 단백질, 건강한 지방이 풍부한 식단은 혈당을 안정적으로 유지하고 뇌에 꾸준한 에너지를 공급하여 의지력을 지속시키는 데 도움을 준다.

둘째, **환경 설정과 유혹 관리(뇌의 신호-보상 예측 시스템 조절)**

윌리엄 제임스가 강조했듯이, 의지력을 오직 '힘'으로만 사용하는 것은 비효율적이다. 유혹에 저항하는 대신, 애초에 유혹에 노출될 가능성을 줄이는 환경을 만드는 것이 훨씬 효과적이다.

'유혹 차단' 환경 조성: 나쁜 습관이나 유혹을 유발하는 요소를 시야에서 멀리하거나 접근하기 어렵게 만든다. 예를 들어, 다이어트 중이라면 고칼로리 음식을 집에 두지 않거나, 금연을 위해 재떨이나 담배와 관련된 물건을 모조리 치워버리는 것과 같다. 이는 뇌가 해당 유혹에 대한 '신호(Cue)'를 인지하고 자동적인 반응을 시작할 기회를 차단하여 의지력 소모를 줄인다.

'긍정적 행동 유도' 환경 조성: 원하는 행동을 시작하기 쉽도록 환경을 만들어둔다. 이는 뇌가 최소한의 의식적 노력만으로도 원하는 행동을 시작할 수 있도록 물리적인 '마찰(Friction)'을 줄여 의지력 부담을 덜어 준다.

셋째, **목표의 재구성 및 동기 부여(뇌의 보상 회로 및 전전두피질 활성화)**

의지력은 단순히 고통을 감내하는 능력이 아니라, 목표 달성을 통해 얻을 보상을 기대하고 동기 부여를 유지하는 능력과도 깊이 관련되어 있다.

목표를 '왜' 달성해야 하는지 상기: 단순히 '해야 하니까'가 아니라, 그 목표가 가져올 장기적인 이점과 자신의 핵심 가치(제임스의 영적 자아)와 어떻게 연결되는지 명확히 인식한다. 이는 뇌의 복측 전전두피질(vmPFC)이 활성화되어 목표에 대한 내재적 동기를 강화하는 데 기여한다.

작은 성공 경험 쌓기: 의지력은 작은 성공 경험을 통해 강화된다. 큰 목표를 작은 단위로 나누고, 각 작은 목표를 달성할 때마다 스스로에게 보상을 주거나 긍정적인 피드백을 제공한다. 이는 뇌의 도파민 보상 회로를 꾸준히 활성화시켜 동기를 지속시키고, 자기 효능감(Self-Efficacy)을 높여 의지력을 강화하는 효과가 있다. 제임스가 '작은 시작이 중요하다'고 강조한 것과 일맥상통한다.

긍정적인 자기 대화(Self-Talk): 자신에게 부정적인 말을 하거나 비난하는 대신, 긍정적이고 격려하는 자기 대화를 사용하는 것은 의지력을 강화하는 데 도움이 된다. '나는 할 수 없어' 대신 '나는 이것을 해낼 수 있어'라고 말하는 것은 뇌의 인지적 자원을 효율적으로 사용하여 긍정적인 행동으로 이어지게 한다.

의지력을 효과적으로 사용하는 것은 단순히 인내심을 쥐어짜는 것이 아니라, 뇌의 작동 방식을 이해하고 그에 맞춰 우리의 환경과 행동을 전략적으로 조절하는 지혜로운 과정이다. 윌리엄 제임스가 의지력을 우리의 정신 활동의 핵심으로 본 것은, 이 능력이 인간이 자유롭게 선택하고 스스로의 삶을 만들어가는 데 얼마나 중요한지를 시사한다. 의지력을 현명하게 관리하고 활용함으로써 우리는 목표를 향해 흔들림 없이 나아가고, 궁극적으로는 원하는 삶을 창조할 수 있는 강력한 에너지를 얻을 수 있다.

목표 달성을 위한 실질적인 전략 제시

의지력은 단기적인 충동을 억제하는 데 중요하지만, 장기적인 목표를 달성하기 위해서는 의지력에만 의존하는 것이 아니라, 이를 보완하고 강화하는 실질적인 전략들이 필요하다. 윌리엄 제임스의 습관 이론과 의지력 개념을 통합하고, 현대 뇌 과학의 실행 기능(Executive Functions) 및 습관 형성 메커니즘을 활용하면 목표 달성 가능성을 크게 높일 수 있다.

첫째, **목표 구체화 및 세분화(뇌의 실행 기능 명료화)**

모호하고 거대한 목표는 뇌에 부담을 주어 시작을 어렵게 만든다. 목표를 명확하고 구체적으로 세분화하는 것이 필수적이다.

SMART 목표 설정: 목표를 Specific(구체적), Measurable(측정 가능), Achievable(달성 가능), Relevant(관련성), Time-bound(시간 제한)하게 설정한다. 예를 들어, '살 빼기' 대신 '매주 0.5kg 감량하여 3개월 내 6kg 감량하기'와 같이 명확하게 설정한다. 이는 뇌가 목표 달성을 위한 명확한 경로를 인식하고, 진행 상황을 평가하며, 도파민 보상 회로를 활성화하는 데 기여한다.

작은 단계로 나누기: 큰 목표를 여러 개의 작은 단계로 나누고, 각 단계마다 구체적인 행동 계획을 세운다. 이는 뇌가 압도감을 느끼지 않고, 각 단계를 성공적으로 완수할 때마다 성취감과 동기를 얻도록 돕는다. 각 작은 단계의 성공은 뇌의 보상 회로를 자극하여 다음 단계로 나아갈 에너지를 제공한다.

둘째, **습관 형성의 전략적 활용(의지력 소모 최소화)**

의지력은 유한하므로, 목표 달성을 위해 필요한 행동을 습관화하여 의지력 소모를 최소화해야 한다. 제임스의 습관 원칙이 여기서 빛을 발한다.

'습관 고리' 설계: 목표 달성에 필요한 행동(루틴)을 '신호-루틴-보상'의 습관 고리에 맞춰 설계한다. 이는 '매일 아침 7시(신호)에 일어나 운동복으로 갈아입고 30분 운동(루틴)한 후, 시원한 샤워(보상)로 개운함을 느끼기'와 같이 구체적인 고리를 만든다.

환경 설정 및 마찰 조절: 윌리엄 제임스가 강조했듯이, 의지력에만 의존하기보다 환경을 변화시켜 원하는 행동을 쉽게 만들고, 원치 않는 행동을 어렵게 만든다. 이는 뇌의 자동 반응 시스템을 활용하여 의식적인 노력 없이도 목표 관련 행동을 수행하도록 돕는다.

새로운 습관을 기존 습관에 연결(Habit Stacking): 이미 견고하게 자리 잡은 좋은 습관 뒤에 새로운 습관을 연결하여 시작의 문턱을 낮춘다. 예를 들어, '아침에 일어나 물을 한잔 마신 후(기존 습관) 목표 관련 서적 10분 읽기(새로운 습관)'와 같이 연결한다. 이는 뇌가 이미 익숙한 신경 경로를 확장하여 새로운 행동을 더 쉽게 통합하도록 돕는다.

셋째, **자기 감독 및 피드백(뇌의 자기 조절 및 학습 메커니즘 강화)**

목표 달성 과정에서 자신의 진행 상황을 지속적으로 점검하고 피드백을 통해 전략을 수정하는 것이 중요하다.

진행 상황 추적 및 시각화: 목표 달성 과정을 매일 또는 매주 기록하고 시각적으로 확인한다(예: 습관 추적기, 달력에 체크). 이는 자신의 노력을 눈으로 확인하고, 성취감을 느끼게 하여 동기를 지속시킨다. 시각적 피드백은 뇌의 보상 회로를 자극하고, '나는 목표를 향해 나아가고 있다'는 긍정적인 인식을 강화하여 자기 효능감을 높인다.

실패로부터 학습: 목표 달성 과정에서 어려움이나 좌절이 발생했을 때, 이를 '실패'로 단정 짓지 않고 '학습의 기회'로 삼는다. 무엇이 문제였는지 분석하고, 다음에는 어떻게 다르게 접근할지 전략을 수정한다. 뇌의 오류 모니터링 시스템(Error Monitoring System)은 실수를 통해 학습하고 적응하는 능력을 가지고 있으므로, 이러한 과정을 통해 더 효율적인

목표 달성 전략을 구축할 수 있다.

자기 자비(Self-Compassion): 목표 달성 과정에서 자신에게 너무 엄격하거나 비난하는 것은 오히려 동기를 저하시킬 수 있다. 실수를 하더라도 자신을 용서하고, '누구나 실수할 수 있다'는 마음으로 자신을 격려하는 자기 자비의 태도는 의지력을 회복하고 다시 시작할 용기를 준다. 이는 뇌의 스트레스 반응을 완화하고, 긍정적인 감정을 유지하는 데 기여한다.

넷째, **사회적 지지 및 책임감 활용(뇌의 사회적 연결망 강화)**

목표 달성은 개인의 노력뿐만 아니라, 타인과의 관계 속에서 더 큰 동기와 책임감을 얻을 수 있다.

목표 공유 및 책임감 공유: 자신의 목표를 신뢰하는 친구, 가족, 또는 멘토에게 공유하고, 정기적으로 진행 상황을 보고하는 것은 강력한 동기 부여가 된다. 사회적 책임감은 뇌의 보상 회로와 전전두피질을 활성화하여 목표에 대한 헌신을 강화한다.

긍정적인 동료 집단 찾기: 비슷한 목표를 가진 사람들과 함께하거나, 긍정적이고 지지적인 환경에 자신을 노출시킨다. 주변 사람들의 성공은 우리에게 영감을 주고, 그들의 지지는 어려움을 극복하는 데 큰 힘이 된다. 이는 뇌의 사회적 인지 네트워크가 타인의 행동을 통해 학습하고 동기 부여를 얻는 데 기여한다.

윌리엄 제임스의 '의지력'에 대한 통찰은 목표를 향해 나아가는 과정에서 우리가 사용할 수 있는 가장 강력한 정신적 에너지임을 보여준다.

의지력은 단순히 쥐어짜내는 힘이 아니라, 현명하게 관리하고, 전략적으로 활용해야 할 귀중한 자원이다. 이 장에서 제시된 실질적인 전략들을 통해 독자들은 자신의 의지력을 효과적으로 사용하고, 습관 형성 메커니즘을 통합하여, 어떠한 목표라도 흔들림 없이 달성해 나가는 진정한 삶의 주인이 될 수 있을 것이다. 당신의 의지력은 당신의 잠재력을 현실로 만드는 강력한 엔진이다.

8장

믿음(Belief)

스스로를 믿는 힘

우리의 의식이 끊임없이 흐르는 강물이라면, 그 강물의 방향과 속도, 그리고 궁극적인 목적지를 결정하는 가장 강력한 내면의 힘은 바로 믿음(Belief)이다. 믿음은 단순히 종교적인 신념을 넘어, 우리가 세상과 우리 자신을 어떻게 인식하고 해석하는지에 대한 근본적인 틀을 형성한다. '나는 할 수 있다'는 믿음은 불가능해 보이는 도전을 가능하게 만들고, '나는 할 수 없다'는 믿음은 잠재력을 꺾어버린다. 윌리엄 제임스는 그의 저서 『심리학의 원리』에서 믿음을 '행동하려는 경향'으로 정의하며, 믿음이 우리의 생각과 감정뿐만 아니라 실제 행동과 결과에 지대한 영향을 미친다고 보았다. 그는 특히 '의지에 의한 믿음(The Will to Believe)'을 통해 합리적 증거가 부족하더라도 어떤 믿음을 선택함으로써 그 믿음이 현실이 될 수 있다고 주장하며, 믿음의 주관적이고 능동적인 측면을 강조하였다. 오늘날 인지 심리학, 신경과학, 긍정 심리학 연구는 제임스의 통찰을 과학적으로 뒷받침하며, 믿음이 우리의 뇌 구조와 기능, 그리고 전반적인 삶의 질에 미치는 놀라운 영향력을 밝혀내고 있다. 스스로를 믿는 힘은 우리가 잠재력을 현실로 만들고, 행복하고 만족스러운 삶을 살아가는 데 필수적인 핵심 엔진인 것이다.

믿음의 정의, 종류, 영향력 설명

윌리엄 제임스는 믿음을 '특정 명제를 참이라고 받아들이고 그에 따라 행동할 준비를 하는 마음의 상태'라고 정의했다. 즉, 믿음은 단순히 머릿속의 생각이 아니라, 행동으로 이어지는 강력한 동기 부여의 원천이라는 것이다. 그에게 있어 믿음은 인간 경험의 중심이었으며, 우리의 현실을 구성하는 가장 강력한 요소였다.

믿음의 정의: 믿음은 '어떤 대상, 명제, 또는 아이디어가 진실이라고 받아들이고, 그에 따라 인지, 감정, 행동이 영향을 받는 심리적 상태'이다. 이는 명확한 증거가 있든 없든 간에, 우리가 주관적으로 '참'이라고 여기는 모든 것을 포괄한다.

믿음의 종류: 믿음은 그 내용과 기능에 따라 다양하게 분류될 수 있다.

사실적 믿음(Factual Beliefs): 경험적이거나 논리적인 증거에 기반한 믿음이다. 예를 들어, '지구는 둥글다', '물은 100도에서 끓는다'와 같은 과학적 사실이나, '나는 한국에 살고 있다'와 같은 개인적인 사실에 대한 믿음이다. 이러한 믿음은 우리가 세상을 이해하고 예측하며 적응하는 데 필수적이다.

가치적 믿음(Value Beliefs): 무엇이 옳고 그른지, 무엇이 좋고 나쁜지에 대한 개인의 도덕적, 윤리적, 미학적 판단에 기반한 믿음이다. 이렇게 '정직은 중요하다', '다른 사람을 돕는 것은 좋은 일이다'와 같은 믿음이다. 이는 윌리엄 제임스가 강조한 '영적 자아'의 핵심 구성 요소이며, 우리의 행동과 의사결정에 지대한 영향을 미친다.

개념적 믿음(Conceptual Beliefs): 추상적인 개념이나 아이디어에 대한 믿음이다. 예를 들어, '성공은 노력에서 온다', '인생은 배움의 연속이다'와 같은 삶의 철학이나 세계관에 대한 믿음이다. 이러한 믿음은 우리의 삶의 의미와 목적을 형성하는 데 기여한다.

관계적 믿음(Relational Beliefs): 타인과의 관계에 대한 믿음이다. 여기에 '사람들은 믿을 수 있다', '나는 사랑받을 자격이 있다'와 같은 믿음이다. 이러한 믿음은 우리의 대인 관계 방식과 사회적 상호작용에 큰 영향을 미친다.

자기 믿음(Self-Beliefs): 자신에 대한 믿음이다. '나는 유능하다', '나는 부족하다', '나는 실패할 것이다', '나는 성공할 것이다'와 같은 믿음들이 여기에 해당한다. 윌리엄 제임스는 특히 이러한 자기 믿음이 우리의 잠재력과 행동을 직접적으로 결정한다고 보았다. 이는 다음 섹션에서 다룰 '자기 효능감'과도 밀접하게 연결된다.

믿음의 영향력: 믿음은 우리의 삶의 모든 측면에 걸쳐 강력한 영향력을 행사한다. 윌리엄 제임스는 "믿음은 우리의 삶을 인도하는 보이지 않는 손"이라고 말하며, 믿음이 단순히 수동적인 생각이 아니라, 우리의 행동과 현실을 적극적으로 형성하는 힘임을 강조하였다.

행동에 미치는 영향: 제임스는 믿음이 '행동하려는 경향'이라고 정의했듯이, 우리가 어떤 것을 믿으면 그에 따라 행동할 가능성이 높아진다. '나는 이 시험에 합격할 수 있다'고 믿는 학생은 더 열심히 공부하고, '나는 이 사업을 성공시킬 수 있다'고 믿는 기업가는 더 많은 노력을 기울인다. 이러한 현상은 심리학에서 '자기 충족적 예언(Self-Fulfilling Prophecy)[36)]'으로 설명된다. 어떤 믿음이 현실이 될 것이라고 예측하면, 그 예측 자체가 현실을 만들어내는 행동을 유발하게 된다는 것이다.

인지 및 정보 처리에 미치는 영향: 우리의 믿음은 세상을 인식하고 정보를 처리하는 방식에 필터 역할을 한다. 우리는 자신의 믿음과 일치하는 정보에 더 주의를 기울이고(확증 편향), 그에 반하는 정보는 무시하거나 다르게 해석하는 경향이 있다. 이는 뇌의 전전두피질(PFC)이 정보를 해석하고 의사결정을 내릴 때 기존의 믿음을 참조하기 때문이다. 따라서 잘못된 믿음은 현실을 왜곡하여 비합리적인 판단을 내리게 할 수 있다.

감정 및 정신 건강에 미치는 영향: 긍정적인 믿음은 희망, 낙관, 행복과 같은 긍정적인 감정을 유발하고 정신 건강에 긍정적인 영향을 미친다. 반대로 부정적인 믿음(예: '나는 아무것도 할 수 없어', '세상은 위험해')은

---

36) 충족적 예언(Self-Fulfilling Prophecy)
충족적 예언은 어떤 사람이 특정 상황이나 타인에 대해 가지는 믿음이나 기대가 실제 그 상황이나 타인의 행동에 영향을 미쳐, 결국 처음의 믿음이나 기대가 현실로 나타나게 되는 현상이다. 이는 긍정적 또는 부정적 방향으로 작용할 수 있다. 예를 들어, 자신이 성공할 것이라고 굳게 믿으면 그에 따라 더 노력하게 되고, 결국 성공에 이르게 되는 경우가 이에 해당한다. 이러한 현상은 교육, 사회 심리, 경제 등 다양한 분야에서 나타난다.

불안, 우울, 무기력과 같은 부정적인 감정을 유발하고 정신 건강 문제를 야기할 수 있다. 뇌의 변연계(Limbic System)[37]와 전전두피질의 상호작용은 믿음이 감정 경험에 미치는 영향을 보여준다.

생리적 변화 및 건강에 미치는 영향: 믿음은 신체의 생리적 변화에까지 영향을 미칠 수 있다. 플라시보 효과(Placebo Effect)는 환자가 약효가 없는 가짜 약을 진짜 약이라고 믿으면 실제로 증상이 호전되는 현상이다. 이는 뇌가 믿음에 따라 신경전달물질을 분비하거나 면역 체계를 조절하는 등 신체 기능을 변화시킬 수 있음을 보여주는 강력한 증거이다. '내가 나을 수 있다'는 믿음은 실제 치유 과정을 촉진할 수 있는 것이다.

관계 및 사회적 상호작용에 미치는 영향: 타인에 대한 믿음은 우리의 관계 방식을 결정한다. '사람들은 믿을 수 있다'고 믿는 사람은 타인에게 더 개방적이고 신뢰하며, 이는 긍정적인 관계를 형성하는 데 기여한다. 반대로 부정적인 믿음은 고립과 불신으로 이어질 수 있다. 우리의 믿음은 타인의 행동에 대한 기대를 형성하고, 이는 다시 타인의 행동에 영향을 미치는 '자기 충족적 예언'을 만들 수 있다.

---

37) 뇌의 변연계(Limbic System): 대뇌의 깊은 곳에 위치한 여러 뇌 구조물들의 집합체이다.
감정, 동기 부여, 기억 형성, 학습, 그리고 수면 및 식욕과 같은 기본적인 생리적 기능에 관여한다.
특히 편도체(감정 처리)와 해마(기억 형성)가 주요 구성 요소이며, 인간의 생존과 행동에 강력한 영향을 미친다.

윌리엄 제임스는 믿음이 합리적인 증거에 의해서만 형성되는 것이 아니며, 때로는 우리가 의도적으로 특정 믿음을 선택할 수 있다고 보았다. 그의 '의지에 의한 믿음' 개념은 우리가 어떤 믿음을 선택하느냐에 따라 우리의 삶이 완전히 달라질 수 있다는 깊은 깨달음을 준다. 믿음은 우리의 삶을 만들어가는 가장 강력한 자기 조직화의 도구인 것이다.

자기 효능감, 긍정적 사고방식의 중요성 강조

윌리엄 제임스의 '믿음' 개념은 특히 자신에 대한 믿음, 즉 자기 효능감(Self-Efficacy)과 긍정적 사고방식의 중요성을 강조하는 데 핵심적인 통찰을 제공한다. 이 두 가지 개념은 우리가 목표를 설정하고 달성하며, 어려움을 극복하고 잠재력을 최대한 발휘하는 데 결정적인 역할을 한다. 현대 심리학과 신경과학은 자기 효능감과 긍정적 사고방식이 뇌의 보상 회로와 실행 기능을 최적화하여 삶의 질을 향상시킨다는 것을 입증하고 있다.

첫째, **자기 효능감의 중요성**

자기 효능감은 '특정 과제를 성공적으로 수행할 수 있다는 자신의 능력에 대한 믿음'이다. 이는 단순히 자신감과는 다르다. 자신감은 전반적인 자기 평가라면, 자기 효능감은 특정 상황이나 영역에 대한 구체적인 능력에 대한 믿음이다. 앨버트 반두라(Albert Bandura)가 제시한 이 개념은 윌리엄 제임스의 '의지에 의한 믿음'과도 맥을 같이 한다.

행동 동기 부여 및 지속성: 높은 자기 효능감은 어려운 과제에 도전하고, 좌절에 직면했을 때 쉽게 포기하지 않고 지속적으로 노력하도록 동기를 부여한다. '나는 이것을 해낼 수 있다'는 믿음은 뇌의 동기 부여 시스템, 특히 도파민(dopamine) 분비를 촉진하여 목표 지향적인 행동을 강화한다. 실패를 성공의 과정으로 인식하게 하며, 뇌는 실패를 통해 학습하고 다음 시도에 더 나은 전략을 적용하게 된다.

성공적인 목표 달성: 자기 효능감이 높은 사람은 목표를 더 현실적으로 설정하고, 효과적인 전략을 사용하며, 어려움에 직면했을 때 더 잘 대처한다. 이는 실제 성공 가능성을 높이는 '자기 충족적 예언'으로 이어진다. 뇌의 전전두피질(PFC)은 목표 설정, 계획, 문제 해결 등 실행 기능을 담당하는데, 자기 효능감이 높을수록 PFC의 기능이 더욱 효율적으로 작동하는 경향을 보인다.

심리적 회복탄력성 강화: 높은 자기 효능감은 스트레스나 실패에 대한 심리적 회복탄력성(Resilience)을 높인다. 실패를 개인적인 능력 부족으로 여기기보다, 극복해야 할 도전으로 인식하게 하여 정신 건강을 보호한다. 이는 뇌의 스트레스 반응 시스템(HPA Axis)의 과도한 활성화를 줄이고, 긍정적인 감정을 유지하는 데 기여한다.

새로운 기술 습득 및 성장: 자신에게 능력이 있다고 믿는 사람은 새로운 것을 배우고 자신의 기술을 향상시키는 데 더 적극적이다. 이는 끊임없이 변화하는 세상에서 개인의 적응력을 높이고 지속적인 성장을 가능하게 한다.

둘째, **긍정적 사고방식의 중요성**

긍정적 사고방식은 상황이나 사건을 긍정적인 관점에서 해석하고, 낙관적인 태도를 유지하려는 경향이다. 이는 단순히 '긍정적인 생각만 하는 것'을 넘어, 어려움 속에서도 가능성을 찾고 해결책을 모색하는 적극적인 마음가짐을 의미한다.

뇌 기능 및 신경 경로 변화: 긍정적 사고방식은 뇌의 구조와 기능에 실제로 영향을 미친다. 뇌는 생각의 패턴에 따라 신경 경로를 재구성하는 신경가소성(Neuroplasticity)을 가지고 있다. 긍정적인 생각을 반복하면 긍정적인 감정과 관련된 뇌 영역(예: 좌측 전전두엽)의 활성화가 증가하고, 부정적인 감정과 관련된 영역(예: 편도체)의 활성화는 감소할 수 있다. 이는 '생각이 뇌를 바꾼다'는 것을 의미한다.

문제 해결 능력 향상: 긍정적인 사고방식은 문제에 직면했을 때 해결책을 찾고, 창의적인 아이디어를 떠올리는 데 도움이 된다. 부정적인 감정은 뇌의 인지적 자원을 소모하고 사고를 경직시키지만, 긍정적인 감정은 사고의 폭을 넓히고 유연성을 증가시킨다(Fredrickson의 '확장-구축 이론'). 이는 뇌의 인지적 유연성(Cognitive Flexibility)을 높여 다양한 관점에서 문제를 바라볼 수 있게 한다.

정신 건강 및 신체 건강 증진: 긍정적 사고방식은 우울증과 불안의 위험을 낮추고, 스트레스를 관리하는 데 효과적이다. 또한, 면역 체계를 강화하고 심혈관 질환의 위험을 낮추는 등 신체 건강에도 긍정적인 영향을 미친다는 연구 결과들이 있다. 이는 뇌의 스트레스 호르몬(코르티솔 등) 분비를 줄이고, 부교감 신경계를 활성화시켜 신체의 회복 능력을 높이기 때문이다.

사회적 관계 개선: 긍정적인 사고방식을 가진 사람은 타인에게 더 매력적으로 느껴지고, 긍정적인 상호작용을 유발하여 사회적 관계를 강화한다. 이는 사회적 유대감을 높이고 외로움을 줄이는 데 기여한다.

윌리엄 제임스는 우리가 어떤 믿음을 선택하느냐에 따라 우리의 현실이 달라질 수 있다고 보았다. 자기 효능감과 긍정적 사고방식은 이러한 '의지에 의한 믿음'의 핵심적인 표현이며, 이를 통해 우리는 자신의 잠재력을 최대한 발휘하고, 행복하고 의미 있는 삶을 만들어갈 수 있는 강력한 자기 조직화의 도구를 얻게 된다. 이는 단순히 '긍정적으로 생각하라'는 추상적인 조언을 넘어, 뇌의 작동 방식을 이해하고 이를 활용하여 우리의 삶을 변화시키는 과학적인 전략인 것이다.

스스로에 대한 믿음을 키우는 방법 제시

윌리엄 제임스가 강조했듯이 스스로에 대한 믿음, 즉 자기 효능감과 긍정적 사고방식은 타고나는 것이 아니라, 의식적인 노력과 실천을 통해 키워나갈 수 있는 능력이다. 뇌는 끊임없이 변화하고 학습하는 신경가소성(Neuroplasticity)을 가지고 있으므로, 올바른 방법을 통해 자신의 믿음을 재구성하고 강화할 수 있다. 다음은 스스로에 대한 믿음을 키우기 위한 실질적인 방법들이다.

첫째, **성공 경험의 의도적 축적 및 시각화(뇌의 보상 회로 강화)**

가장 강력한 믿음 강화 방법은 작은 성공 경험을 의도적으로 만들고 이를 명확히 인식하는 것이다.

작은 목표 설정 및 달성: 윌리엄 제임스의 '작은 시작' 원칙과 연결된다. 거창한 목표 대신, 매일 달성할 수 있는 아주 작은 목표를 설정하고 이를 꾸준히 해낸다. 예를 들어, '매일 팔굽혀펴기 1개', '하루 5분 독서', '설거지 바로 하기' 등 사소하지만 확실한 성공 경험을 쌓는 것이다. 이러한 작은 성공들은 뇌의 도파민 보상 회로를 활성화시켜 '나는 해낼 수 있다'는 긍정적인 신호를 반복적으로 보낸다. 이 신호는 새로운 신경 경로를 강화하고 자기 효능감의 기반을 다진다.

성공 일지 기록 및 시각화: 자신이 달성한 작은 성공들을 매일 또는 매주 기록하고 시각적으로 확인하는 것이다. '성공 일지'를 쓰거나, 목표 달성 그래프를 그리는 등의 방법이 있다. 이는 자신의 노력을 눈으로 확인하고, 성취감을 느끼게 하여 뇌의 긍정적인 피드백 루프를 강화한다. 뇌는 시각적 정보를 더 강력하게 처리하며, 이러한 시각적 증거는 자기 효능감에 대한 믿음을 더욱 견고하게 만든다.

둘째, **긍정적인 자기 대화(Self-Talk) 및 인지 재구성(뇌의 인지적 유연성 훈련)**

우리의 생각은 우리의 믿음을 형성하므로, 자신과의 대화 방식을 긍정적으로 바꾸는 것이 중요하다.

부정적 자동사고(Automatic Negative Thoughts) 알아차리기: 자신을 비난하거나, 상황을 비관적으로 해석하는 자동적인 생각의 패턴을 인식한다. 그리고 그러한 생각이 들 때마다 '잠깐, 이것이 정말 사실인가?'라고 스스로에게 질문하며 객관적으로 바라보려 노력한다. 이는 뇌의 자기 모니터링 시스템(Self-Monitoring System)을 활성화하고, 부정적인 인지 편향을 교정하는 첫걸음이다.

대안적이고 긍정적인 해석 찾기: 부정적인 생각이 들 때, 그 상황을 다르게 해석할 수 있는 긍정적이고 현실적인 대안을 적극적으로 찾아본다. '나는 또 실패할 거야'라는 생각이 들면 '나는 이전에도 어려움을 극복했고, 이번에도 배울 기회가 될 거야'와 같이 재구성하는 것이다. 이는 뇌의 전전두피질(PFC), 특히 인지 재평가(Cognitive Reappraisal)와 관련된 영역을 활성화시켜 부정적인 감정 반응을 조절하고, 긍정적인 믿음을 강화한다. 윌리엄 제임스가 강조한 '의지에 의한 믿음'의 실천적인 예시이다.

셋째, **자기 연민(Self-Compassion)과 불완전함 받아들이기(뇌의 스트레스 반응 완화)**

자신에게 완벽함을 요구하거나 실수를 용납하지 않는 태도는 오히려 믿음을 약화시킨다.

자신을 친구처럼 대하기: 실수를 하거나 어려움을 겪을 때, 비난하거나 낙담하는 대신, 가장 친한 친구에게 하듯이 자신을 이해하고 격려하는 태도를 가진다. 자신을 향한 따뜻하고 지지적인 태도는 뇌의 스트레스 호르몬(코르티솔) 분비를 줄이고, 긍정적인 감정을 유발하여 심리적 회복탄력성을 높인다.

불완전함을 인정하기: 모든 인간은 불완전하며 실수를 할 수 있다는 것을 받아들이는 것이 중요하다. 실패는 배움의 과정이며, 이를 통해 성장할 수 있다는 믿음을 가진다. 완벽주의적 사고방식에서 벗어나 '충분히 잘하는 것'으로 만족하는 태도는 자신에 대한 비현실적인 기대를 낮춰 자존감을 보호한다.

넷째, **영감을 주는 환경 조성 및 긍정적인 사람들과 교류(뇌의 사회적 학습 및 거울 신경망 활용)**

우리의 믿음은 주변 환경과 사회적 관계에 의해 크게 영향을 받는다.

긍정적인 역할 모델 찾기: 자신이 닮고 싶은 믿음이나 성공 경험을 가진 사람들을 찾아 그들의 이야기를 듣거나 배우는 것은 강력한 영감을 준다. 이는 뇌의 거울 신경망(Mirror Neuron System)을 활성화하여 타인의 성공을 통해 자신의 잠재력을 간접적으로 경험하고, '나도 할 수 있다'는 믿음을 강화한다.

긍정적인 관계 형성: 비난하거나 부정적인 영향을 미 주는 사람들과의 관계는 줄이고, 자신을 지지하고 격려하며 긍정적인 에너지를 주는 사람들과 관계를 맺는다. 사회적 지지는 스트레스를 완화하고, 뇌의 옥시토신(oxytocin) 분비를 촉진하여 안정감과 유대감을 높여 스스로에 대한 긍정적인 믿음을 강화하는 데 기여한다.

영감을 주는 콘텐츠 접하기: 성공한 사람들의 전기, 자기 계발 서적, 긍정적인 강연 등을 꾸준히 접하는 것은 우리의 사고방식을 긍정적으로 변화시키고, 스스로에 대한 믿음을 강화하는 데 도움을 준다.

윌리엄 제임스의 '믿음'에 대한 통찰은 우리가 단순히 외부의 현실에 반응하는 수동적인 존재가 아니라, 우리의 믿음을 통해 현실을 적극적으로 창조하는 능동적인 존재임을 일깨워준다. 스스로를 믿는 힘은 우리가 가진 가장 강력한 내면의 자원이며, 이를 키워나감으로써 우리는 자신의 잠재력을 최대한 발휘하고, 어떠한 어려움 속에서도 흔들림 없이 나아가는 진정한 삶의 주인이 될 수 있을 것이다. 당신의 믿음은 당신의 운명을 결정하는 가장 강력한 힘이다.

9장

행동(Action)

생각만으로는 아무것도 변하지 않는다

우리의 의식이 끊임없이 흐르는 강물이라면, 그 강물이 마침내 거대한 폭포를 만들어내고 새로운 지형을 개척하게 하는 궁극적인 힘은 바로 행동(Action)이다. 아무리 훌륭한 생각, 깊은 감정, 확고한 믿음이 있다 하더라도, 그것이 실제 행동으로 이어지지 않는다면 그 어떤 변화도 일어나지 않는다.

윌리엄 제임스는 그의 저서 『심리학의 원리』에서 행동의 절대적인 중요성을 끊임없이 강조했다. 그는 "생각은 행동을 낳고, 행동은 습관을 낳고, 습관은 인격을 낳고, 인격은 운명을 낳는다"는 아리스토텔레스의 말을 인용하며, 모든 변화의 시작점이 바로 행동임을 역설하였다. 특히 그는 감정 챕터에서 논의했듯이 '행동이 감정을 만든다는 혁신적인 주장을 통해, 우리의 신체적 행동이 내면의 상태를 변화시킬 수 있음을 역설했다. 오늘날 행동 심리학, 인지 신경과학, 동기 부여 이론은 제임스의 통찰을 과학적으로 뒷받침하며, 행동이 우리의 뇌 구조와 기능, 그리고 전반적인 삶의 궤적에 미치는 놀라운 영향력을 밝혀내고 있다. 행동은 단순히 목적 달성의 수단을 넘어, 우리 자신을 만들어가고 삶의 의미를 부여하는 가장 강력한 자기 창조의 도구인 것이다.

제임스의 '행동' 강조(행동이 감정을 만든다)

윌리엄 제임스는 심리학의 핵심 주제로서 행동을 매우 중요하게 다루었다. 그는 의식의 흐름을 탐구하면서도, 그 의식이 궁극적으로 어떻게 행동으로 발현되고 다시 행동이 의식에 영향을 미치는지를 깊이 있게 분석했다. 특히 그의 제임스-랑게 감정 이론은 '행동이 감정을 만든다'는 혁신적인 주장을 통해 행동의 능동적인 역할을 강조했다.

'행동이 감정을 만든다'는 제임스의 통찰: 제임스는 감정 챕터에서 상세히 논의했듯이 우리가 일반적으로 생각하는 '감정 → 행동'의 순서를 뒤집어 '행동 → 감정'의 순서를 제시했다. 즉, "우리는 무서워서 떠는 것이 아니라, 떨기 때문에 무섭다. 슬퍼서 우는 것이 아니라, 울기 때문에 슬프다"고 주장했다. 이 주장의 핵심은 우리의 신체적 반응(행동)을 인지함으로써 감정이 발생한다는 것이다.

뇌 과학적 근거: 신체 피드백과 감정 경험. 현대 신경과학은 제임스의 이러한 통찰이 일정 부분 옳다는 것을 보여준다. 뇌의 체성 감각 피질(Somatosensory Cortex)과 섬엽(Insula)은 신체 내부의 상태(내장 감각, 근육 긴장, 자세, 표정 등)에 대한 정보를 지속적으로 받아들이고 처리한다. 이러한 '내수용 감각(Interoception)'이 우리의 감정 경험에 지대한 영향을 미친다. 이는 억지로라도 미소를 지으면 기분이 좋아지는 안면

피드백 가설(Facial Feedback Hypothesis)은 우리의 표정 근육의 움직임이 뇌로 피드백되어 감정 상태를 조절할 수 있음을 보여준다. 침울한 자세보다는 어깨를 펴고 당당한 자세를 취하는 것이 자신감을 높이는 데 도움이 된다는 연구도 이와 같은 맥락이다. 즉, 행동은 단순히 감정의 결과가 아니라, 감정의 원인이 될 수 있으며, 우리의 의도적인 행동 변화는 내면의 감정 상태를 긍정적으로 변화시킬 수 있는 강력한 도구가 된다.

행동이 자아를 형성하는 과정: 제임스는 행동이 우리의 자아(The Self)를 구성하고 강화하는 데 핵심적인 역할을 한다고 보았다. 우리의 '사회적 자아'는 타인과의 상호작용 속에서 우리의 행동을 통해 드러나고 평가되며, '영적 자아' 또한 우리의 신념과 가치관에 따른 행동을 통해 형성되고 견고해진다.

성공적인 행동의 누적과 자기 효능감: 우리가 어떤 목표를 향해 행동하고 그 과정에서 성공을 경험할 때 뇌의 보상 회로(Reward Circuit)에서 도파민(dopamine)이 분비되어 긍정적인 감정을 유발한다. 이러한 긍정적인 경험은 '나는 이 일을 해낼 수 있다'는 자기 효능감(Self-Efficacy)을 강화한다. 자기 효능감은 단순히 생각으로만 만들어지는 것이 아니라, 실제 행동을 통해 얻은 성공 경험이 누적될 때 가장 강력해진다. 제임스는 "행동이 말을 바꾼다"고 말하며, 우리의 행동이 우리의 내면적 믿음을 실제로 변화시키는 힘이 있음을 강조했다.

습관 형성의 핵심으로서의 행동: 제임스는 습관이 행동의 반복을 통해 형성되는 신경 경로임을 강조했다. 의식적인 노력을 통해 시작된 행동이 반복되면, 점차 무의식적이고 자동적인 습관으로 굳어진다. 이러한 습관은 뇌의 기저핵(Basal Ganglia)에 저장되어 의지력 소모 없이 효율적으로 수행된다. 따라서 긍정적인 습관을 형성하기 위한 '행동'의 시작은 우리의 삶의 궤적을 근본적으로 변화시키는 핵심적인 지점이다. 나쁜 행동의 고리를 끊고 새로운 행동의 고리를 만드는 것이 바로 변화의 시작이다.

의사결정의 종착점으로서의 행동: 제임스는 의사결정의 궁극적인 목표가 바로 행동임을 강조했다. 아무리 많은 정보를 수집하고 분석하며 깊이 고민하더라도, 최종적으로 행동하지 않으면 아무런 결과도 얻을 수 없다. 그는 의사결정 과정에서 망설임과 주저함이 많을수록 실제 행동으로 옮기기 어려워진다고 보았다. 행동은 사고와 감정의 에너지가 외부 세계로 발현되는 출구이며, 그 출구를 통과할 때 비로소 변화가 시작된다.

결론적으로, 윌리엄 제임스는 행동을 단순히 생각이나 감정의 부수물이 아니라, 그 자체로 감정을 만들고, 자아를 형성하며, 삶의 변화를 이끄는 가장 능동적이고 본질적인 힘으로 보았다. 그의 이러한 통찰은 우리가 '생각만으로는 아무것도 변하지 않는다'는 현실을 직시하고, 삶을 변화시키기 위한 가장 강력한 도구가 바로 '행동'에 있음을 분명히 깨닫게 한다.

실천의 중요성, 행동 변화를 위한 구체적인 단계 제시

생각만으로는 아무것도 변하지 않는다는 윌리엄 제임스의 강력한 메시지는 우리에게 '실천'의 중요성을 일깨운다. 실천은 아이디어를 현실로 만들고, 잠재력을 결과로 전환하는 유일한 경로이다. 현대 행동 심리학과 뇌 과학은 이러한 실천의 중요성을 더욱 강조하며, 행동 변화를 위한 구체적인 단계와 뇌의 메커니즘을 활용하는 전략을 제시한다.

실천의 중요성

변화의 유일한 경로: 어떤 목표를 설정하고, 아무리 좋은 계획을 세우고, 긍정적인 믿음을 가진다 하더라도, 실제 행동으로 옮기지 않으면 아무런 변화도 일어나지 않는다. 실천은 추상적인 개념을 구체적인 결과로 이어주는 유일한 다리이다.

경험을 통한 학습과 성장: 행동은 우리에게 직접적인 경험을 제공하고, 이 경험을 통해 우리는 배우고 성장한다. 실패하더라도 그 실패로부터 배우고, 성공하면 자신감과 자기 효능감을 얻는다. 뇌의 학습 및 기억 시스템(해마, 전전두피질 등)은 행동을 통한 경험을 기반으로 신경 경로를 재구성하고 지식을 강화한다.

자신감 및 자기 효능감 강화: 앞에서 언급했듯이 실제 행동을 통해 작은 성공이라도 경험하는 것은 '나는 해낼 수 있다'는 자기 효능감을 강력하게 강화한다. 이는 뇌의 보상 회로를 자극하고, 다음 행동으로 나아갈 동기를 부여한다.

의지력 훈련: 행동을 시작하고 지속하는 과정에서 의지력을 사용하게 되며, 이는 의지력을 단련하는 기회가 된다. 윌리엄 제임스는 의지력을 '주의를 유지하는 능력'으로 보았고, 행동은 이러한 주의를 목표에 고정시키는 실질적인 훈련이다.

행동 변화를 위한 구체적인 단계: 뇌의 실행 기능(Executive Functions)과 행동 활성화 시스템을 최적으로 활용하여, 실천의 문턱을 낮추고 지속성을 높이는 전략이 필요하다.

단계 1: 명확하고 구체적인 행동 목표 설정(뇌의 목표 지향 시스템 활성화)

명확한 정의: '열심히 공부하기' 대신 '매일 저녁 7시부터 8시까지 영어 단어 50개 암기하기'와 같이 언제, 어디서, 무엇을, 얼마나 할 것인지 구체적으로 정의한다.

시각화: 목표 행동을 실제로 수행하는 자신의 모습을 생생하게 상상한다. 뇌의 시각 피질과 운동 피질은 상상만으로도 활성화되어 실제 행동을 위한 신경 경로를 미리 활성화시키는 효과가 있다.

단계 2: 행동의 문턱 낮추기(뇌의 저항 최소화 원칙)

'2분 규칙' 적용: 윌리엄 제임스의 '작은 시작' 원칙을 적용하여, 목표 행동을 2분 안에 시작할 수 있는 가장 작은 단위로 쪼갠다. 예를 들어, '운동하기' 대신 '운동복으로 갈아입고 운동화 신기', '글쓰기' 대신 '노트북 열고 제목 한 줄 쓰기' 등으로 시작한다. 뇌는 아주 작은 행동에 대해서는 저항을 거의 느끼지 않으며, 이 작은 시작이 다음 행동으로 자연스럽게 이어지도록 유도한다.

선행 행동 설정: 목표 행동을 위한 가장 첫 번째 단계를 정의하고, 그것만이라도 반드시 시작한다. 이는 '매일 아침 스트레칭'을 위해 '알람이 울리면 바로 침대에서 일어나 발을 땅에 딛기'를 첫 행동으로 설정한다.

단계 3: 환경 설계 및 유혹 관리(뇌의 신호-루틴-보상 고리 최적화)

신호(Cue) 만들기: 목표 행동을 시작할 수 있는 명확한 환경적 신호를 만든다. 하루도 빠질 수 없는 '물 마시기' 습관을 위해 물병을 항상 눈에 띄는 곳에 두는 것, '독서하기' 습관을 위해 책을 침대 머리맡에 두는 것 등이다. 뇌는 특정 신호와 행동을 연결하는 학습을 통해 행동을 자동화하므로, 긍정적인 신호를 의도적으로 만드는 것이 중요하다.

방해 요소 제거: 나쁜 행동을 유발하거나 목표 행동을 방해하는 요소를 미리 제거한다. 예를 들어, 업무에 집중하기 위해 스마트폰 알림을 끄거나, 당이 당길 때를 대비해 건강한 간식을 미리 준비하는 것 등이다. 이는 의지력 소모를 줄이고 긍정적인 행동에 집중할 수 있도록 돕는다.

마찰 조절: 원하는 행동을 쉽게 만들고, 원치 않는 행동을 어렵게 만드는 환경적 '마찰'을 조절한다. 특정 행동을 유도하기 위해 사전에 환경을 설계하면, 뇌는 선택의 저항 없이 자동화된 반응을 택하게 된다. 이는 실행 가능성을 높이고 불필요한 의지력 소모를 줄인다.

단계 4: 보상 시스템 구축 및 자기 모니터링(뇌의 보상 회로 및 자기 조절 시스템 강화)

즉각적인 보상 부여: 목표 행동을 성공적으로 수행한 직후에 스스로에게 즉각적인 작은 보상을 준다. 이는 뇌가 해당 행동과 긍정적인 경험을 연결하도록 학습시켜 행동의 반복을 강화한다. 도파민 분비는 행동과 보상 사이의 연결을 강화하고, 습관 형성을 촉진한다.

진행 상황 추적: 습관 추적 앱, 달력, 일지 등을 활용하여 자신의 행동 실천 과정을 기록하고 시각적으로 확인한다. 자신의 노력을 눈으로 확인하는 것은 성취감을 높이고 동기를 지속시키는 데 매우 효과적이다. 시각적 증거는 뇌의 자기 효능감에 대한 믿음을 견고하게 만든다.

책임감 공유: 자신의 목표와 행동 계획을 신뢰하는 사람과 공유하고, 정기적으로 진행 상황을 보고하는 것은 동기 부여와 책임감을 높이는 데 도움이 된다.

단계 5: 유연성과 자기 자비(뇌의 회복탄력성 강화)

'절대 두 번 연속으로 실패하지 마라': 한 번 목표 행동을 놓치더라도, 다음 기회에 바로 다시 시작한다. 완벽주의는 오히려 장기적인 실천을 방해할 수 있다. 뇌는 실수를 통해 학습하고 적응하는 능력을 가지고 있으므로, 포기하지 않고 다시 시작하는 것이 중요하다.

실패로부터 학습: 행동이 계획대로 되지 않았을 때, 비난하기보다 무엇

이 문제였는지 분석하고 다음에는 어떻게 다르게 접근할지 전략을 수정한다. 이는 뇌의 오류 모니터링 시스템을 활성화하여 행동의 효율성을 높인다.

자기 자비: 목표 달성 과정에서 자신에게 너무 엄격하지 않고, 스스로를 이해하고 격려하는 태도를 가진다. 자신을 향한 긍정적인 태도는 스트레스를 줄이고, 다시 시작할 용기를 준다.

윌리엄 제임스가 강조했듯이 모든 변화는 '행동'에서 시작된다. 생각만으로는 아무것도 변하지 않으며, 감정이나 믿음도 행동을 통해 비로소 현실로 드러나고 강화된다. 이 장에서 제시된 구체적인 단계들을 통해 독자들은 실천의 문턱을 낮추고, 뇌의 작동 방식을 활용하여 원하는 행동을 습관화하며, 궁극적으로는 자신의 삶을 능동적으로 변화시키는 강력한 힘을 얻을 수 있을 것이다. 행동은 당신의 삶을 설계하는 가장 강력한 필러이며, 당신의 잠재력을 현실로 만드는 유일한 열쇠이다.

미루는 습관을 극복하고 바로 행동하는 방법 제시

우리는 모두 해야 할 일을 알고 있지만, 막상 시작하려면 꾸물거리거나 '나중에 하자'고 미루는 습관을 경험한다. 이러한 미루는 습관(Procrastination)은 목표 달성을 방해하고, 스트레스와 죄책감을 유발하며, 궁극적으로는 자아 개념에 부정적인 영향을 미친다. 윌리엄 제임스는 행동의 중요성을 강조하면서도, 행동의 시작을 어렵게 만드는 '저항'의 존재를 인지했다. 현대 심리학과 신경과학은 미루는 습관이 뇌의 특정 편향과 실행 기능의 어려움에서 비롯됨을 밝혀내고, 이를 극복하기 위한 구체적인 전략들을 제시한다.

미루는 습관의 원인-뇌의 보상 지연 편향과 불확실성 회피

즉각적인 만족 추구(현재 편향): 뇌는 장기적인 보상보다 즉각적인 만족을 선호하는 경향이 있다. 어려운 과제를 수행하여 얻을 장기적인 보상(성적 향상, 건강 등)은 미래에 있지만, 지금 당장 스마트폰을 보거나 쉬는 것은 즉각적인 만족감을 준다. 이러한 '현재 편향(Present Bias)' 또는 '보상 지연 편향(Delay Discounting)'은 미루는 습관의 핵심적인 원인이다. 뇌의 복측 선조체(Ventral Striatum)[38]는 즉각적인 보상에 더 민감하게 반응하는 경향이 있다.

불확실성 회피 및 완벽주의: 과제가 너무 어렵거나, 성공에 대한 불확실성이 높을 때, 뇌는 실패에 대한 두려움으로 인해 아예 시작하지 않으려 한다. 완벽주의적 성향이 강한 사람들은 완벽하게 할 수 없다는 생각에 시작조차 하지 못하는 경우가 많다. 뇌의 편도체(Amygdala)는 불확실

---

38) 복측 선조체(Ventral Striatum)는 뇌의 선조체 중 아래쪽에 위치한 핵심 영역이다. 이 부위는 주로 보상 처리, 동기 부여, 즐거움, 그리고 중독 행동과 깊은 관련이 있다. 특히 보상 신호를 학습하고 이에 따라 행동을 선택하게 하는 도파민 회로의 중요한 시작점이며, 우리의 목표 지향적 행동과 긍정적인 감정 경험에 필수적인 역할을 한다.

성과 위협에 반응하여 불안감을 유발하고 행동을 억제할 수 있다.

실행 기능의 어려움: 계획 수립, 주의 집중, 충동 조절 등 뇌의 전전두피질(PFC)이 담당하는 실행 기능(Executive Functions)의 어려움은 미루는 습관으로 이어진다. 무엇을 어떻게 시작해야 할지 모르거나, 산만함에 쉽게 빠지거나, 유혹에 쉽게 저항하지 못하는 경우에 행동 시작이 어려워진다.

미루는 습관을 극복하기 위해서는 행동을 지연시키는 뇌의 자동화된 저항 메커니즘을 이해하고 이를 무력화하는 전략이 필요하다. 인간의 뇌는 에너지 효율성을 우선시하기 때문에 새로운 행동을 시작하는 데 큰 부담을 느낀다. 따라서 행동을 작게 쪼개어 시작점을 최소화하는 것이 효과적이다. '5분 규칙'이나 '1분 규칙'은 바로 이 원리를 활용한 접근이다. 과제를 짧은 시간 동안만 실행한다고 생각하면 뇌의 부담이 줄어들고, 일단 시작된 행동은 관성에 의해 이어질 확률이 높아진다. 이는 인지 부하를 낮추고 도파민 보상 회로를 활성화하여 추가적인 행동을 자연스럽게 유도한다.

실행 의도(Implementation Intentions)의 개념도 중요하다. 이는 특정 상황에서 자동으로 행동을 시작하도록 뇌의 반응을 미리 설정하는 전략이다. "만약 X 상황이 오면 Y를 하겠다"는 구체적인 조건부 계획을 수립하면, 행동 개시 시점에 소모되는 인지 자원을 크게 줄일 수 있다. 이는 전두엽의 선택 회로가 사전에 목표를 예측해 준비하는 과정으로 이해할 수 있으며, 습관 형성의 기초 원리를 강화한다.

환경의 설계 또한 행동 활성화의 핵심 요소다. 뇌는 주변 환경의 신호에 민감하게 반응하므로, 불필요한 유혹을 차단하고 목표 달성을 지원하는 물리적 환경을 만드는 것이 중요하다. 스마트폰 알림을 비활성화하거나, 책상을 정리해 행동을 쉽게 시작할 수 있도록 준비하는 것만으로도 행동 개시의 장벽을 낮출 수 있다. 이러한 환경 설계는 보상 신호와 방해 신호를 효과적으로 조절하여 의지력의 소모를 최소화한다.

미루는 습관의 근저에는 감정적 요인도 존재한다. 실패에 대한 두려움, 완벽주의, 불안 등이 과제를 시작하지 못하게 하는 주된 원인이다. 이때 필요한 것은 감정의 인식과 재해석이다. 인지 재평가(Cognitive Reappraisal) 기법을 활용해 '완벽해야 한다'는 압박을 '일단 시작하고 이후에 개선한다'는 유연한 사고로 전환하면 뇌의 편도체 과활성을 줄이고 합리적 판단 능력을 높일 수 있다. 자기 자비(Self-Compassion) 역시 필수적이다. 자신을 지나치게 비난하기보다 이해하고 격려하는 태도를 가지면 스트레스 반응이 완화되고, 다시 행동을 시도할 심리적 여유가 생긴다.

또한 미래의 긍정적 보상을 명확히 상상하는 것은 행동 개시에 강력한 동기를 부여한다. 뇌의 전두엽은 장기적 보상과 관련된 시뮬레이션 기능을 수행하기 때문에, 현재의 불편함을 감수하고 미래의 이익을 얻는 방향으로 행동을 유도할 수 있다. 지금 행동함으로써 얻게 될 성취감, 여유로운 시간, 장기적인 성과 등을 구체적으로 상상하면 보상 회로가 활성화되어 행동 지속력이 높아진다.

윌리엄 제임스가 강조했듯이 변화는 생각만으로 이루어지지 않는다. 실제 행동이 뇌의 회로를 재구성하고 새로운 습관을 만든다. 미루는 습관은 누구에게나 나타날 수 있는 인지적 경향이지만, 뇌의 작동 원리를 이해하고 이를 역이용하는 전략을 실천한다면 충분히 극복 가능하다. 시작은 언제나 작고 단순해야 한다. 오늘 단 5분의 집중이 내일의 성취로 이어지고, 꾸준히 반복되는 작은 행동은 삶의 방향을 근본적으로 바꿀 수 있다. 행동은 잠재력을 현실로 전환하는 가장 직접적이고 강력한 수단이다.

10장

"우리는 행동을 통해 생각을 바꾼다"

감정과 행동의 심리학

감정은 예측된 생물학적 시뮬레이션이다

감정은 단순히 자극에 반응하는 '느낌'이 아니다. 그것은 뇌가 생존을 위해 끊임없이 환경을 예측하고, 신체 상태를 조절하며, 사회적 맥락을 해석하는 복합적 인지 행위의 부산물이다. 이 과정에서 뇌는 단순히 '현재'를 읽는 것이 아니라 '다가올 변화'를 시뮬레이션하며, 이에 따라 행동을 조정하고 감정을 구성한다. 감정은 이 시뮬레이션이 성공했는가, 실패했는가에 따라 뇌가 생성한 해석 결과다. 다시 말해 감정은 '현재 상태의 반영'이 아니라, '예측 실패에 대한 경고'일 수 있다.

현대 신경과학자 리사 펠드먼 배럿의 '구성 이론'은 감정이 고정된 프로그램이 아니라 뇌의 구성적 행위임을 강조한다. 뇌는 기존의 경험, 언어, 문화적 개념 등을 바탕으로 신체 감각을 분류하고 해석해 특정한 감정으로 이름을 붙인다. 이때 행동은 단지 반응이 아니라 감정 구성의 전제 조건이 된다. 어떤 자세를 취하고, 어떤 표정을 짓고, 어떤 근육을 활성화하느냐에 따라 뇌는 다른 감정을 예측하고, 구성하고, 강화한다. 우리는 감정이 들기 때문에 움직이는 것이 아니라, 뇌가 움직임을 감정의 징후로 해석하기 때문에 감정을 느끼는 것이다.

이처럼 감정은 '정보'가 아니라 '맥락화된 추론'이다. 같은 심장 박동이라도 운동 후라면 활력으로 해석되고, 면접 직전이라면 불안으로 명명된다. 따라서 감정은 고정된 것이 아니라 맥락적으로 생성되는 가변적 상태이며, 그것의 출발점은 '의식적이든 무의식적이든 선택된 행동'이다.

감정 형성의 기전에서 자율신경계와 내분비계의 피드백도 결정적인 역할을 한다. 행동은 심장 박동, 호흡 패턴, 근육 긴장, 피부 전도도 등 생리 반응을 유발하고, 이 신호들은 뇌의 감정 중추인 편도체, 시상하부, 대뇌섬엽 등을 자극한다. 이후 전전두엽은 이러한 자극을 해석하고, 그에 걸맞은 정서적 개념을 부여한다. 예측과 반응, 조절과 평가의 이 고리 속에서 감정은 행동의 부산물이자 조절 수단으로 기능한다.

행동은 단순한 '반사 작용'이 아니라 '감정 알고리즘'의 입력값이다. 우리가 어떤 방식으로 몸을 움직이고, 시선을 주고, 표정을 선택하느냐에 따라 감정이라는 출력은 달라진다. 이 원리를 활용하면 감정 조절의 방식이 바뀐다. 감정을 '견뎌야 할 무엇'이 아니라 '변형 가능한 구성물'로 보게 되면, 우리는 무기력에 휩쓸리지 않고 감정의 주도권을 회복할 수 있다.

우울하거나 불안할 때 걷기, 손 쓰기, 정리하기, 말하기 같은 행동이 효과적인 이유도 여기에 있다. 뇌는 이러한 행동에서 새로운 예측 신호를 받고, 감정의 구성 방향을 수정한다. 이것이 바로 정서적 예측 코딩 시스템이 작동하는 방식이다. 감정을 바꾸고 싶다면, 그것을 설명할 수 있는 새로운 행동 패턴을 먼저 입력하라. 감정은 그것을 구성할 수 있는 실체가 들어올 때 비로소 바뀐다.

결국 감정은 몸과 뇌와 세계가 서로 영향을 주고받으며 만들어낸 순간적인 해석 구조이며, 그것은 우리가 어떻게 움직이느냐에 따라 매순간 새롭게 쓰여진다. 감정을 기다리지 말고 구성하라. 그 출발점은 언제나 행동이다.

지금 그 사람처럼 행동하라

인간은 자신을 끊임없이 이해하려 노력하는 유일한 존재이다. 우리는 “나는 누구인가”, “어떻게 살아야 하는가”, “무엇이 나를 나답게 만드는가”와 같은 근원적인 질문들을 인류 역사만큼 오래도록 품어왔으며, 수많은 철학자와 심리학자들이 이에 대한 해답을 탐구해왔다. 이러한 질문들에 가장 깊이 닿아 있으면서도 가장 실천적인 접근을 시도한 인물 중 하나가 바로 윌리엄 제임스이다. 그는 인간의 내면을 해부학적인 분석이 아닌, 생생한 체험과 구체적인 행위의 렌즈로 바라보았다.

인간 정신이 고정된 실체가 아니라, 끊임없이 흐르는 과정이며 변화하는 가능성이라는 그의 통찰은 오늘날까지도 우리에게 유효한 지혜이다.

고대 그리스 델포이 신전에 새겨진 “너 자신을 알라”는 격언이 현대 심리학에서 윌리엄 제임스의 실천적 자아론으로 이어지는 중요한 사상적 흐름을 명확하게 보여주는 것이다.

제임스는 ‘의식의 흐름’이라는 혁신적인 개념을 통해 인간의 사고가 정적이지 않고 끊임없이 움직이는 역동적인 본질을 가졌음을 설명하며,

이는 인간 이해의 패러다임을 근본적으로 전환시켰다. 그는 마음이 하나의 독립된 실체가 아니라, 환경과의 지속적인 상호작용 속에서 형성되고 변화하는 기능적인 존재임을 강조한 것이다.

사람들은 종종 자신이 되고 싶은 이상적인 모습을 마음속에 그리며 살아간다. 누군가는 자신감 넘치는 사람이 되고 싶다고 말하고, 또 다른 누군가는 친절하고 관대한 사람이 되고 싶다고 말한다. 그러나 그런 바람은 시간이 흘러도 좀처럼 현실이 되지 않는 경우가 많다. 왜 그럴까. 그 이유는 대부분의 사람들이 자아를 단순히 '느낌'이나 '의식'의 문제로만 이해하려 하기 때문이다. '나는 아직 그런 사람이 아니니까 그렇게 행동할 수 없어'라고 말하며, 내면의 변화가 먼저 일어나기를 수동적으로 기다리는 태도를 보이는 것이다. 그러나 윌리엄 제임스는 이러한 통념에 도전하며 전혀 다른 관점을 제시했다. 그는 강력하게 말한다. 자신이 되고 싶은 모습이 있다면, 그 이상적인 모습이 어떠한 행동을 할지 상상하고, 지금 바로 그처럼 행동하라고 강조한다. 행동이 곧 정체성을 형성한다는 이 단순하면서도 심오한 문장은 수많은 심리학 이론의 핵심을 꿰뚫는 핵심적인 통찰인 것이다.

인간은 자신이 느끼는 대로 행동하는 것이 아니라, 오히려 자신이 반복한 행동을 통해 스스로를 인식하고 그 행동에 따라 자신의 정체성을 구축하게 된다. 결국 "나는 누구인가"라는 질문은 "나는 지금 어떻게 행동하고 있는가"라는 물음과 본질적으로 연결되어 있다. 자아는 외부에서 발견하여 내면으로 가져오는 고정된 실체가 아니라, 매 순간의 행동을 통해 능동적으로 형성되고 변화하는 역동적인 존재인 것이다. 이는 서양 철학에서 오랫동안 논의된 '본질이 존재를 앞서는가, 존재가 본질을 앞서는가' 하는 질문에 대한 윌리엄 제임스식의 실용주의적이고 실제적인 답변이기도 하다. 그는 "행동이 감정보다 먼저 온다"는 제임스-랑게 감정 이론의 핵심을 자아 형성 과정에도 동일하게 적용한 것이다. 즉, 우리는 특정 행동을 반복함으로써 그 행동에 수반되는 감정을 느끼게 되고, 나아가 그 행동이 우리의 정체성으로 굳어진다는 것이다.

제임스는 자아를 고정된 실체가 아니라 유동적인 흐름으로 이해했다. 그에게 자아는 영혼이나 불변의 실체가 아니며, 오히려 경험과 선택, 그리고 끊임없이 반복된 행동들이 모여 구성된 역동적인 과정인 것이다. 그는 이러한 자아를 세 가지 층위로 구분하여 설명했는데, 바로 물질적 자아, 사회적 자아, 그리고 영적 자아이다. 물질적 자아는 우리가 소유하고 사용하는 모든 것들, 예컨대 옷, 집, 몸과 같이 외부에 드러나는 물리적인 요소들을 포함한다.

사회적 자아는 타인과의 관계 속에서 형성되는 우리의 다양한 정체성들을 의미하며, 이는 우리가 만나는 사람에 따라 다르게 발현되기도 한다. 마지막으로 영적 자아는 우리가 스스로를 어떻게 바라보고 있는가, 즉 자기 인식과 내면의 가장 깊은 관점을 반영하는 것이다. 그러나 이 모든 층위의 자아는 단순히 생각이나 감정만으로 형성되지 않는다. 그 바탕에는 '행동'이라는 가장 결정적인 요소가 놓여 있다. 우리는 특정 물건을 소유하고 관리하며 물질적 자아를 형성하고, 특정 방식으로 타인과 교류하며 사회적 자아를 구축하며, 특정 가치관과 신념에 따라 행동할 때 비로소 영적 자아를 형성하고 강화하는 것이다.

우리는 자신을 특정한 방식으로 정의하려 할 때, 대개 과거의 경험이나 타고난 성격, 혹은 특정한 선택들을 근거로 삼는다. 그러나 제임스에 따르면 자아는 고정된 성격의 묶음이 아니라 반복된 행동의 강력한 결과이다. 매일 아침 일찍 일어나는 사람은 어느 순간 '나는 성실한 사람이다'라고 스스로 느끼기 시작하며, 꾸준히 책을 읽고 지식을 탐구하는 사람은 '나는 지적인 사람이다'라는 정체성을 자연스럽게 갖게 된다. 이때 그 사람이 본래 성실하거나 지적인 성향을 타고났기 때문에 그런 행동을 하는 것이 아니다. 오히려 그러한 행동을 지속적으로 반복하고 실천했기 때문에 스스로를 그렇게 인식하게 되는 것이다. 이는 자아에 대한 우리의 관점 자체를 근본적으로 전환할 것을 요구한다. 우리는 스스로가 어떤 사람인지 '느끼는' 것이 아니라, 그런 행동을 끈기 있게 반복한 끝에 내면에서 그렇게 '믿게' 되는 존재인 것이다.

유명한 심리학자 칼 융도 "당신이 당신의 운명을 바꿀 수 있다고 믿지 않는 한, 당신의 운명은 바뀌지 않는다"고 했듯이, 행동을 통해 얻은 실질적인 변화에 대한 확고한 믿음이야말로 진정한 성장을 이끌어내는 핵심적인 요소이다.

이러한 관점에서 보면, 정체성은 결코 타고난 운명이나 고정된 결과가 아니라, 우리의 능동적인 선택과 실천의 산물이다. 자신감 있는 사람은 단순히 내면에 자신감이 있어서 당당하게 행동하는 것이 아니다. 오히려 자신감 있는 사람처럼 반복적으로 행동했기 때문에 시간이 흐르면서 진정한 자신감을 갖게 되는 것이다. 실제로 자신감은 외부로부터 주어지는 평가나 선천적으로 내재된 속성이 아니라, 구체적인 행동을 통해 내면화되고 강화되는 신념이다. 누군가 앞에서 당당하게 말하고, 목소리를 또렷하게 내며, 상대방의 눈을 피하지 않고 시선을 마주치는 것을 꾸준히 연습하다 보면, 어느새 스스로도 자신 있는 사람이라는 인식을 자연스럽게 갖게 되는 것이다. 이는 겉만 번지르르한 연기나 위선이 아니라, 자아가 실제로 형성되는 가장 진실된 경로이다. 내가 진정으로 되고 싶은 사람이 있다면, 그 이상적인 사람이 지금 이 순간 어떤 행동을 할지를 깊이 떠올리고, 주저하지 말고 그처럼 움직이는 것부터 시작해야 한다. 자아는 마음속에서 막연히 기다리는 이상적인 모습이 아니라, 실제의 움직임과 구체적인 행동 속에서 강력하게 만들어지는 살아있는 구조인 것이다. 랠프 월도 에머슨의 "오늘 네가 하는 일은 내일 네가 될 사람을 만든다"는 말은 바로 이러한 통찰을 강력하게 지지하는 명언이다.

이와 같은 생각은 현대 심리학자 앨버트 반두라의 '자기 효능감' 이론과도 깊이 연결되어 있다. 자기 효능감은 스스로 어떤 행동을 성공적으로 해낼 수 있다는 강한 믿음이다. 이 믿음은 단지 생각이나 상상만으로 강화되지 않는다. 작고 단순한 도전이라도 구체적인 행동을 통해 성공적으로 수행하는 경험이 쌓이면서 비로소 자기 효능감이 단단하게 형성되는 것이다. 제임스 역시 이와 동일한 원리를 강력하게 강조했다. 그는 인간이 변화하는 가장 빠르고 효과적인 길은 '느낌을 바꾸는 것'이 아니라 '행동을 바꾸는 것'이라고 보았다. 그리고 그 행동이 꾸준히 반복되면, 우리의 뇌는 그것을 '나의 일부'로 받아들이기 시작한다. 이는 실제적인 행동이 내면의 감정을 변화시킬 뿐만 아니라, 궁극적으로는 우리의 정체성 자체를 근본적으로 재구성한다는 강력한 메시지를 전달한다.

신경과학적으로도 반복된 행동은 뇌의 신경 가소성(Neuroplasticity)이라는 놀라운 특성을 통해 새로운 신경 회로를 형성하고 기존 회로를 강화한다. 이 과정은 '나'라는 인식을 물리적으로 재구성하며, 행동이 뇌를 변화시키고 그 변화된 뇌가 다시 행동을 더욱 쉽고 자연스럽게 만드는 강력한 선순환 구조를 만들어내는 것이다.

물론 처음부터 자연스럽게 원하는 모습처럼 행동하기는 결코 쉽지 않다. 우리는 늘 "나는 원래 이런 성격이 아니야", "나는 이런 일을 잘 못해"라며 스스로 한계를 설정하고, 자신의 무한한 가능성을 가두곤 한다. 그러나 제임스는 인간의 본질이 정적인 것이 아니라 '변화 가능성' 그 자체에 있다고 보았다. 그가 강조한 자유의지는 단지 여러 선택지 중에서 하나를 고를 수 있는 권리가 아니라, '나'라는 존재를 끊임없이 다시 구성하고 만들어갈 수 있는 근본적인 가능성이었다. 그렇기에 "지금 그 사람처럼 행동하라"는 말은 단순한 자기계발의 흔한 구호가 아니다. 그것은 인간 존재에 대한 근본적이고 희망적인 선언이다. 행동은 내면의 완벽한 허락이나 완전한 확신을 받지 않고도 과감하게 시작할 수 있으며, 그 시작이 꾸준히 반복될 때 우리는 놀랍게도 그 사람이 될 수 있는 것이다. 마치 씨앗이 땅에 뿌려져야 비로소 싹을 틔우듯이, 우리의 잠재된 자아는 행동이라는 씨앗을 뿌릴 때 비로소 활짝 발현된다.

이러한 제임스의 관점은 실용주의 철학과도 매우 깊은 관련이 있다. 제임스는 한 사상이나 믿음의 진실성은 그것이 실제 삶에서 어떤 구체적인 결과를 낳는가에 따라 판단되어야 한다고 확고하게 믿었다. 이는 추상적인 진리나 관념적인 논리를 좇는 철학이 아니라, 인간의 삶을 실제적으로 개선하고 풍요롭게 만드는 도구로서의 철학을 지향하는 태도였다. 그가 감정, 자아, 의지, 습관 등 인간 정신의 다양한 요소들을 면밀하게 분석한 이유도 그것들이 인간 삶에 어떤 실질적인 변화를 만들어내는지를 명확히 보기 위함이었다.

실용주의 철학의 핵심적인 질문은 바로 이것이다. "그 생각이 당신의 삶을 바꾸는가?" 만약 어떤 생각이 당신의 삶에 긍정적인 변화를 가져오지 못한다면, 그것은 진정한 의미의 진리일 수 없다는 것이다. 자아에 대해서도 마찬가지이다. 당신이 스스로를 어떤 사람이라고 '느끼는'지는 중요하지 않다. 그 정체성이 실제 삶에서 어떤 구체적인 변화를 만들어내고 어떤 행동을 유발하는지가 진정으로 중요하다. 스티븐 코비가 "당신의 습관이 당신의 미래를 결정한다"고 말했듯이, 윌리엄 제임스는 그 습관이 곧 당신의 정체성임을 강력하게 설파한 것이다.

결국 우리가 진짜로 바꾸고 싶은 것은 막연한 '느낌'이나 추상적인 '생각'이 아니라, 우리의 '삶' 그 자체이다. 그리고 삶은 결코 추상적인 정체성이나 내면의 생각만으로 구성되지 않는다. 삶은 구체적인 행동의 집합이며, 그 행동은 바로 지금 이 순간의 능동적인 선택이다. 내가 진정으로 되고 싶은 사람이 있다면, 그 사람이 오늘 아침 몇 시에 일어났을지 구체적으로 상상해보라. 그 사람이 어떤 말투를 쓰고, 어떤 자세로 앉으며, 어떤 방식으로 타인을 대할지를 생생하게 떠올려보라. 그리고 주저하지 말고 지금 바로 그처럼 행동하라. 그 꾸준한 반복적인 행동이 결국 당신을 그 사람으로 만들어갈 것이다. 자아는 내면의 고정된 믿음이 아니라, 바깥으로 드러난 삶의 방식이자 실제적인 행동의 총체이다. 제임스는 강력하게 말한다. 당신이 진정으로 원하는 정체성이 있다면, 머뭇거리지 말고 지금 이 순간 그것을 살아내라고 주문한다. 지금 그 사람처럼 행동하라. 그러면 당신은 결국 그 사람이 되는 것이다. 노자 또한 "천리 길도 한 걸음부터"라고 했듯이, 모든 위대한 변화는 가장 작고 보잘것없어 보이는 행동에서부터 시작된다. 이 단순하지만 심오한 진실은 복잡한 자기계발의 미로 속에서 길을 잃은 우리에게 명쾌하고 확실한 이

정표를 제시하는 것이다.

이 책을 통해 우리는 윌리엄 제임스의 심오하면서도 실천적인 통찰들을 깊이 탐험했다. 의식의 흐름, 감정의 역동성, 다면적인 자아, 자유의지의 선택, 습관의 형성, 의지력의 훈련, 믿음의 현실 구성력, 그리고 이 모든 것을 통합하는 행동의 강력한 힘까지. 이 모든 요소들은 단순히 인간 정신의 작동 방식을 설명하는 추상적인 이론이 아니다. 그것은 우리 각자가 자신의 삶을 주체적으로 형성하고, 진정한 자아를 발견하며, 끊임없이 성장해나갈 수 있는 강력한 안내서이자 실제적인 도구였다. 제임스의 사상은 우리가 정체성을 고정된 운명이나 타고난 속성이 아닌, 매일의 작은 선택과 꾸준한 실천을 통해 새롭게 직조해나가는 역동적인 과정으로 이해하도록 이끌었다.

인간 존재의 가장 큰 모험은 자기 자신을 단순히 '발견'하는 것이 아니라, 매 순간의 행동과 선택을 통해 자기 자신을 끊임없이 '창조'하는 과정에 있다. 이 여정은 끝이 없는 탐험이며, 예측 불가능한 순간들로 가득하다. 때로는 실패하고 좌절하며 길을 잃을 수도 있지만, 바로 그 순간들이 진정한 자아를 빚어내는 중요한 터닝 포인트가 된다.

제임스는 이 과정을 통해 얻어지는 실용적인 진리, 즉 삶을 실질적으로 변화시키는 힘을 강조했다. 그의 메시지는 우리에게 과거의 제약이나 타인의 기대에 갇히지 말고, 매일의 작은 실천을 통해 자신의 존재를 새롭게 정의하고 확장하라는 용기를 불어넣는다.

요한 볼프강 폰 괴테는 "인간은 노력하는 한 방황한다"고 했다. 이 방황이야말로 곧 성장의 과정이며, 그 안에서 우리는 진정한 자신을 만들어가는 것이다.

우리가 이 책을 덮는 순간, 단순한 지식의 축적을 넘어선 깊은 여운이 남기를 바란다. 그 여운은 '나는 어떤 사람이 되어야 하는가'라는 추상적인 질문에 대한 명확한 답이 아니라, '나는 지금 이 순간 어떤 행동을 선택할 것인가'라는 현재형 질문에 대한 심오한 깨달음일 것이다. 정체성은 거대한 선언이나 타고난 운명이 아니라, 오늘 아침 침대에서 일어나는 작은 행동, 익숙한 길 대신 새로운 길을 선택하는 미미한 용기, 불편함을 감수하고 배우려는 작은 시도, 그리고 마음에 없는 말 대신 진심을 표현하는 솔직함 속에서 매일매일 재탄생한다. 삶의 의미는 거창한 목적지에서 오는 것이 아니라, 이 순간의 호흡과 행동 속에서 살아 숨쉬는 것이다. 윌리엄 제임스의 지혜는 우리에게 이 사실을 명확히 일깨워주며, 우리의 삶을 더욱 생생하고 충만하게 만드는 비밀이 바로 우리 자신의 손 안에 있음을 알려준다.

이 책이 독자들에게 단순한 정보 제공을 넘어, 자신의 삶이라는 미지의 지도를 스스로 그려나갈 수 있는 강력한 영감과 도전을 선사했기를 희망한다. 독자들은 이제 제임스의 도구를 가지고 자신만의 여정을 시작할 수 있는 준비가 되었다. 그 여정은 당신의 삶을 더욱 깊고 의미 있게 만들 것이다. 이 책의 마지막 문장이 당신의 삶에 새로운 시작을 알리는 종소리가 되기를 진심으로 바란다. 당신의 삶은 어떤 행동들로 채워질 것인가?

의지가 없을 때 습관이 시작된다

우리는 흔히 새해 다짐이나 중요한 변화를 결심할 때 불타는 의지력을 앞세운다. "이번에는 기필코 해내고 말 거야!"라는 비장한 각오는 그 순간 모든 것을 바꿀 수 있는 마법처럼 느껴진다. 하지만 안타깝게도, 이러한 의지력의 불꽃은 대부분 며칠, 길어야 몇 주를 넘기지 못하고 꺼져버린다. 의지력은 마치 스마트폰 배터리처럼 소모성이 강하고, 스트레스, 피로, 외부의 사소한 유혹에도 쉽게 방전된다. 결국 많은 사람은 자신을 탓하며 "나는 왜 이렇게 의지가 약할까?"라고 자책하거나, 변화 자체가 불가능하다고 단정 짓곤 한다. 그러나 윌리엄 제임스는 이러한 일반적인 통념에 정면으로 도전하며 전혀 다른 해답을 제시한다. 그는 삶은 순간적인 의지의 산물이 아니라, 습관이라는 견고한 구조 위에서 형성된다고 주장한다. 더 나아가, 역설적이게도 우리가 의지를 잃었다고 느끼는 바로 그 순간이야말로 새로운 습관을 우리 삶에 단단히 심을 수 있는 결정적인 기회라고 보았다. 이 통찰은 "행동이 감정보다 먼저 온다"는 제임스-랑게 감정 이론의 핵심을 습관 형성에도 확장 적용한 것이다. 즉, 어떤 감정이나 의욕이 먼저 생겨야 행동하는 것이 아니라, 특정 행동을 반복하다 보면 그에 맞는 감정과 의욕, 그리고 더 나아가 새로운 정체성까지 형성될 수 있다는 심오한 통찰을 담고 있다.

윌리엄 제임스는 인간 삶의 대부분이 무의식적인 반복으로 이루어진다고 단언했다. 그는 저서 『심리학의 원리(*The Principles of Psychology*)』에서 "습관은 우리를 지탱하는 위대한 플라이휠이다"라고 표현했다.

우리는 매일 아침 같은 손으로 칫솔을 쥐고, 같은 길로 출근하며, 비슷한 방식으로 사람들과 대화를 나눈다. 이러한 작고 반복적인 행동들이 쌓여 우리의 인격을 형성하고, 궁극적으로는 우리의 인생을 만들어 가는 것이다. 그에게 습관은 단순히 기계적인 행동의 반복 그 이상이었다. 습관은 의식적으로 훈련된 감정, 선택, 그리고 행동이 통합된 집합체이다. 이는 단순한 자동 반응이 아니라, 과거의 의식적인 선택들이 누적되어 형성된 행동의 경로이며, 그 사람의 정체성 자체를 나타내는 지표가 된다.

사람에게서 의지라는 포장지가 벗겨지면, 남는 것은 오직 습관이라는 본연의 구조뿐이기 때문이다. 힘들고 지치고 모든 것이 귀찮은 순간에도 우리가 무엇을 하는지를 살펴보면, 그것이 바로 현재의 우리를 구성하는 가장 깊은 구조임을 알 수 있다. 습관은 위기 상황 속에서 그 사람의 진짜 정체성을 여과 없이 드러내는 무의식적인 필터와 같다.

로마의 철학자 세네카가 "우리가 고통 받는 것은 오직 습관 때문"이기도 하지만, 반대로 우리는 좋은 습관을 통해 고통을 줄이고 삶을 윤택하게 만들 수도 있다. 이처럼 습관은 한 개인의 삶을 지탱하는 보이지 않는 기둥이며, 그의 행동과 감정, 심지어 사고방식까지도 결정하는 강력한 힘을 가진다.

제임스는 의지와 습관의 관계를 명쾌한 비유를 통해 설명한다. 의지는 순간의 불꽃이고, 습관은 견고한 구조의 힘이다. 그는 "의지는 습관을 만들기 위한 불꽃이며, 그 불꽃이 꺼지고 나면 습관이라는 거대한 건물이 남는다"고 비유했다. 인간은 장기적으로 오직 의지에만 의존하여 살아갈 수 없다. 우리의 의지력은 한정된 자원이어서, 피곤하거나 감정적으로 흔들릴 때 쉽게 사라져 버린다. 마치 촛불이 바람에 흔들리듯, 우리의 의지 또한 외부 환경과 내면의 상태에 따라 끊임없이 요동친다. 그러나 바로 그 순간에도 우리가 원하는 방향으로 꾸준히 움직이게 만드는 것은 오직 습관뿐이다. 습관은 우리가 의식적으로 생각하거나 노력하지 않아도 자동적으로 작동한다. 이것이 바로 습관이 의지를 능가하는 근본적인 이유이다. 여기에 운동하는 습관이 몸에 밴 사람은 의지가 약해지는 날에도 무의식적으로 헬스장으로 향하거나 집에서 스트레칭을 하게 된다. 이러한 자동성은 의식적인 노력에 대한 의존도를 줄여주고, 목표 달성의 지속 가능성을 비약적으로 높여준다. 이는 마치 강물이 흐르도록 수로를 만드는 것에 비유할 수 있다. 한 번 수로를 잘 만들어 놓으면, 매번 물을 끌어올리는 의지적인 노력 없이도 물이 자연스럽게 공급된다. 습관이 바로 우리의 삶에 필요한 긍정적인 흐름을 만들어주는 수로인 것이다.

미국의 작가이자 강연가인 제임스 클리어는 그의 저서 『아주 작은 습관의 힘』에서 이 개념을 확장하며 "성공은 하루아침에 이루어지지 않는다. 그것은 매일 당신이 하는 작은 습관들의 결과다"라고 말한다. 이처럼 습관은 성공을 위한 지름길이 아니라, 꾸준함이라는 가장 강력한 무기이다.

제임스의 이러한 통찰은 비단 철학적인 주장으로만 그치지 않는다. 현대 심리학자들과 신경과학자들에 의해 반복적으로 입증되고 있다. 이는 MIT의 뇌과학 연구에 따르면, 반복된 행동은 뇌의 기저핵(basal ganglia)에 저장되어 자동화된다. 이 자동화된 행동은 일단 형성되면, 개인이 외부 동기나 현재의 감정 상태에 크게 의존하지 않고도 지속될 수 있게 한다. 이는 습관이 하나의 '신경 회로'로 기능한다는 의미이다. 일단 구축된 습관 회로는 마치 오래도록 사용된 도로처럼 쉽게 마모되거나 사라지지 않고 지속성을 갖는다. 이는 우리가 왜 특정 행동을 무의식적으로 반복하게 되는지, 그리고 왜 습관이 한번 자리 잡으면 바꾸기 어려운지를 과학적으로 설명해준다. 제임스는 이 점을 직관적으로 이해하고 있었다. 그는 뇌의 물리적인 변화가 습관을 형성하고 고착화하는 과정을 이미 간파했던 것이다. 의지가 바닥난 순간이 오히려 새로운 습관을 설계할 수 있는 가장 좋은 기회라는 제임스의 역설적인 주장은 삶에 대한 매우 실용적인 통찰을 제공한다. 많은 사람들은 습관 형성을 위해 '의욕이 차오를 때'를 기다린다. 그러나 제임스의 관점에서 보면, 실제로는 그 반대이다. 의욕이 없을 때야말로 우리는 외부적인 구조와 시스템에 의존할 수밖에 없기 때문에 습관이 오히려 더 쉽게 자리 잡을 수 있다. 제임스는 "삶의 위기가 찾아올 때 의지가 아니라 시스템이 사람을 구한다"고 강조했다. 그리고 그 시스템이 바로 습관인 것이다. 이는 개인이 스스로의 한계를 인정하고, 환경 설계를 통해 변화를 이끌어내는 전략적 사고를 촉진한다.

철학적으로 볼 때, 제임스의 이러한 주장은 인간의 자유의지에 대한 오랜 질문과도 깊이 연결된다.

인간은 과연 얼마나 자유로운 존재인가? 우리는 모든 선택을 의식적으로 하는가? 제임스는 인간이 자유로운 존재임을 인정하지만, 그 자유는 훈련되고 구조화될 때 비로소 지속 가능하다고 보았다. 그는 "습관은 자유의지를 구조화하는 방식이다"라고 말한다. 이 말은 우리가 진정으로 자유롭게 살기 위해서는 반복 가능한 행위의 틀, 즉 습관을 통해 자신의 삶을 조직해야 한다는 뜻이다. 역설적으로 들릴 수 있지만, 습관은 인간의 자율성을 제한하는 것이 아니라, 오히려 확장하는 역할을 한다는 것이다. 우리가 아침에 일찍 일어나는 습관, 규칙적으로 운동하는 습관, 명상하는 습관 등을 통해 우리는 불필요한 의사결정의 피로를 줄이고, 에너지를 절약하며 시간을 확보할 수 있다. 이처럼 확보된 에너지는 더 중요하고 창조적인 의식적인 선택에 자유롭게 몰두할 수 있게 해준다. 이는 고대 스토아 철학자들이 강조한 자기 통제와 덕의 실천이 진정한 자유로 이어진다는 관점과도 맞닿아 있다.

루마니아의 신학자이자 철학자인 콘스탄틴 브란쿠시도 "우리가 창조하는 것은 우리의 의지이자, 우리의 습관이자, 우리의 운명이다"라고 말하며 이 사상을 뒷받침한다. 습관을 통해 우리는 의식적인 자유를 위한 공간을 확보하고, 삶의 주도권을 더욱 공고히 할 수 있다.

제임스의 이론은 단순한 행동학적 이론을 넘어선다. 그는 습관을 거의 철학적 존재로 본다. 그에게 있어 반복된 행동이 곧 존재 자체이다. 그는 "우리는 우리가 반복하는 행위들의 총합이다"라고 선언했다. 이 명제는 단순한 동기부여 문구가 아니다. 이는 인간 존재론에 대한 심오한 선언이기도 하다. 우리가 어떤 사람이 되는가는 결국 매일의 작고 반복된 행동들이 결정한다는 것이다. 그러므로 의지가 고갈된 지금이야말로, 우리가 어떤 새로운 반복을 심을지 결정해야 할 가장 중요한 시점인 셈이다. 이 순간의 선택이 미래의 나를 형성하는 씨앗이 된다는 의미이다. 따라서 습관은 개개인의 정체성과 운명을 결정하는 핵심적인 요소로 부상한다.

에픽테토스는 "마음을 다스리는 것이야말로 가장 어려운 일이다. 그러나 이것이 당신의 의무이다"라고 말했지만, 제임스는 마음을 다스리는 실제적인 방법이 습관을 통해 구현될 수 있음을 보여준다. 나의 행동이 곧 나의 존재를 규정하는 것이다.

심리학자 앨버트 반두라는 자기효능감이 높은 사람이 습관을 형성하고 유지하는 데 더 유리하다고 설명했다. 그런데 자기효능감은 ‘성공 경험’에서 비롯된다. 이 성공은 거창한 결과가 아니라, 작은 반복에서 생성되는 것이다. 새로운 습관을 형성하고, 그 습관을 단 하루 이틀이라도 꾸준히 지켜냈을 때 생기는 자기 확신은 점점 더 큰 변화를 감당할 수 있는 힘을 길러준다. 의지가 없을 때 습관을 시작하는 것은 무기력함 속에서도 작은 성취의 증거를 스스로에게 만들어주는 행위인 것이다. 이는 인지 행동 치료(Cognitive Behavioral Therapy)에서 작은 행동 변화를 통해 긍정적인 인지적 변화를 이끌어내는 원리와도 유사하다. 또한, 습관은 감정과 밀접하게 연결되어 형성된다. 기분 좋은 감정과 연결된 습관은 훨씬 더 오랫동안 유지되는 경향이 있다. 산책 후 느끼는 상쾌함, 깔끔하게 정리된 책상을 보며 느끼는 만족감, 독서 후의 정신적 충만함과 같은 긍정적인 감정들은 그 행동을 반복하게 만드는 강력한 동기가 된다. 이처럼 습관은 단순히 행동의 반복이 아니라, 감정과 깊이 연결된 총체적인 경험이다. 그리고 그 경험은 다시 ‘나라는 사람’에 대한 우리의 해석을 변화시킨다. 결국 습관은 반복된 행동일 뿐만 아니라, 반복된 자아의 해석인 것이다.

영국의 시인이자 극작가인 제임스 앨런은 “사람은 생각하는 대로 이루어진다”고 했지만, 제임스는 그 생각을 행동과 습관으로 구체화해야 비로소 현실이 된다고 덧붙여 강조한다.

제임스는 실용주의 철학의 입장에서 “진실이란 작동하는 것이다”라고 말했다. 그렇다면 나 자신에 대한 진실은 무엇일까? 바로 지금 이 순간 작동하는 나의 습관이다. 습관은 우리의 생각보다 훨씬 더 많은 진실을 우리에게 말해준다. 나는 스스로를 성실한 사람이라고 여기고 싶을 수 있다. 하지만 매일 늦게 일어나고, 해야 할 일을 미루고, 중요한 결정을 뒤로 미루는 행동을 반복한다면, 나의 진짜 진실은 바로 그 습관 속에 존재한다. 의지는 우리가 도달하고자 하는 이상을 말해주고, 습관은 우리가 현재 어떤 모습인지를 보여주는 현실인 것이다. 이처럼 습관은 개인의 자기 인식과 실제 행동 간의 간극을 명확히 드러내며, 진정한 자기 이해의 출발점이 된다.

영국의 정치인 윈스턴 처칠은 "우리는 습관을 만들고, 습관은 우리를 만든다"고 역설하며 습관의 강력한 형성력을 강조했다. 우리는 종종 '나를 바꾸겠다'고 굳게 다짐하면서, 오직 의지의 힘에만 기대려 한다. 그러나 인간은 감정에 쉽게 흔들리고, 주변 환경에 강하게 반응하며, 외부 자극에 취약한 존재다. 우리의 의지는 이 모든 것의 영향을 직접적으로 받는다. 그렇기 때문에 진정한 변화는 순간적인 의지의 힘에서 시작되는 것이 아니라, 구조의 힘, 시스템의 힘, 그리고 궁극적으로는 습관의 힘에서 시작된다. 이것이 바로 윌리엄 제임스의 핵심 사상이며, 오늘날까지도 유효한 인간 변화의 가장 중요한 법칙이다. 이는 마치 강물을 직접 막는 것이 아니라, 강물의 흐름을 바꾸는 수로를 만드는 것에 비유할 수 있다.

결국, 제임스의 메시지는 분명하다. 의지가 없을 때가 오히려 진짜 변화의 기회라는 것이다. 더 이상 순간적인 감정이나 휘발성 강한 의지에 기대지 않고, 우리 내면의 무의식이 작동하게 할 수 있기 때문이다. 자동화된 루틴, 의식적인 노력을 최소화하는 환경 설계, 그리고 아주 작고 간단한 시작점들. 이러한 요소들이 차곡차곡 쌓여 습관이 되고, 그 습관들이 모여 우리의 인생을 근본적으로 변화시킨다. 인간은 타고난 의지력의 강약에 갇히는 존재가 아니라, 현명한 전략과 지속적인 실천을 통해 얼마든지 자신을 변화시킬 수 있는 존재임을 제임스는 역설했다. 우리가 지금 어떤 상태에 있든, 어떤 의욕을 느끼고 있든 상관없다. 바로 지금부터 시작할 수 있다. 아무런 의욕이 없어도 괜찮다. 제임스의 말처럼, 그 무의욕의 순간부터 오히려 습관이 비로소 만들어지기 시작하는 것이다. 이것이 윌리엄 제임스가 우리에게 전하는 가장 강력하고 실용적인 변화의 진실이다. 이 진실은 단순히 이론을 넘어선 삶의 지혜이며, 우리가 매일의 작은 선택을 통해 자신의 운명을 만들어갈 수 있다는 희망을 안겨준다. 의지가 당신을 배신하더라도, 습관은 당신을 배신하지 않을 것이다. 이제 당신의 삶을 변화시키는 첫 습관은 무엇이 될 것인가?

몸을 움직이면 마음도 따라온다

우리는 흔히 접하는 자기계발 서적이나 심리학 이론들은 대개 긍정적인 사고가 긍정적인 행동을 낳는다고 강조한다. '마음먹기에 달렸다'는 말처럼, 내면의 변화가 외적인 변화를 이끈다는 관점은 매우 강력하게 뿌리내려 있다. 하지만 미국의 철학자이자 심리학자인 윌리엄 제임스는 여기에 다른 각도를 제시한다. 그는 우리의 신체가 단순히 감정을 표현하는 도구가 아니라, 감정을 만들고 변화시키는 능동적인 역할을 한다고 보았다. 제임스의 통찰은 신체의 작은 움직임이 내면의 감정 변화를 유도하고, 나아가 우리의 정체성까지 새롭게 정의할 수 있다는 점을 역설한다.

윌리엄 제임스의 감정 이론은 당시의 주류적 사고방식을 뒤집는 파격이었다. 기존에는 '감정(슬픔)이 신체 반응(울음)을 유발한다'는 순서로 감정이 일어난다고 보았다면, 제임스는 덴마크의 칼 랑게와 함께 연구하여 이 개념을 발전시켰다. 이는 곧 제임스-랑게 이론으로 학계에 큰 영향을 미쳤다. 이 이론에 따르면, 우리는 위협적인 상황을 마주쳤을 때 두려워서 도망치는 것이 아니라, 도망치는 몸의 생리적 반응(심박수 증가, 호흡 가빠짐, 근육 긴장 등)을 뇌가 인지하면서 비로소 두려움을 경험하게 된다는 것이다. 즉, 신체가 먼저 움직이고 그 움직임이 뇌로 피드백되어 감정으로 해석되는 과정이 핵심이다.

이러한 주장은 20세기 초 많은 논쟁을 불러일으켰지만, 현대 뇌과학과 심리생리학 연구를 통해 그 타당성이 점차 입증되고 있다. 특히 말초신경계의 감각 피드백이 뇌의 감정 처리 중추(예: 편도체)에 영향을 미쳐 감정을 조절한다는 연구 결과들이 이를 뒷받침한다. 연구자들은 특정한 표정을 짓게 했을 때 실제로 그 표정에 상응하는 감정 변화가 나타나는 '얼굴 피드백 가설'을 통해 제임스의 통찰이 옳았음을 보여주었다. 입꼬리를 올리는 단순한 행위만으로도 뇌에서 긍정적인 감정과 관련된 신경전달물질이 분비되어 실제로 기분이 좋아지는 효과가 나타나는 것이다. 이는 우리의 몸이 감정을 수동적으로 표현하는 도구가 아니라, 감정을 유발하고 조절하는 능동적인 엔진과 같다는 것을 의미한다. 마음은 단순히 뇌 안에 갇힌 추상적인 존재가 아니라, 온몸으로 뻗어 나가는 신경 신호와 근육 움직임의 총체적인 상호작용 속에서 형성되고 변화하는 것이다.

우리가 무기력함에 빠질 때 아무것도 하지 않고 가만히 있는 것이 가장 자연스러운 반응처럼 보인다. 마치 깊은 늪에 빠져 몸이 천근만근처럼 느껴지기도 한다. 그러나 바로 그 순간, 몸을 먼저 움직이기 시작하면 마음의 상태가 변화하는 역설적인 경험을 자주 하게 된다. 의욕이 전혀 없지만 일단 몸을 일으켜 밖으로 나서면, 걷는 동안 생각이 정리되고 기분도 점차 나아지는 경우 사물을 보면 매 순간 감정은 달라진다. 이는 단순한 우연이 아니다. 몸의 움직임은 마음의 상태를 변화시키는 가장 직접적인 지름길이며, 감정을 표현하고 유도하는 핵심적인 언어 중 하나이기 때문이다.

심리치료 분야에서도 이러한 제임스의 통찰은 중요한 치료적 개입 수단으로 활용된다. 특히 행동 활성화 치료(Behavioral Activation Therapy)는 우울증 치료에서 상당한 효과를 입증한 접근 방식이다. 이 치료법의 핵심 원리는 매우 단순하다. '기분이 좋아져야 행동한다'는 일반적인 생각의 순서를 뒤집어, '행동하면 기분이 따라온다'는 구조를 신뢰하는 것이다. 실제로 심한 무기력증과 우울감을 겪는 사람들이 침대에서 벗어나 지나가는 사람을 보거나 집안일을 하는 등 작은 행동들을 시작했을 때, 처음에는 의욕이 전혀 없었더라도 점진적으로 활력을 회복하고 기분 변화를 경험하는 사례가 많다. 이는 뇌의 보상 시스템과 관련이 있는데, 활동을 통해 얻는 작은 성취감이나 즐거움이 뇌에서 도파민 분비를 촉진하여 긍정적인 감정을 유도하기 때문이다.

아리스토텔레스가 말했듯이, "행복은 활동에 있다"는 진실이 현대 심리 치료에서 재확인되는 지점이다.

우리의 일상생활에서도 몸을 움직이는 행위를 통해 감정을 변화시킬 수 있는 다양한 예시를 찾아볼 수 있다. 의자 등받이에 기대어 축 처진 자세는 부정적인 감정을 강화하고 무기력감을 심화시키는 경향이 있다.

이는 마치 몸이 마음에게 "나는 지쳐 있고 무기력해"라는 메시지를 지속적으로 보내는 것과 같다. 몸이 나른하면 마음도 축 늘어지는 법이다. 반면에 허리를 곧게 세우고 가슴을 펴는 당당한 자세는 뇌에 긍정적인 신호를 보내어 자신감과 활력을 불어넣는다.

미국의 사회 심리학자 에이미 커디(Amy Cuddy)의 '파워 포즈(Power Pose)' 연구는 이러한 신체 자세가 호르몬 변화(테스토스테론 증가, 코르티솔 감소)를 통해 자신감과 위험 감수 능력에 긍정적인 영향을 미친다는 것을 보여주며 제임스의 통찰을 더욱 강화한다. 이는 사소한 자세 하나만으로도 감정의 진폭을 조절할 수 있음을 의미한다. 긴장될 때 심호흡을 하거나, 불안할 때 어깨를 펴는 행동은 단순히 몸을 편안하게 하는 것을 넘어 마음의 안정감을 유도한다. 이는 감정적 충동에 즉각적으로 반응하지 않고, 신체적 행동을 통해 감정과 자신 사이에 공간을 만들어내는 지혜로운 방법이다. 고대 중국의 병법서인 손자병법에도 "싸움의 이기는 것은 형세에 있다"는 말이 있는데, 이는 단순히 군사적 배치를 넘어 신체의 '형세' 또한 마음의 '형세'에 영향을 미친다는 해석으로 확장될 수 있다.

제임스의 사상은 우리가 감정의 수동적인 피해자가 아니라, 감정 조절의 능동적인 주체가 될 수 있다는 희망을 제시한다. 우리는 기분이 나빠질 때 무기력하게 끌려가는 대신, 의식적으로 신체를 움직여 감정의 흐름을 바꿀 수 있다. 화가 날 때 심호흡을 하거나, 자리를 박차고 일어나 잠시 걷는 행동은 감정의 격렬함을 가라앉히는 데 효과적이다. 이는 감정적 충동에 즉각적으로 반응하지 않고, 신체적 행동을 통해 감정과 자신 사이에 공간을 만들어내는 지혜로운 방법이다.

이는 현대 심리학의 마음챙김(Mindfulness)과도 긴밀하게 연결된다. 마음챙김은 현재 순간의 경험에 비판단적으로 주의를 기울이는 것인데, 이때 신체 감각에 집중하는 것이 중요한 수련 방법 중 하나이다. 숨을 쉬는 감각, 발바닥이 땅에 닿는 감각 등을 의식적으로 느끼는 것은 과도한 생각이나 부정적인 감정에 압도당하지 않도록 돕는다. 즉, 몸을 의식적으로 사용하는 것이 곧 마음을 다스리는 효과적인 수단이 되는 것이다. 불교의 오랜 수행법에서도 좌선이나 걷기 명상을 통해 신체의 움직임과 호흡에 집중함으로써 마음의 평온을 얻는 것을 강조해 왔다. 이처럼 동서양을 막론하고 신체와 마음의 깊은 연결성은 수많은 지혜의 보고에서 발견된다.

신체 움직임이 마음과 감정에 미치는 영향은 스포츠와 예술 분야에서도 명확히 드러난다. 격렬한 운동 후 느끼는 상쾌함, 팀 스포츠를 통해 얻는 소속감과 성취감은 단순히 육체적인 피로를 넘어선 정신적인 만족감을 안겨준다. 운동은 몸을 움직여 스트레스 호르몬을 줄이고 엔도르핀을 분비시켜 기분을 개선하는 과학적 효과를 넘어서, 자기 효능감과 자존감을 높이는 강력한 수단이 된다. 힘든 훈련을 견뎌내고 목표를 달성하는 과정에서 얻는 신체적 능력의 향상은 "나는 무엇이든 해낼 수 있다"는 내면의 믿음으로 이어진다. 유명한 마라토너이자 철학자인 조지 새비지는 "달리는 동안 나는 나 자신을 만난다"고 말했다. 이는 몸을 움직이는 행위가 단순한 활동을 넘어 자아 탐색과 성장의 과정임을 시사한다.

춤, 연극, 음악 연주와 같은 예술 활동에서도 신체 움직임은 감정 표현의 핵심이자 감정 생성의 원천이 된다. 무용수는 몸짓으로 기쁨과 슬픔을 표현하고, 배우는 특정 자세와 표정을 통해 인물의 감정을 생생하게 재현한다. 이때 단순히 감정을 '흉내 내는' 것을 넘어, 그 신체 움직임 자체가 배우나 무용수에게 실제 감정을 유발하기도 한다. 이는 예술적 몰입의 중요한 과정이자, 제임스-랑게 이론의 심오한 증거가 된다. 몸을 통해 감정을 표현하는 행위는 단순히 외향적인 활동이 아니라, 감정을 내면화하고 정화하는 깊은 심리적 과정이다.

셰익스피어가 "세상은 무대이고, 모든 남자와 여자는 배우일 뿐"이라고 했듯이, 우리의 몸은 그 무대 위에서 감정이라는 연극을 만들어내는 가장 중요한 도구다.

윌리엄 제임스는 그의 삶과 철학을 통해 "삶은 반복된 행동의 총합이다"라고 말했다. 이 말은 단지 습관의 중요성을 강조하는 것을 넘어선다. 그것은 우리가 누구인지에 대한 본질적인 정의를 제시하는 것이다. 나는 내가 매일 반복하는 그 무엇이며, 내가 의식적으로 혹은 무의식적으로 하지 않는 그것은 더 이상 나의 일부가 아니다. 정체성은 미리 정해진 본래의 나를 찾아가는 수동적인 일이 아니라, 실천을 통해 끊임없이 만들어 가는 능동적인 일이다. 오늘 무엇을 반복하는가가 내일의 나를 만든다. 우리가 미래에 어떤 사람이 될지를 결정짓는 것은 대단하고 거창한 결심이 아니라, 눈에 띄지 않는 작고 꾸준한 실천이다. 하루의 실천은 정체성의 씨앗이고, 그 씨앗은 시간이 지남에 따라 점진적으로 성장하여 삶 전체로 뻗어나간다. 결국 사람은 자신이 행한 일을 따라 자신을 정의하게 된다. 내가 반복한 행동의 결이, 곧 나라는 존재의 깊이와 폭을 결정하는 것이다.

이는 영국의 시인 존 밀턴이 "마음은 그 자체로 천국을 지옥으로 만들 수도 있고, 지옥을 천국으로 만들 수도 있다"고 했듯이, 우리 내면의 힘을 강조하는 것이지만, 제임스는 그 마음의 변화가 결국 신체적 행동과 연결되어 있음을 강조한다. 윌리엄 제임스의 통찰은 우리에게 몸과 마음이 분리된 두 개체가 아니라, 끊임없이 상호작용하며 서로를 빚어내는 하나의 유기체임을 강력하게 일깨운다. 우리가 흔히 감정의 노예가 되거나, 무기력함에 갇혀 있을 때, 제임스의 메시지는 우리에게 강력한 탈출구를 제시한다. 움직임을 통해 우리의 내면을 변화시키는 힘은 언제나 우리 안에 있다는 것이다.

그의 이론은 단순히 심리학적 호기심을 넘어선다. 그것은 삶을 살아가는 실용적인 지혜이다. 우리는 완벽한 의지나 긍정적인 감정이 충만해지기를 기다릴 필요가 없다. 대신, 지금 이 순간 몸을 움직이는 작은 시도만으로도 우리는 변화의 근원을 만들어 낼 수 있다. 아침에 침대에서 발을 내딛는 작은 행동, 잠시 걸어보는 짧은 산책, 어깨를 펴고 미소 짓는 사소한 습관이 결국 우리의 감정, 생각, 그리고 궁극적으로는 우리의 정체성을 변화시키는 거대한 파동을 일으킨다. 결국, 인간의 삶은 몸과 마음이 추는 조화로운 춤과 같다. 어느 한쪽이 다른 한쪽을 지배하는 것이 아니라, 서로에게 영향을 미치며 함께 성장하는 관계이다. 제임스의 지혜는 이 춤의 리듬을 우리가 직접 조절할 수 있음을 알려준다. 자신의 몸을 이해하고, 의식적으로 움직이는 것은 자신을 더 깊이 이해하고 사랑하며, 더 나은 삶을 창조하는 가장 강력한 도구다.

당신의 몸은 지금 당신에게 어떤 이야기를 하고 있는가? 그리고 당신은 그 이야기에 어떤 새로운 움직임을 더해 더 풍요로운 삶을 만들어 나갈 것인가? 그 질문에 대한 답은 바로 당신의 다음 움직임 속에 있다.

하루의 작은 실천이 정체성을 만든다

사람은 누구나 내면에 하나의 지도와도 같은 것을 지니고 있다. 다만 대부분은 그 지도를 펼쳐본 적이 없거나, 제대로 그려본 적이 없다. 어떤 이의 지도는 경계선이 흐릿하고 방향이 불분명하며, 또 다른 이의 지도는 목적지가 아예 표시되지 않은 채 먼지를 뒤집어쓴 채 방치되어 있다. 이 지도는 우리의 가치관, 감정, 습관, 믿음, 행동의 누적이며, 스스로도 인식하지 못하는 방식으로 우리를 움직인다. 문제는 이 지도가 언제, 어떻게 그려졌는지, 무엇을 기준으로 삼았는지를 우리가 모른다는 데 있다.

윌리엄 제임스는 이 지도를 수정하고 갱신하며, 필요하다면 완전히 다시 그릴 수 있는 도구들을 우리에게 남겨주었다.

우리가 사는 삶은 물리적인 공간이 아니라, 심리적인 공간이다. 직장에서 마주한 사람의 말 한마디, 집으로 돌아오는 길에 들리는 노을빛, 눈을 감고 떠올리는 기억의 조각들. 이것이 우리를 이끄는 나침반이며, 우리 삶을 구성하는 공간이다.

제임스는 인간이 단지 생각하는 존재가 아니라, 경험하고 선택하며 방향을 정하는 존재라고 보았다. 그에게 있어 심리학은 정지된 마음의 해부가 아니라, 길 위에서의 움직임을 관찰하는 작업이었다.

그의 통찰은 '정신의 해부'가 아니라 '정신의 항해'를 위한 것이었다. 바다 위를 항해하는 선장이 바람의 방향과 파도의 높이를 감지하며 돛을 조절하듯, 인간은 마음속에서 끊임없이 감정과 충동, 주의와 기억 사이를 오가며 현재를 조율한다. 이때 사용되는 도구들이 바로 제임스가 말한 의식, 감정, 습관, 의지력, 믿음, 행동이다. 그는 이 모든 요소들이 서로 분리된 것이 아니라 하나의 시스템으로 작동하며, 이 시스템을 이해하고 활용하는 것이 삶의 방향을 바꾸는 핵심이라고 보았다.

이렇게 감정은 바깥에서 주어지는 것이 아니라, 안에서 구성되는 것이다. 우리는 특정 상황에 의해 감정을 느끼는 것이 아니라, 그 상황을 해석하는 방식에 따라 감정이 형성된다. 해석은 기억과 기대, 그리고 이전의 행동 경험에 의해 구성된다. 따라서 감정은 고정된 반응이 아니라, 조절 가능한 구성물이다. 슬픔도, 분노도, 기쁨도, 모두 우리의 해석과 주의에 따라 변화한다. 이는 감정이란 우리 내면 지도에서 기후나 날씨와 같은 역할을 한다는 의미다. 예측은 어렵지만, 준비는 가능하다.

그의 습관 이론은 지도에 그려지는 길과 같다. 매일 같은 길을 걸으면 흙이 다져지고, 이내 좁은 길이 생기고, 나중에는 무의식적으로 따라가는 경로가 된다. 처음에는 의식적인 선택이 필요하지만, 일정 시간이 지나면 선택의 영역은 자동 반응으로 전환된다. 습관은 이처럼 반복을 통해 우리 삶의 경로를 결정짓는다. 중요한 것은 이 경로가 꼭 좋은 목적지로 이어지는 것은 아니라는 점이다. 무심코 만든 습관이 낭떠러지로 이어질 수도 있다. 제임스는 이것을 경고했다. 의지를 통해 습관을 교정하고, 좋은 길을 새로 만들지 않는다면, 인간은 스스로 만든 길에 갇혀 길을 잃을 수 있다.

의지는 지도 위에 새로운 경로를 개척하는 도구다. 기존의 익숙한 길이 아닌 낯선 방향으로 첫 발을 내딛는 순간, 의지가 작동한다. 많은 사람들은 자신에게 의지가 부족하다고 말하지만, 제임스는 그것을 훈련 가능한 에너지로 보았다. 의지는 영감이 아니라, 근육이다. 반복할수록 강해지고, 사용할수록 선명해진다. 중요한 것은 의지의 방향이다. 무엇을 위해 힘을 쓰는가, 어디에 자신의 선택을 투입하는가에 따라 결과는 달라진다. 지도 위의 화살표가 틀리면, 아무리 빠르게 걸어도 엉뚱한 곳으로 도착하게 된다.

제임스는 믿음을 '자기 내부의 항해등'이라고 표현할 수도 있었을 것이다. 믿음은 눈앞의 현실이 아닌, 가능성을 향해 나아가게 만드는 동기다. 사람은 자신이 믿는 만큼 행동하고, 그 행동은 결과를 만든다. 믿음이란 단지 어떤 생각에 대한 확신이 아니라, 자기 존재에 대한 선언이기도 하다. 내가 할 수 있다고 믿는다면, 그 믿음은 스스로에 대한 방향을 설정하는 것과 같다. 이는 자존감이나 자신감과는 다르다. 믿음은 내 안에 가능한 어떤 존재가 있다는 전제를 품는다. 따라서 믿음을 갖는다는 것은 자기 잠재력을 가시화하는 행위다.

행동은 제임스 심리학의 마지막 열쇠다. 생각도, 감정도, 습관도, 믿음도 모두 행동을 통해 외화되고 구체화된다. 그는 행동이야말로 인간 정신의 진짜 표현이라고 보았다. 많은 사람들이 삶을 바꾸고 싶다고 말하면서도, 실제로 바뀌지 않는 이유는 '행동하지 않기 때문'이다. 머릿속에서 수천 번 다짐한 계획도, 손을 뻗지 않으면 아무것도 바뀌지 않는다. 작은 행동, 지금 당장 할 수 있는 구체적인 실천만이 내면의 지도를 그려나갈 수 있다. 제임스는 '먼저 행동하라'고 말하지 않았다. 그는 '행동함으로써 존재하라'고 말한 셈이다.

우리는 스스로에게 묻는다. 나는 누구인가. 제임스는 이 질문의 답을 '행동의 축적'에서 찾는다. 정체성은 생각이나 감정의 총합이 아니라, 행동의 패턴이다. 오늘 내가 내리는 선택, 반복하는 습관, 피하지 않고 맞서는 감정, 그것이 곧 나다.

내면의 지도는 마음속에 있지 않다. 그것은 행동의 궤적 위에 천천히 그려진다. 우리는 새로운 선택을 통해 길을 수정할 수 있고, 낯선 방향으로 움직이며 지도를 확장할 수 있다.

제임스는 우리에게 철학자가 되라고 요구하지 않았다. 그는 매일의 삶 속에서 심리학자처럼 관찰하고 실천하라고 말한다. 그의 심리학은 학문이 아니라 삶이었다. 그 삶은 우리가 오늘 무엇을 하고, 무엇을 반복하며, 어디를 향해 나아가는지를 통해 증명된다. 제임스가 우리에게 남긴 도구들은 머리로 배우는 지식이 아니라, 손으로 그려야 하는 실천의 기술이다. 그것은 누구의 지도가 아닌, 바로 나의 지도이며, 그려야 할 사람 역시 나 자신이다.

이렇게 나의 정체성은 결정된 것이 아니라 형성되는 것이다. 인간은 고정된 자아가 아니라, 흐름 속에서 만들어지는 존재이다. 윌리엄 제임스가 강조한 '의식의 흐름'처럼, 우리의 자아 또한 정적인 상태가 아닌 역동적인 과정 속에 존재한다.

윌리엄 제임스는 이런 일상의 반복을 매우 중요하게 여겼다. 그는 습관이란 두뇌의 길을 따라 나무가지처럼 굳어져 변화하기 어려운 것이라 보았고, 단 한 번의 극적인 변화보다는 일관된 반복이 정체성을 형성하고 강화한다고 보았다. 이는 뇌의 가소성(Neuroplasticity) 개념과도 연결되며, 반복된 행동이 뇌의 물리적 구조와 기능적 연결을 변화시킬 수 있음을 시사한다. 제임스의 습관론은 단순한 자기 통제를 넘어선 자아 형성의 깊은 원리를 담고 있다.

작은 실천은 왜 그렇게 중요한가? 그것은 바로 매일의 주도권을 누구에게 맡길 것인가를 결정하는 과정이기 때문이다. 오늘 하루를 어떻게 살아갈 것인지, 어떤 의도로 무언가를 시작할 것인지는 거창한 철학적 담론이 아니라, 아주 구체적인 선택으로 결정된다.

아침 커피를 마시기 전에 잠시 시간을 내어 책 한 페이지를 펼치는 것, 논쟁적인 대화를 시작하기 전에 먼저 한 번 숨을 고르고 감정을 진정시키는 것, 혹은 부정적인 감정이 올라오더라도 즉각적으로 반응하기보다 잠시 멈추고 관찰하는 것, 이러한 행위들은 사소해 보이지만 반복될 때 강력한 자기통제의 근거가 된다. 이런 통제는 단순한 자제력 그 이상이다. 그것은 "나는 어떤 사람이다"라는 견고한 확신을 구성하는 재료이며, 삶의 질서를 정돈하는 강력한 기제다.

행동을 통해 얻은 자율성과 주도성은 가장 깊은 수준에서 자존감을 키우며, 이 자존감은 다시 개인의 건강한 정체성의 중심이 된다. 이는 알베르트 반두라(Albert Bandura)의 자기 효능감 이론과도 긴밀하게 연결된다. 작은 성공 경험들이 쌓여 개인의 효능감을 증대시키고, 이는 다시 더 큰 도전을 가능하게 하는 선순환을 이룬다.

우리가 정체성을 혼동하게 되는 이유는 '결정된 나'라는 개념에 너무 익숙하기 때문이다. 우리는 종종 자신의 성격이나 능력이 마치 태어날 때부터 정해져 있고 변할 수 없는 것처럼 생각한다. 하지만 실제로는 어떤 정체성도 일회성으로 결정되거나 영원히 고정되지 않는다. 불안감에 시달리던 사람도 매일 안정적인 삶의 루틴을 꾸준히 실천하고 작은 성공 경험을 쌓아나가면 평온하고 침착한 사람으로 바뀔 수 있다. 마찬가지로 늘 일을 미루기만 하던 사람도 매일 일정한 시간에 특정 작업을 해내는 습관을 만들면 주변으로부터 성실하다는 긍정적인 평을 받게 되고,

스스로도 '나는 성실한 사람'이라는 정체성을 구축하게 된다. 인간은 내면의 타고난 성격이나 추상적인 신념만으로 살아가는 존재가 아니다. 행동은 그것들을 담아내고 표현하는 틀이며, 그 틀을 반복적으로 사용하는 것이 바로 정체성 형성의 핵심이다. 정체성이란 단순히 머릿속으로 선언하는 것이 아니라, 매일의 삶 속에서 행동으로 살아내는 것이다. 내가 매일 무엇을 반복하는가가 곧 내가 누구인지를 증명하는 가장 확실한 방법이 된다. 이는 행위가 존재를 규정한다는 실존주의 철학적 관점과도 연결된다.

과학적으로도 이러한 일상의 반복이 뇌의 구조적 변화를 이끈다는 사실은 명확히 밝혀지고 있다. 반복된 실천은 뇌 속의 신경망, 즉 시냅스 경로를 물리적으로 강화하고, 특정 행동을 수행하는 것을 더 쉽고 효율적으로 만들며, 나아가 그러한 행동에 대한 저항감 없이 자연스럽게 이뤄지도록 돕는다.

신경가소성(Neuroplasticity)이라는 개념은 뇌가 끊임없이 바뀌는 유기적이고 역동적인 시스템이라는 사실을 명확히 보여준다. '나는 원래 이런 사람이야'라는 말은 뇌과학적으로 그다지 견고한 근거를 가지지 못한다. 인간은 원래 고정된 성향보다, 반복된 행동과 경험에 의해 새롭게 만들어지고 강화된 성향을 더 자주 보여준다. 뇌는 우리가 가장 자주 쓰는 경로를 '디폴트 값'으로 설정하고 강화하며, 그것이 점차 고착화되어 마치 타고난 성격처럼 느껴지게 만든다. 따라서 정체성을 긍정적인 방향으로 바꾸고자 할 때는 추상적인 생각을 바꾸려 하기보다는, 구체적인 행동 경로를 먼저 바꿔야 한다. 하루의 작고 구체적인 실천이 반복되면, 뇌는 그것이 자신에게 가장 익숙하고 효율적인 방식이라 판단하고, 점점 더 자연스럽게 적응해 간다. 이러한 과정은 새로운 자아 개념의 물리적 기반을 형성한다.

하루의 작은 실천은 감정에도 지대한 영향을 준다. 정체성은 단순히 행동의 누적일 뿐 아니라, 감정의 누적이기도 하다. 어떤 사람이 '나는 늘 실패할 거야'라고 깊이 느끼고 있을 때, 그 기저에는 단순한 일회성 패배감을 넘어 반복된 좌절 경험과 그로 인한 부정적인 감정 패턴이 깔려 있다. 이때, 그를 근본적으로 변화시키는 것은 "넌 잘할 수 있어"라는 막연한 위로의 말이 아니라, 단 하나의 구체적이고 작은 성공 경험이다. 아주 사소한 것이어도, 성공적으로 완수한 행동 하나는 뇌의 신경 회로 전체에 다른 가능성과 새로운 연결점을 제시하고, 이 가능성은 이전에 겪지 못했던 긍정적인 감정의 발화를 가능케 한다. 내가 아침에 일찍 일어나기로 한 결심을 지키고, 그것을 하루 이틀 반복할 때 생기는 조용하지만 확고한 만족감은 단순한 기분이 아니라 정체성의 재정립으로 이어진다. 그 순간 사람은 "나는 게으르지 않은 사람일 수도 있다"는 새로운 감각을 얻게 되며, 그것이 새로운 믿음의 출발점이 된다. 이는 정서적 스캐폴딩(Emotional Scaffolding)과 유사하게, 작은 긍정적 경험이 더 큰 긍정적 감정과 행동을 위한 기반을 제공하는 과정이다.

문제는 이런 작은 실천이 너무도 하찮아 보여 종종 그 중요성이 무시된다는 것이다. 우리는 대개 거창한 계획과 장대한 목표에 몰두하지만, 실제로 우리의 삶을 근본적으로 바꾸는 것은 그런 원대한 비전이 아니라 오늘 당장 무엇을 반복하느냐이다. 계획은 정체성을 상징하고 미래의 이상적인 나를 제시하지만, 실제적인 실천은 정체성을 구성하고 현재의 나를 만들어간다. 정체성은 미래의 목표가 아니라 현재 행동의 결과이다. 스스로를 새로운 존재로 바꾸고 싶다면, 새로운 계획을 세우는 것만큼이나 새로운 반복을 시작하는 것이 중요하다. 중요한 것은 그 실천이 얼마나 대단하고 화려하냐가 아니라, 그것이 얼마나 꾸준하고 일관되게 반복되느냐이다. 하루의 작은 실천은 새로운 뇌 회로를 만들고, 새로운 감정을 불러오며, 새로운 판단과 언어를 통해 전혀 다른 사람이 되게 만든다. 변화는 혁명처럼 갑자기 오지 않는다. 그것은 하루의 사소함이 밀물처럼 꾸준히 밀려오고, 결국 우리 안에 새로운 삶의 지형을 만들고 새로운 섬을 만드는 방식으로 다가온다. 이는 '티핑 포인트(Tipping Point)'와 같이, 작은 변화들이 임계점을 넘어 큰 변화를 만들어내는 과정을 설명한다.

이 책을 통해 우리는 윌리엄 제임스의 심오하면서도 실천적인 통찰들을 탐험했다. 의식의 흐름, 감정의 역동성, 다면적인 자아, 자유의지의 선택, 습관의 형성, 의지력의 훈련, 믿음의 현실 구성력, 그리고 이 모든 것을 통합하는 행동의 힘까지. 이 모든 요소들은 단순히 인간 정신의 작동 방식을 설명하는 이론이 아니다. 그것은 우리 각자가 자신의 삶을 주체적으로 형성하고, 진정한 자아를 발견하며, 끊임없이 성장해나갈 수 있는 강력한 안내서이자 도구였다. 제임스의 사상은 우리가 정체성을 고정된 운명이 아닌, 매일의 선택과 실천을 통해 새롭게 직조해나가는 과정으로 이해하도록 이끌었다.

인간 존재의 가장 큰 모험은 자기 자신을 발견하는 것이 아니라, 자기 자신을 창조하는 과정에 있다. 이 여정은 끝이 없는 탐험이며, 예측 불가능한 순간들로 가득하다. 때로는 실패하고 좌절하며 길을 잃을 수도 있지만, 바로 그 순간들이 진정한 자아를 빚어내는 중요한 터닝 포인트가 된다. 제임스는 이 과정을 통해 얻어지는 실용적 진리, 즉 삶을 변화시키는 힘을 강조했다. 그의 메시지는 우리에게 과거의 제약이나 타인의 기대에 갇히지 말고, 매일의 작은 실천을 통해 자신의 존재를 새롭게 정의하고 확장하라는 용기를 불어넣는다.

삶의 의미는 거창한 목적지에서 오는 것이 아니라, 이 순간의 호흡과 행동 속에서 살아 숨 쉰다.

윌리엄 제임스의 지혜는 우리에게 이 사실을 일깨워주며, 우리의 삶을 더욱 생생하고 충만하게 만드는 비밀이 바로 우리 자신의 손 안에 있음을 알려준다. 이 책이 독자들에게 단순한 정보 제공을 넘어, 자신의 삶이라는 미지의 지도를 스스로 그려나갈 수 있는 강력한 영감과 도전을 선사했기를 희망한다.

독자들은 이제 제임스의 도구를 가지고 자신만의 여정을 시작할 수 있는 준비가 되었다. 그 여정은 당신의 삶을 더욱 깊고 의미 있게 만들 것이다. 이 책의 마지막 문장이 당신의 삶에 새로운 시작을 알리는 종소리가 되기를 진심으로 바란다.

11장

"믿음은 현실을 만든다"

믿음과 자기효능감의 심리학

믿음은 행동을 만들고, 행동은 현실을 만든다

사람이 어떤 행동을 하게 되는 데에는 다양한 원인이 작용하지만, 그 중 가장 강력한 동력은 스스로에 대한 내면의 확신, 즉 자기효능감이다. 이것은 단순히 긍정적인 생각이나 막연한 낙관이 아니라, 구체적인 행동을 견인하고 목표 달성을 가능하게 하는 실질적인 힘이다. 사람들은 종종 외부 환경이나 조건이 변화하면 자신의 행동이 달라질 것이라고 믿지만, 실제로는 내면의 믿음과 신념이 먼저 변화해야만 그에 상응하는 행동이 가능해진다. 깊은 확신 없이 억지로 시작하는 행동은 일시적이고 지속되기 어렵다. 반대로, 어떤 믿음이 개인의 내면에 확고하게 뿌리내린 상태에서는 외부 환경이 아무리 불리하거나 도전적일지라도, 그 믿음에 기반 한 행동은 끈기와 일관성을 유지하며 꾸준히 지속될 수 있다.

윌리엄 제임스는 인간의 믿음이 현실을 단순히 인지하는 것을 넘어, 현실 자체를 구성하고 형성하는 강력한 요소라고 보았다. 이는 긍정적 사고의 중요성을 넘어, 인간의 주관적인 확신이 실제 삶의 형태와 경로에 깊숙이 개입하며 영향을 미친다는 심오한 의미이다.

믿음은 특정한 행동을 촉발시키고, 그 행동이 반복될 때 비로소 구체적인 현실이 만들어진다. 이러한 관계는 단순한 일방적인 인과관계가 아니라, 복잡하고 역동적인 상호작용적 구조를 형성한다. 즉, 믿음은 그에 따른 행동을 통해 더욱 강화되고 견고해지며, 그 행동의 결과로 나타나는 현실은 다시 처음의 믿음에 긍정적 또는 부정적인 피드백을 제공함으로써 다음 행동의 방향과 강도를 조절한다. 이 순환적인 고리는 우리의 눈에는 직접적으로 보이지 않지만, 일상 속 무수한 작은 선택과 그 결과들 속에서 끊임없이 작동하고 있다. 이는 자신이 다른 사람들 앞에서 발표를 능숙하게 잘 해낼 수 있다고 믿는 사람은 실제로 발표 자리에 섰을 때 훨씬 더 편안하고 자신감 있는 태도로 임하게 된다. 이러한 자신감 있는 행동은 청중으로부터 긍정적인 반응과 평가를 이끌어낼 가능성을 높이고, 이 긍정적인 외부 피드백은 다시 개인의 내면에 자신감으로 환원된다. 그리하여 처음의 믿음은 현실 속에서 실제로 증명되고 더욱 강력해지며, 이는 미래의 유사한 상황에서 더욱 자신감 있는 행동을 위한 견고한 발판이 된다. 이처럼 믿음은 단순한 심리적 상태를 넘어, 행동의 근본적인 토대이자 구체적인 현실을 형성하는 중요한 시발점이다. 이렇게 자기실현적 예언과도 맥을 같이하는데, 개인이 어떤 결과를 믿으면 그 믿음이 자신의 행동을 유도하여 결국 그 믿음대로의 결과를 만들어내는 현상이다. 우리는 우리가 믿는 대로 행동하고, 행동하는 대로 경험하며, 경험하는 대로 우리의 현실을 구축해 나가는 것이다.

윌리엄 제임스는 신념의 심리적 구조와 그 기능에 깊이 주목했다. 그는 인간이 종종 불완전하거나 제한된 정보를 가지고도 중요한 결정을 내리는 존재임을 강조했다. 때로는 명확한 증거나 충분한 논리적 근거가 부족한 상황에서조차, 인간은 특정 믿음을 바탕으로 미래를 설계하고 나아가는 용기와 추진력을 얻는다고 보았다. 그의 이른바 실용주의적 진실관에 따르면, 어떤 믿음이 현실 세계에서 실질적이고 긍정적인 결과를 낳고 삶에 유용한 기능을 한다면, 그 믿음은 실용적인 관점에서 '참'이라고 볼 수 있다. 제임스는 사람들이 자신의 삶을 능동적으로 살아가고 의미를 찾아내는 데 있어, 객관적이고 절대적인 진실을 추구하는 것보다, 실제로 삶에 긍정적인 영향을 미치고 실천 가능한 신념을 가지는 것이 훨씬 더 중요하고 본질적이라고 역설했다. 이러한 관점은 인간이 단순히 주어진 현실을 수동적으로 해석하는 주체가 아니라, 자신의 믿음과 의지를 통해 현실을 적극적으로 창조하고 변화시키는 능동적인 주체로서 기능한다는 심오한 사유로 이어진다. 따라서 믿음은 단지 개인의 마음속에 존재하는 추상적인 관념이 아니라, 개인의 의식과 무의식, 행동과 환경 사이에서 복합적으로 작용하며 삶 전체를 구성하고 이끌어가는 구조의 필수적인 일부이다. 이는 믿음이 단순한 사고방식을 넘어, 존재론적 차원에서 개인의 삶을 규정하는 힘을 지닌다는 제임스의 깊은 통찰이다.

믿음이 행동을 유도하고 성과에 지대한 영향을 미친다는 사실은 현대 심리학 분야에서도 다양한 이론과 연구를 통해 일관되게 입증되고 있다. 특히 캐나다의 저명한 심리학자 앨버트 반두라가 정립한 자기효능감 이론은 개인의 성취 수준, 어려움을 극복하는 회복 탄력성, 그리고 목표를 향한 끈기 있는 지속성과 매우 밀접한 관련이 있음을 명확히 보여준다. 자기효능감이 높은 사람은 주어진 과제의 난이도나 외부적인 어려움에 초점을 맞추기보다는, 자신의 능력과 잠재력에 대한 확신에 더 집중하는 경향을 보인다. 이러한 내면의 확신 덕분에 그들은 새로운 도전을 두려워하지 않고 적극적으로 뛰어들며, 설령 일시적인 실패나 좌절에 직면하더라도 쉽게 포기하지 않고 다시 일어서는 강한 회복력을 발휘한다.

반두라는 자기효능감이 형성되고 강화되는 네 가지 주요 근원을 제시했다. 첫째는 개인의 직접적인 성공 경험이다. 과거에 어떤 과제를 성공적으로 수행했던 경험은 미래에도 유사한 상황에서 잘 해낼 수 있다는 강력한 믿음을 심어주는 가장 효과적인 방법이다. 이러한 경험은 내적인 역량감을 형성하고, 이는 다시 새로운 도전으로 이어지는 선순환을 만든다. 둘째는 대리 경험이다. 타인이 어떤 목표를 성공적으로 달성하는 과정을 관찰하는 것만으로도 '나도 저렇게 할 수 있겠다'는 간접적인 효능감을 얻을 수 있다. 특히 자신과 유사한 배경이나 능력을 가진 사람의 성공은 더욱 강력한 대리 경험이 된다. 셋째는 언어적 설득이다. 주변 사람들의 격려나 긍정적인 피드백을 통해 자신의 능력에 대한 믿음을 강화할 수 있다. 코치, 멘토, 부모 등의 건설적인 조언과 지지는 자기효능감을 높이는 데 기여한다. 마지막 넷째는 정서적/생리적 상태이다. 긍정적인 기분이나 낮은 스트레스 수준, 신체적인 활력 등은 개인이 자신의 능력을 더 긍정적으로 평가하게 만들어 자기효능감을 높이는 데 기여한다. 반대로 불안, 피로, 부정적인 감정은 효능감을 저해할 수 있다. 이 네 가지 근원 중 반두라는 특히 첫 번째, 즉 스스로의 직접적인 성공 경험이 자기효능감을 형성하는 데 가장 강력하고 지속적인 영향을 미친다고 강조했다. 결국 믿음은 추상적인 개념으로 머무는 것이 아니라, 구체적인 경험을 통해 실체화되고, 그 경험을 통해 얻은 성취감이 행동으로 실증되면서 더욱 공고해지는 것이다.

사람들은 가끔 이런 말을 한다. "믿으면 이루어진다."하지만 말의 뒷면을 보자. 믿기만 하면 되는 걸까? 말만 하고, 움직이지 않으면? 결국 아무 일도 일어나지 않는다. 믿음이란, 불씨와 같다. 작고 희미하지만 분명히 타오른다. 문제는 그 불씨를 키울 장작이 있어야 한다는 것이다. 그 장작이 바로 행동이다.

처음엔 누구나 조심스럽다. 뭔가를 믿는다는 건 모험이고, 때로는 바보 같아 보일 수도 있기 때문이다. '나도 할 수 있다'는 생각조차 누군가에겐 지나치게 낙관적인 환상처럼 들릴 수도 있다. 하지만 희미한 믿음은 행동을 통해 확장된다. 하루에 딱 한 걸음. 아주 작은 행동이 하나의 리듬이 되고, 그 리듬은 다시 자신감을 만든다. 마치 손에 쥔 성냥 하나가 캠프파이어 전체를 밝히듯, 믿음과 행동은 함께 불붙는다.

영화 속 한 장면처럼 상상해보자. 한 무명의 주인공이 있다. 아무도 그의 가능성을 믿지 않는다. 스스로도 의심이 가득하다. 하지만 어느 날, 그는 그저 운동화를 신고 밖으로 나간다. 딱 10분 걷는다. 다음 날, 또 걷는다. 일주일, 한 달이 지나자 그는 달리기 시작한다. 마을에서 소문이 난다. "요즘 저 사람, 달려요." 사람들이 말하기 시작하자 그는 더 달린다. 그리고 마침내, 마라톤을 완주한다.

여기서 무엇이 현실을 바꿨는가? "내가 마라톤을 완주할 수 있다"고 굳게 믿었던 확신이 있었기 때문일까?아니다. 그는 처음엔 그냥 '해볼까?'였다. 그러나 그 희미한 생각을 행동으로 옮겼고, 행동이 결과를 낳았다.그리고 결과가 다시 믿음을 키웠다.이것이 바로 믿음과 현실이 맞닿는 순환의 고리다.

사회적으로도 이 구조는 반복된다. 교사가 한 아이에게 기대를 걸기 시작한다. “너라면 해낼 수 있어.” 그 아이는 처음엔 갸웃거린다. 하지만 그 기대에 부응하기 위해 조금 더 노력한다. 점점 자신이 그런 사람인 것 같아진다. 실제로 해내고, 이제는 그 자신이 다른 누군가에게 “너도 할 수 있어”라고 말한다. 이것이 피그말리온 효과다. 기대는 믿음이고, 믿음은 행동을 이끈다. 행동은 또 다른 현실을 만든다.

반대로, 아무도 나를 믿지 않는다고 생각해보자. “넌 못 해”라는 말은 한 번 듣는 것으로 끝나지 않는다. 마음속에 자리 잡고, 행동을 주저하게 만들고, 결국 실패를 반복하게 한다. 이것이 골렘 효과다. 즉, 남의 믿음도 현실을 만든다.

그래서 중요한 건, 믿음을 현실로 전환하는 데 필요한 촉매를 의식적으로 설계해야 한다는 것이다.첫 번째는 목표다. 그냥 ‘잘 살아야지’가 아니라, ‘이번 주엔 10페이지 책을 읽는다’처럼 구체적이어야 한다. 목표는 손에 잡히는 지점이어야 행동이 따라온다.

두 번째는 환경이다. 자신을 믿게 해주는 사람들이 있는가? 응원하는 친구, 지지해주는 가족, 혹은 스스로에게 동기를 주는 메모 한 장. 그 모두가 환경의 일부다. 믿음을 유지하기 위해선, 그런 자잘하지만 강력한 구조들이 필요하다.

윌리엄 제임스는 “믿음을 행동으로 증명하라”고 말했다. 그 말은 단순한 정신론이 아니다. ‘믿음은 내부에만 머무르면 사라진다’ 는 실천의 철학이다.

우리는 종종 모든 것이 준비되면 시작하려 한다. "자신감이 생기면 도전하겠어." 그러나 현실은 반대다. 도전했기 때문에 자신감이 생긴다.믿음도 마찬가지다. 행동했기 때문에 믿음이 단단해진다.

결국, 믿음은 마음속에서 시작되지만, 현실은 두 발로 뛰며 만들어야 한다. 작은 실천 하나가 당신의 새로운 믿음을 낳고, 그 믿음이 또 다른 현실을 열어줄 것이다.

그러니 오늘, 아주 작게라도 움직여라. 그것이 바로 당신 삶을 바꾸는 믿음의 시작점이다.

믿음은 행동을 만들고, 행동은 현실을 만든다

인간은 스스로의 사고를 통해 세계를 해석하고 살아간다고 믿는다. 생각은 모든 행동의 출발점이고, 사고의 방식이 곧 삶의 방향을 결정한다는 말은 널리 받아들여진 명제이다. 그러나 실제 삶에서 결정적인 힘을 발휘하는 것은 단순한 생각이 아니다. 생각은 끊임없이 흐르고 사라지지만, 확신은 정서적인 뿌리를 가진 채 지속되고 축적된다. 우리는 매 순간 무수한 생각을 하지만, 그 가운데 극히 일부만이 구체적인 행동을 이끌고 현실을 변화시킨다. 그 차이를 만들어내는 핵심이 바로 확신이다. 어떤 것을 확신하는 순간, 그것은 단순한 생각의 영역을 넘어 존재와 현실에 대한 새로운 전제를 설정한다. 따라서 삶을 바꾸는 힘은 논리적인 설득이나 피상적인 인식이 아니라, 깊은 차원에서 내면화된 확신의 견고한 구조이다.

확신은 단순한 생각과 근본적으로 다르다. 생각은 쉽게 흔들리고, 외부 정보와 비교되며, 논리적인 반박에 취약하다. 반면, 확신은 그것을 지지하는 강력한 감정적 기반과 반복된 경험을 통해 내면에 깊이 뿌리내린다. 이렇게 어떤 사람이 "나는 무대에서 말을 잘할 수 있다"고 피상적으로 생각하는 것과, "나는 사람들 앞에서도 당당하고 자신감 있게 말할 수 있는 사람이다"라고 깊이 믿는 것은 전혀 다른 차원의 문제이다. 전자의 생각은 상황이나 외부의 작은 비판에 따라 쉽게 흔들릴 수 있지만, 후자의 확신은 스스로를 규정짓는 내면의 흔들리지 않는 기준이 된다. 확신은 단순히 무엇을 인지하고 있는지를 넘어, 무엇을 진정으로 믿고 있는지에 관한 문제이며, 그것은 이성적 논리보다 훨씬 더 깊은 정서적 지형에서 작동한다. 확신은 인지적 차원을 넘어 행동의 실행 가능성과 연결되는 심리적 에너지이다.

현실은 단순히 객관적인 사실만으로 구성되지 않는다. 우리가 무엇을 현실로 받아들이는가는 우리의 지각 방식, 경험을 통해 형성된 감정, 그리고 내면에 구축된 확신의 구조에 달려 있다. 두 사람이 같은 객관적인 상황에 처했을 때 전혀 다른 행동 반응을 보이거나 상이한 결과를 경험하게 되는 것은 그들이 각자 인식하는 '현실'이 다르기 때문이다. 이러한 현실 인식의 차이는 외부에서 주어진 물리적 조건 때문이 아니라, 개인의 내부에서 주관적으로 구성된 현실 인식의 차이 때문이다. 예를 들어, 어떤 사람은 실패를 새로운 도전과 성장의 귀중한 기회로 해석하고 이를 통해 더 나아가지만, 다른 사람은 동일한 실패를 자신의 무능함을 증명하는 결정적인 증거로 해석하고 좌절한다. 이러한 해석의 차이는 경험 자체의 본질이 아니라, 그 경험을 받아들이고 의미를 부여하는 내면의 틀에서 비롯되며, 그 틀은 다름 아닌 개인의 확신이다. 우리는 세상을 있는 그대로 객관적으로 보는 것이 아니라, 자신이 확신하는 방식대로 필터링하고 해석하며 받아들이는 것이다. 이러한 확신은 현실을 지각하는 렌즈와 같아, 같은 풍경도 다르게 보이게 만든다.

확신은 단순히 한순간의 깨달음으로 형성되는 것이 아니며, 반복된 경험과 강렬한 감정적 각인을 통해 점진적으로 만들어진다. 어떤 특정 확신은 어린 시절 부모님의 지속적인 칭찬이나 꾸준한 격려에서 기인할 수 있고, 때로는 반복된 실패의 경험이나 단 한 번의 극적인 성공 또는 좌절의 사건에서 비롯될 수 있다. 이러한 확신은 단순한 논리적 설득이나 체계적인 교육만으로는 쉽게 바뀌지 않는다. 오히려 삶의 깊은 무의식적 영역에서 우리의 선택, 판단, 그리고 반응을 좌우하는 근본적인 힘으로 작용한다. 누군가가 "나는 원래 그런 사람이야"라고 말할 때, 그 말은 단순한 자기 진술을 넘어, 그 사람의 정체성과 세계를 인식하는 방식에 대한 근본적인 토대를 드러내는 것이다. 그리고 그 토대는 삶의 구조 전체를 지배하며, 개인이 마주하는 현실의 범위를 한정하거나 확장한다. 자기 자신과 세계에 대한 뿌리 깊은 확신이 변화하기 전에는 어떤 외부적인 변화 시도도 지속되기 어렵거나 의미 있는 결과를 가져오기 힘들다.

확신은 개인의 내면을 넘어 집단적인 차원에서도 강력하게 작용한다. 특정 문화, 사회적 규범, 종교적 신념 체계 등은 구성원들에게 특정한 세계관을 확신하게 만들며, 이러한 집단적 확신은 개인이 공유하고 경험하는 '현실' 자체를 강력하게 규정한다. 우리가 도달할 수 있다고 믿는 가능성의 범위, 실패를 받아들이는 태도, 타인을 해석하고 상호작용하는 방식은 모두 이러한 집단적 확신의 체계 안에서 작동한다. 때문에 확신은 단지 개인 심리의 문제가 아니라, 사회 구성원들이 함께 만들어 가고 공유하는 현실을 구성하는 강력한 사회적 에너지다. 명확하고 강한 신념 체계를 가진 집단은 뚜렷한 방향성과 강력한 행동력을 바탕으로 목표를 향해 나아간다. 반면, 확신이 분산되거나 공동의 목표에 대한 믿음이 무력화된 공동체는 판단이 흐려지고 중요한 결정을 내리지 못하며, 결국 정체되거나 쇠퇴하는 경향을 보인다. 이러한 원리는 개인에게도 동일하게 적용된다. 확신은 개인에게 명확한 방향성을 부여하고, 그 방향성은 곧 구체적인 행동으로 이어지는 것이다. 집단적 확신은 사회적 결속력을 강화하고, 공동의 목표를 향한 추진력을 제공하는 보이지 않는 기반이 된다.

이러한 점들을 종합해 볼 때, 진정한 변화는 단순히 사고의 전환을 넘어 확신의 근본적인 재구성에서 시작된다. 사람들은 흔히 새로운 지식이나 긍정적인 생각을 받아들이면 삶이 저절로 바뀔 것이라고 기대한다. 그러나 정작 삶을 의미 있게 변화시키는 데 필요한 것은 그 새로운 생각을 단단한 확신으로 전환시키는 깊은 정서적 경험과 지속적인 실천이다. 예를 들어, 입으로는 "나는 더 나은 사람이 될 수 있다"고 말하고 생각하면서도, 실제로는 "나는 어차피 실패할 수밖에 없는 사람이다"라는 오래되고 뿌리 깊은 확신이 무의식적으로 행동을 멈추게 만들거나 좌절하게 만든다. 따라서 변화는 표면적인 생각의 수정이나 합리적인 논리만으로는 일어나지 않는다. 변화는 내가 세상을 어떻게 지각하고 해석하는가, 그리고 나 자신을 어떤 존재로 깊이 확신하는가라는 근본적인 차원에서 일어나야 한다. 이는 단순히 지식의 습득이 아니라, 내면의 존재론적 변화와 연결된다.

윌리엄 제임스는 "믿음은 그것이 실천될 때 현실을 만든다"고 명확히 말한 바 있다. 그는 단순히 무언가를 믿는다고 말하거나 생각하는 것에 그치지 않고, 그 믿음이 구체적인 행동으로 옮겨지고 실제적인 결과를 낳을 때, 비로소 그 믿음이 현실 속에서 실체화된다고 보았다. 그의 실용주의 철학은 이러한 믿음의 결과주의에 강력하게 기반한다. 즉, 어떤 믿음이 실질적인 효과를 내고 삶에 긍정적인 영향을 미칠 때 그 믿음은 비로소 '진짜'가 되며, 그러한 믿음이 지속적으로 실현될 때 현실이 변화한다는 것이다. 이는 오늘날 앨버트 반두라의 자기효능감 이론과도 깊이 통한다. 자기효능감이란 어떤 특정 과제를 성공적으로 해낼 수 있다는 내면의 강력한 확신이며, 이 확신은 실제 행동의 시작과 지속, 그리고 결과의 성공 여부에 결정적인 영향을 미친다. 그러므로 확신은 단지 개인의 내면적 느낌이나 주관적인 감정에 머무는 것이 아니라, 외부 세계를 실제로 구성하고 변화시키는 심리적 건축물과 같다. 확신은 개인의 잠재력을 현실로 끌어내는 강력한 도구이다.

확신은 고정된 것이 아니며, 개인이 삶을 살아가는 방식과 경험에 따라 끊임없이 갱신되고 변화될 수 있는 역동적인 특성을 지닌다. 새로운 경험을 마주하고, 강렬한 감정적 전환을 겪으며, 작은 성공 경험들을 반복하고, 타인으로부터 진심 어린 지지와 격려를 받는 것 등은 오래된 부정적인 확신을 흔들고 새로운 긍정적인 믿음을 형성하는 강력한 촉매제가 된다. 중요한 것은 이 과정이 단순히 이성적인 사고의 결과로만 이루어지는 것이 아니라, 삶의 깊은 경험과 강렬한 감정적 연결을 통해 비선형적으로 이뤄진다는 점이다. 그러므로 진정한 변화는 사고방식의 변화를 넘어, 개인의 삶을 구성하는 경험의 구조를 근본적으로 바꿔야 가능하다. 작은 성공 경험을 의도적으로 축적하고, 꾸준한 반복을 통한 새로운 도전을 시도하며, 감정적인 상태를 긍정적으로 전환하려는 노력이 새로운 확신을 만들어내고, 그 새로운 확신은 이전과는 전혀 다른 차원의 현실을 개인에게 제공한다. 결국 우리가 살고 있는 현실은 객관적인 사실 그 자체가 아니라, 우리가 세상을 바라보고 해석하며 확신하는 방식대로 구축된 주관적인 세계인 것이다.

따라서 확신은 삶을 지탱하고 방향을 결정하는 가장 깊은 구조이다. 생각은 그 구조 위를 흐르는 파도와 같지만, 삶의 근본적인 방향을 결정하지는 못한다. 삶을 진정으로 변화시키고 싶다면, 단순히 사고방식을 바꾸는 것보다 먼저 내면에 뿌리내린 확신의 토대를 다시 설계해야 한다. 그리고 그 토대는 이성과 논리만으로는 온전히 만들어지지 않으며, 삶의 구체적인 경험과 강렬한 감정적 연결, 그리고 꾸준한 반복을 통해 견고하게 구축된다. 우리는 흔히 생각을 바꾸려 노력하지만, 정작 세상을 바꾸는 궁극적인 힘은 내면의 확신에서 나온다. 생각은 수많은 가능성 중 하나일 뿐이다. 그러나 확신은 강력한 동기를 부여하고 구체적인 행동을 이끌며, 그 행동은 결국 원하는 현실을 형성한다. 생각은 물처럼 흘러가고 사라지지만, 확신은 바위처럼 남는다. 그리고 그 확신이 궁극적으로 우리의 삶 전체를 지배하는 견고한 기반이 되는 것이다.

믿음은 행동을 만들고, 행동은 현실을 만든다

우리는 흔히 눈에 보이는 대로 믿는다고 생각하지만, 실은 우리가 믿는 대로 세상을 보며 살아간다. 인간의 지각은 객관적인 감각 기관을 통해 단순히 주어지는 정보의 총합이 아니다. 지각은 그 방대한 정보를 선택하고 해석하는 마음의 렌즈를 통과한 결과이다. 그리고 이 렌즈의 특성과 방향을 결정하는 가장 중요한 요소가 바로 믿음이다. 우리가 세상을 어떻게 보느냐는, 우리가 무엇을 깊이 믿느냐에 따라 근본적으로 달라진다. 누군가는 세상에 무한한 가능성과 기회가 가득하다고 보는 반면, 또 다른 이는 동일한 세상에서 위험과 불확실성, 그리고 제약만을 발견한다. 이러한 시각의 차이는 외부 정보의 양이나 질에서 기인하는 것이 아니라, 그 정보를 해석하는 방식의 차이에서 비롯되며, 그 해석의 방식은 우리가 가진 신념과 확신에 따라 달라진다. 다시 말해, 우리의 현실은 눈으로 직접 경험하기 전에 이미 내면의 믿음으로 구성되는 것이다.

심리학자들은 이러한 현상을 지각의 선택성이라고 부른다. 인간의 뇌는 우리가 접하는 방대한 양의 감각 정보를 전부 인식하지 못한다. 우리는 끊임없이 외부 세계를 보고 듣고 느끼고 있지만, 실제로는 의식적으로 선택적인 정보만을 인지한다. 우리 뇌는 이미 중요하다고 간주했거나 기존의 믿음에 부합한다고 판단한 정보만을 걸러서 의식의 영역으로 끌어올린다. 그리고 그 정보 선택의 기준은 우리가 이미 내면에 깊이 믿고 있는 바에 따라 설정된다. 이는 부정적인 세계관이나 비관적인 시각을 가진 사람은 타인의 사소한 실수나 부정적인 측면을 확대하여 해석하는 경향이 있는 반면, 긍정적인 관점과 낙관적인 믿음을 가진 사람은 같은 장면이나 상황에서도 가능성과 희망, 긍정적인 요소를 먼저 읽어낸다. 이는 단순히 개인의 성향 차이를 넘어, 내면에 자리 잡은 믿음의 구조에 따라 현실이 주관적으로 '구성'되는 방식이다. 뇌는 마치 필터처럼 작동하여 우리가 믿는 바에 따라 정보를 거르고 재배열한다.

자기 충족적 예언이라는 개념은 이러한 지각과 믿음의 상호작용이 현실을 만들어가는 과정을 더욱 극적으로 보여준다. 어떤 학생이 어린 시절부터 "나는 수학을 정말 못해"라는 부정적인 믿음을 강하게 갖고 있다면, 그는 수학 시험을 볼 때마다 과도하게 긴장하고 불안감을 느끼게 된다. 이러한 심리적 긴장은 집중력을 저해하고 쉬운 문제에서도 실수를 유발하며, 결국 낮은 점수를 받게 만든다. 그리고 이 낮은 점수라는 결과는 다시 그의 초기 믿음을 더욱 강화시킨다. 그는 스스로에게 "봐, 내 생각대로 나는 역시 수학을 못하는 것이었어"라고 말하며 자신의 믿음을 더욱 공고히 한다. 이러한 순환적 고리는 사실상 믿음이 현실을 능동적으로 만들어가는 역학을 극명하게 보여준다. 그가 수학을 못하게 된 것은 처음부터 그의 능력이 부족했기 때문이 아니라, 그가 스스로를 수학을 못한다고 믿었기 때문에 그렇게 된 것이다. 이는 단순히 긍정적인 마음가짐의 문제를 넘어, 개인의 실제 행동과 그 행동이 초래하는 결과를 강력하게 좌우하는 믿음의 막대한 영향력을 보여주는 증거이다.

이러한 지각과 믿음의 메커니즘은 인간관계에서도 놀랍도록 동일하게 작동한다. 누군가를 처음 만났을 때, 상대방에 대해 '이 사람은 나를 싫어할 거야'라는 부정적인 믿음이나 선입견을 갖고 접근한다면, 우리는 상대방의 사소한 표정 변화나 무심한 말조차 부정적으로 해석하는 경향을 보인다. 그 결과 스스로 방어적이고 경직된 태도를 취하게 되고, 이는 결국 어색하고 불편한 관계를 형성하게 만든다. 반대로, '이 사람은 나에게 호의적일 거야'라는 긍정적인 믿음을 갖고 상대방에게 다가간다면, 우리는 같은 상대방의 반응도 훨씬 긍정적으로 받아들이고, 스스로 더욱 개방적이고 친근한 태도를 보이며 관계의 흐름을 좋게 이끌어갈 수 있다. 이 역시 관계의 본질이 처음부터 정해진 객관적인 사실이 아니라, 우리가 가진 믿음이 상대방의 행동을 해석하고 나의 반응을 결정하며, 그것이 다시 관계의 현실로 이어지는 복잡한 구조임을 보여준다. 우리의 믿음이 관계의 청사진이 되는 것이다.

현대 신경과학은 이러한 믿음이 현실을 구성하는 과정을 더욱 정교하게 설명한다. 우리의 뇌는 수동적으로 외부 감각 정보를 수용하는 기관이 아니라, 본질적으로 '예측 기계'로 작동한다. 뇌는 외부에서 들어오는 감각 정보를 단순히 받아들이지 않고, 이미 저장하고 있는 과거의 경험, 지식, 그리고 신념을 바탕으로 끊임없이 미래를 예측하고 현재의 정보와 비교한다. 만약 뇌의 예측과 실제 들어오는 감각 정보가 다르다면, 뇌는 예측을 수정하거나 새로운 정보를 학습한다. 그러나 반복된 예측이 실제와 맞아떨어질수록, 그 예측은 더욱 강력한 신념으로 뇌 속에 고착된다. 뇌는 우리가 기대하거나 믿는 것을 먼저 활성화시키며, 그 기대에 부합하는 정보를 다른 정보보다 훨씬 더 뚜렷하게 지각하고 우선적으로 처리하게 만든다. 이러한 신경 생물학적 메커니즘은 우리가 믿는 만큼 세상을 보게 되는 명확한 생물학적 근거를 제공한다. 즉, 믿음은 단순히 추상적인 개념이 아니라, 뇌의 신경 회로 자체를 형성하고 강화하며, 우리가 인지하는 현실의 질감을 결정하는 실체적인 힘인 것이다.

이러한 지각의 선택성과 뇌의 예측 구조는 우리가 경험하는 현실을 구성하는 데 있어서 매우 결정적인 역할을 한다. 현실이란 절대적인 객관적 진실이 아니라, 우리 각자에게 의미 있는 정보와 해석의 집합이다. 그리고 그 의미는 우리가 무엇을 중요하게 여기고, 어떤 방식으로 정보를 해석하느냐에 따라 끊임없이 변화한다. 같은 뉴스를 보고도 어떤 사람은 깊은 분노와 좌절감을 느끼고, 어떤 이는 무관심하게 넘어가며, 또 다른 사람은 그 속에서 새로운 희망이나 해결책을 발견한다. 이러한 반응의 차이는 단순히 개인의 감정적 기질 때문이 아니라, 그들의 내면에 자리 잡은 믿음의 구조, 세계관, 그리고 자기 자신에 대한 정체성에서 비롯된다. 이 모든 것은 개인의 삶을 통해 반복된 경험과 그 경험을 통해 내면화된 확신에서 형성되는 것이다. 우리가 보는 현실은 우리의 믿음이 투영된 거울과 같다.

윌리엄 제임스는 인간의 의식을 쉼 없이 흐르는 강물과 같다고 묘사했다. 우리는 단 한순간도 같은 의식 상태나 인식을 그대로 유지하지 않는다. 그러나 그 의식의 끊임없는 흐름 속에서 반복적으로 떠오르고, 스스로를 강화하며, 우리의 인식을 지배하는 강력한 요소들이 존재하는데, 그것이 바로 믿음이다. 제임스는 단순한 외부 자극에 대한 반응이 아니라, 개인이 그 경험을 어떻게 해석하고 의미를 부여하는지가 삶을 구성하는 핵심적인 요소라고 보았다. 그 해석의 중심에 바로 믿음이 자리한다. 제임스는 우리가 어떤 사실을 단순히 인지하거나 받아들이는 것을 넘어, 그 사실이 나에게 어떤 의미를 갖는지에 따라 개인의 실재(reality)가 구성된다고 보았다. 이는 현대 인지심리학의 구성주의적 관점과도 일치하는 견해이다. 우리가 무엇을 얼마나 많이 알고 있는지가 아니라, 그 지식과 정보를 어떻게 '의미 있게' 해석하고 내면화하느냐가 우리의 행동과 감정, 그리고 궁극적으로는 삶 전체의 방향과 질을 결정짓는 것이다.

이러한 관점에서 볼 때, 믿음은 단지 개인의 내면적 상태나 심리적 경향을 넘어, 우리의 행동과 그에 따른 결과, 나아가 세상과 맺는 관계를 근본적으로 결정짓는 '구조' 그 자체이다.

인간의 믿음은 우리가 세상을 어떻게 보고 지각할지를 결정하고, 그 지각 방식은 우리가 어떤 선택을 하고 어떤 방향으로 나아갈지를 결정하며, 그 선택과 행동은 다시 우리가 어떤 존재가 될지를 형성한다. 결국 인간은 '믿는 만큼 보이는 존재'이며 그 보이는 것들, 즉 경험된 현실은 다시 우리의 믿음을 강화하는 순환적인 고리 속에서 삶이라는 복합적인 구조를 끊임없이 구축해 나간다. 이는 자기 창조적인 과정이다.

믿음을 바꾸는 일은 결코 쉬운 일이 아니다. 단순히 머릿속으로 생각을 달리한다고 해서 오랫동안 뿌리내린 믿음이 쉽게 바뀌지는 않는다. 믿음은 수많은 경험, 강렬한 감정적 연결, 반복된 행위, 그리고 타인과의 관계 속에서 오랜 시간에 걸쳐 형성되고 견고해진다. 따라서 진정한 믿음의 변화를 위해서는 표면적인 사고의 변화가 아니라, 그 믿음이 구축된 심리적, 행동적, 관계적 구조 자체를 흔들고 재설계해야 한다. 새로운 경험을 의도적으로 추구하고, 기존의 관점에서 벗어나 세상을 새로운 시각으로 바라보며, 반복적인 긍정적 자극과 성공 경험을 통해 오래된 믿음을 조금씩 흔들고, 그 자리에 새로운 긍정적인 신념을 단단히 자리 잡게 해야 한다. 믿음을 바꾼다는 것은 곧 세상을 보는 눈을 근본적으로 바꾸는 것이며, 나를 둘러싼 현실의 지도를 새롭게 그리는 일이다. 우리는 현실을 바꾸고 싶다고 끊임없이 말하지만, 정작 우리가 바꿔야 할 것은 우리가 무엇을 믿고 있느냐이다. 그 믿음이 지금의 나를 만들었고, 내가 경험하는 세상 안에서 살아간다. 그렇기에 삶의 진정한 변화는 지식의 단순한 축적이 아니라, 내면의 깊은 곳에 자리한 믿음의 근본적인 전환에서 비롯된다. 그리고 그 새로운 믿음은 다시 새로운 행동을 만들고, 그 행동은 새로운 결과를 만들어냄으로써 우리가 원하는 현실을 능동적으로 바꾸어간다. 결국 우리는 자신이 믿는 만큼만 세상을 보고, 보이는 만큼의 삶을 살아가며, 살아가는 만큼의 경험과 존재가 다시 우리의 믿음을 구축한다. 우리는 모두 자신이 믿는 만큼의 현실 속에 살고 있는 존재인 것이다.

믿음은 행동을 만들고, 행동은 현실을 만든다

사람의 마음은 늘 미래를 향해 움직인다. 아직 일어나지 않은 일, 아직 마주치지 않은 상황을 머릿속에 그리고 상상하며 우리는 걱정하고 기대하며 때로는 불안해한다. 그때 느껴지는 감정의 뿌리는 실제로 벌어진 일이 아니라, 머릿속에서 그려진 가능성에 대한 믿음이다. 불안은 좋지 않은 일이 일어날 것이라는 믿음에서 생기고, 기대는 좋은 일이 일어날 것이라는 믿음에서 생긴다. 겉보기에는 두 감정이 정반대에 있는 듯하지만, 실상은 같은 구조 속에서 만들어진다. 미래는 아무도 알 수 없다. 그러나 우리는 그 알 수 없는 미래를 나름대로 해석하고, 그 해석을 진실처럼 믿으며 감정적으로 반응한다. 그 믿음의 방식에 따라 누군가는 하루를 걱정으로 시작하고, 또 다른 이는 설렘으로 시작한다.

두려움은 인간에게 가장 강력한 감정 중 하나이다. 그것은 단순히 외부에 존재하는 위험을 알리는 신호가 아니다. 두려움은 상상된 위협에 대한 뇌의 강력하고 즉각적인 반응이다. 우리 뇌는 실제로 위협이 존재하지 않아도, 그것이 '그럴 법하다'고 믿는 순간, 마치 생존 본능에 가까운 강력한 감정 반응을 일으킨다. 한 예로, 중요한 면접을 앞둔 사람은 아직 아무 일도 일어나지 않았지만, 면접에서 떨어질 것이라는 상상만으로 식은땀을 흘리고, 심박수가 급격히 올라가며, 그 자리에서 도망치고 싶은 강한 충동을 느낀다. 이러한 신체적, 심리적 반응은 현실이 아닌 머릿속에서 그려진 '가능성'에 의해 유발된다. 그리고 그 가능성을 마치 현실인 것처럼 생생하게 인식하게 만드는 것은 바로 믿음이다. 반대로, 같은 면접 상황을 앞두고도 자신이 면접을 잘 해낼 것이라고 굳게 믿는 사람은 동일한 외부 자극에 대해 완전히 다른 신체적, 심리적 반응을 보인다. 이러한 대조는 두려움과 기대 모두 같은 심리적 메커니즘에서 작동한다는 사실을 명확히 보여준다. 그 메커니즘의 핵심에는 감정을 매개하는 믿음이 자리 잡고 있다.

기대는 불확실한 미래 속에서도 긍정적인 가능성을 적극적으로 받아들이고 내면화하는 방식이다. 그것은 단순히 타고난 낙관적인 성향의 산물이 아니다. 오히려 기대는 개인이 그동안 축적해온 경험, 스스로에 대한 평가, 세상을 바라보는 세계관, 그리고 미래에 대한 깊은 신념이 복합적으로 종합된 결과이다. 기대를 품는다는 것은 곧 '나는 그럴 자격이 있다'거나 '세상은 나에게 기회를 줄 것이다'와 같은 긍정적인 믿음을 내면에 품는다는 것을 의미한다. 그래서 기대 또한 단순한 감정을 넘어선 강력한 신념의 표현이다. 뇌는 그러한 긍정적인 기대에 맞춰 행동의 방향을 조정하고, 필요한 정보에 주의력을 재분배하며, 실제로 긍정적인 결과를 만들어내기 위한 준비를 시작한다. 따라서 기대는 미래에 대한 감정적인 반응이면서 동시에, 현재의 행동을 강력하게 유도하는 내적인 동력으로 작용하는 것이다. 기대는 미래를 현재로 당겨와 행동을 촉발한다.

두려움과 기대는 모두 아직 오지 않은 미래를 상상하는 방식에서 비롯된다. 그러나 이러한 상상이 단순한 공상이나 허구가 아닌, 강력한 감정으로 변하는 순간, 그 감정은 우리 삶을 실제로 이끄는 거대한 힘이 된다. 이 감정은 단지 개인의 기분 문제를 넘어선다. 감정은 우리가 어떤 행동을 선택하고, 타인과 어떤 관계를 맺으며, 삶의 전체적인 방향을 결정하는 데 깊숙이 개입한다. 두려움에 사로잡히면 우리는 위험을 회피하고 움츠러들게 되며, 새로운 도전을 포기하는 경향을 보인다. 반대로 기대를 품으면 우리는 용기를 내어 도전하고, 적극적으로 나아가며, 잠재력을 발휘하려 한다. 둘 다 아직 벌어지지 않은 미래에 대한 반응이지만, 그 반응의 차이는 현재의 삶을 완전히 다른 방식으로 구성한다. 이는 곧 감정이 이성적인 생각보다 앞서 행동을 결정짓는 경우가 많으며, 그 감정을 이끄는 근본적인 동력이 바로 믿음이라는 심리적 구성물이라는 점을 시사한다.

윌리엄 제임스는 인간은 단순히 생각하는 존재가 아니라, 행동하는 존재이며, 믿음이 구체적인 행동을 낳는다고 강조했다. 그는 객관적인 실재와 인간의 믿음 사이의 경계를 흐릿하게 만들었다. 우리가 무엇을 믿느냐가 우리가 어떤 선택을 할지를 결정하고, 결국 삶의 전체적인 방향과 결과물을 바꾼다는 그의 관점은 감정의 구조를 이해하는 데 매우 중요하다. 제임스는 "믿음은 자신을 현실로 만든다"고 말하며, 두려움이나 기대와 같은 감정 역시 이러한 믿음이 구체적으로 변형된 결과물로 보았다. 두려움과 기대는 단순한 생각의 차원에 머물지 않는다. 그것들은 우리의 깊은 내면에 자리한 믿음의 결, 즉 그 믿음의 질감과 형태이다. 그러한 믿음은 반복된 경험과 그 경험에 대한 해석, 그리고 끊임없이 반복되는 자기화 된 내면 대화를 통해 형성되고 견고해진다. 믿음은 행동을 통해 증명되고 현실이 된다.

인간 정신의 본질을 파악하기 위해 윌리엄 제임스가 택한 길은 이론이 아니라 체험이다. 그는 인간이 스스로를 인식하는 과정을 고정된 구조가 아닌, 끊임없는 흐름으로 이해했다. 정신은 존재하는 것이 아니라, 움직이고 흘러간다. 제임스는 "의식이란 강물과 같다"고 했다. 어떤 순간도 동일하지 않고, 한 지점에서 다른 지점으로 계속 이동한다. 이것은 후일 '의식의 흐름(stream of consciousness)'이라는 개념으로 정리되었고, 문학과 심리학, 심지어 신경과학에서도 하나의 전제로 자리 잡게 된다.

그렇다면 이 흐름은 어디서 시작되는가. 감각이다. 감각은 세계와 인간을 연결하는 최초의 접점이며, 신경계가 받아들이는 원시적 신호이다. 그러나 감각만으로는 세계를 인식할 수 없다. 인식은 언제나 선택적이며, 경험된 감각 중 일부가 주목되고 분류되며 하나의 형상을 갖춘다. 이 과정이 바로 '지각(perception)'이다. 제임스는 이 지각이야말로 인간의 세계 해석 방식이자 자아의 밑그림이라고 보았다. "우리가 세계를 아는 방식은 세계 그 자체보다 우리의 주의가 어떻게 작동하느냐에 달려 있다." 이것은 주관과 객관의 전통적 이분법을 흔들고, 인간 내면의 선택성이 현실의 형태를 결정짓는 힘이라는 통찰을 보여준다.

이 지점에서 현대 신경심리학은 다시금 제임스를 소환한다. 감각 정보는 뇌의 시상, 전전두엽, 해마 등을 통과하며 끊임없이 분류되고 평가된다. 한 번 본 장면, 들었던 말, 스쳐 간 표정 하나조차 이 신경 회로 속에서 '의미'를 얻고, 그 의미는 자아를 구성하는 핵심 재료가 된다. 즉, 우리는 우리가 겪는 사건이 아니라, 그 사건을 해석하는 방식에 따라 구성된다. 다시 말해, 자아는 경험의 누적이 아니라, 해석의 누적이다. 제임스는 이러한 해석의 패턴을 '습관(habit)'이라는 개념으로 설명한다. 습관은 단순한 행동 반복이 아니다. 반복된 인지적 반응, 즉 특정 방식으로 보고 느끼고 받아들이는 패턴이 굳어질 때, 인간은 그것을 '나'라고 느끼기 시작한다.

"나는 생각한다, 고로 존재한다"는 데카르트적 자아는 제임스의 관점에서 "나는 반복한다, 고로 형성된다"로 재해석된다. 그에게 자아는 정적인 실체가 아니라, 정서와 의지, 선택의 경로가 반복되며 쌓인 심리적 경로의 지도이다.

제임스의 실천심리학은 바로 이 내면의 지도를 다시 그리는 훈련이다. 이를 위해 제임스는 세 가지 도구를 제시한다. 첫째, 주의(attention)의 훈련이다. 자아는 자신이 주의를 기울이는 대상을 통해 만들어지므로, 어떤 생각과 감정에 반복적으로 집중하느냐가 곧 자아의 경로를 결정한다. 둘째, 행위(action)의 선택이다. 그는 말한다. "우리의 신념은 말로가 아니라 행동으로 완성된다." 실천되지 않은 사유는 자아의 구조를 바꾸지 못한다. 셋째는 통합(integration)이다. 인간의 자아는 늘 다중적이며, 때로는 모순된다. 그러나 제임스는 이 모순적 구성조차 하나의 유기체로 꿰어내는 통합의 능력을 강조한다. 그는 "나는 내가 이질적이라는 사실을 받아들일 때 가장 온전하다"고 말한다. 이 모든 논의는 한 가지 명제로 수렴된다. 자아는 고정된 실체가 아니라, 해석과 반복을 통해 그려지는 내면의 지형도이다. 우리는 우리의 감각, 지각, 판단, 행동, 후회를 통해 매일같이 자아를 새롭게 편집하고 있으며, 그 과정에서 만들어지는 경로가 곧 우리의 '내면의 지도'이다. 제임스는 이 지도를 '과학'이 아니라 '실천'으로 그리려 했다. 그는 인간이란 끊임없이 자기 구조를 재설계하는 존재라는 사실을 가장 먼저 꿰뚫은 심리학자였으며, 그의 학문은 단지 이론이 아니라 살아 있는 삶의 기술이었다.

윌리엄 제임스는 그의 철학에서 의지가 없을 때 습관이 시작된다고 말했다. 이는 감정의 변화 또한 같은 원리로 설명할 수 있다. 두려움을 줄이고 긍정적인 기대를 키우기 위해 필요한 것은 특별한 통찰이나 이론적 지식이 아니라, 새로운 감정 경험을 반복적으로 경험하는 것이다. 감정은 이성적인 생각을 직접적으로 따르지 않는 경우가 많지만, 꾸준하고 반복된 신체 반응과 행동은 감정의 근본적인 변화를 유도할 수 있다. 그러므로 두려움과 기대를 효과적으로 통제하고 관리하기 위해 필요한 것은 바로 믿음을 바꾸는 실질적인 훈련이며, 그 믿음은 추상적인 관념이 아니라 경험 속에서 직접 실체화된다. 이는 우리 각자가 어떤 감정의 사람으로 살아가고 어떤 현실을 창조해나갈지를 능동적으로 선택하고 만들어갈 수 있음을 의미한다.

우리는 살면서 수많은 시작점에 서게 된다. 때로는 드넓은 벌판을 마주하기도 하고, 때로는 좁고 굽이진 오솔길 앞에 서기도 한다. "내가 과연 이 길을 제대로 나아갈 수 있을까?" 이런 질문 앞에서 '나는 해낼 수 있다'는 믿음이 솟아오르는 순간이 있다. 이것이 바로 자기효능감이다. 자기효능감은 단순히 긍정적인 사고에 머무는 것이 아니다. 그것은 우리 안에 내재된 믿음에서 어떤 저항에도 불구하고 계속해서 움직이게 하는 '내면의 관성'과 같다고 할 수 있다. 이 관성이 얼마나 강력하게 작용하느냐에 따라 우리의 삶은 멈추지 않고 계속해서 앞으로 나아갈 수 있다.

이 내면의 관성은 태어날 때부터 주어지는 것이 아니다. 우리 각자가 살아가면서 겪는 모든 경험, 주변과의 상호작용, 그리고 세상을 해석하는 방식에 따라 그 힘이 강해지기도 하고 때로는 약해지기도 한다. 이렇게 관성의 크기는 우리가 얼마나 많은 움직임을 스스로 만들어냈는지에 따라 달라진다. 아주 작은 돌멩이를 굴리는 것부터 시작해 커다란 바위를 밀어내는 경험까지, 직접 무언가를 움직여 성공시켰을 때, '나는 이 상황에 영향을 미칠 수 있다'는 확신이 우리 안에 견고하게 자리 잡는다. 설령 실패라는 멈춤의 순간을 겪더라도, 그 경험을 통해 어떤 부분이 마찰을 일으켰는지 학습하고 다시 시도함으로써 관성의 효율을 높일 수 있는 것이다. 마치 물리학자가 수많은 실험을 통해 역학의 원리를 깨치듯이 말이다.

다른 이들의 움직임을 관찰하는 것도 우리 안의 관성을 깨우는 데 큰 영향을 준다. 특히 자신과 비슷한 위치에 있던 사람이 난관을 극복하고 꾸준히 나아가는 것을 볼 때 '나도 저렇게 움직일 수 있다'는 가능성에 대한 인식이 강해진다. 이는 단순히 모방이 아니다. 그들의 움직임을 통해 우리 자신에게도 비슷한 관성이 잠재되어 있음을 깨닫고, 그 관성을 활성화시킬 용기를 얻게 되는 것이다. 주변 사람들의 진심 어린 격려와 지지는 내면의 관성에 가해지는 강력한 외부 힘과 같다. "너는 충분히 앞으로 나아갈 수 있어!"라는 말 한마디는 움직임이 둔해질 때 다시금 가속도를 붙여 힘차게 나아가게 만들고, 이 힘은 단지 표면적인 효과를 넘어 우리 안에 내재된 관성의 근원적인 힘을 강화하고 안정화하는 역할을 한다. 이렇게 진정한 지지는 관성의 크기를 키워 더 큰 저항에도 불구하고 움직일 수 있게 하는 것이다.

무엇보다 중요한 것은 이 관성 시스템을 유지하는 우리 자신의 몸과 마음의 상태이다. 불안이나 과도한 스트레스는 관성 시스템에 불필요한 마찰을 일으켜 움직임을 멈추게 할 수 있다. 반대로 평온하고 균형 잡힌 상태는 관성이 안정적으로 효율을 발휘하도록 돕고, 때로는 잠시 멈춰서서 내부 시스템을 점검하면서 필요한 정비를 해주는 시간이 필요하다. 이것이야말로 내면의 관성을 지속적으로 최상의 상태로 유지하는 현명한 방법이다. 결국 자기효능감은 추상적인 심리 현상이 아니라, 우리 안에 존재하는 삶을 끊임없이 앞으로 나아가게 하는 '내면의 관성'이다. 이 관성은 우리가 직접 행동하고, 타인의 움직임에서 배우며, 주변의 지지를 받고, 스스로를 돌보는 과정을 통해 끊임없이 강화되고 유지될 수 있다. "모든 행동에는 동등하고 반대되는 반응이 있다."는 뉴턴의 말처럼, 우리가 자신을 믿고 나아가는 모든 움직임에는 그에 상응하는 긍정적인 결과가 따르며, 이는 결국 더 큰 관성으로 돌아와 우리 삶을 이끌어갈 것이다.

이는 개인의 신체적 상태와 감정 상태 역시 자기 효능감에 지대한 영향을 미친다. 우리가 육체적으로 피곤하거나 심한 스트레스를 받을 때, 사람은 자신의 능력에 대해 평소보다 훨씬 비관적으로 평가하기 쉽다. 같은 과제라도 몸 상태가 좋지 않을 때는 막막하게 느껴지고 자신감이 떨어진다. 반대로 컨디션이 좋고 정서적으로 안정되어 있을 때는 동일한 과제도 더 낙관적으로 느껴지고, 해결할 수 있다는 자신감이 생긴다. 이는 자기 효능감이 단순히 의지의 문제가 아니라, 몸과 마음이 통합적으로 작용하는 복합적인 심리 구조임을 명확히 보여준다. 따라서 자기 효능감을 효과적으로 키우는 기술에는 자기 돌봄이라는 중요한 요소가 포함되어야 한다. 이는 곧 규칙적인 생활 습관, 충분한 휴식, 효과적인 스트레스 관리 등의 요소가 단순한 건강 문제를 넘어, 개인의 심리적 자기 능력과 효능감을 구성하는 핵심적인 기반이다.

자기 효능감을 키우는 믿음의 기술은 반복을 전제로 한다. 한두 번의 성공 경험이나 외부의 위로만으로는 강력하고 지속적인 자기 효능감이 형성되지 않는다. 일관된 긍정적인 태도와 해석, 그리고 작은 성공 경험들의 꾸준한 축적을 통해서만 자기 효능감은 점진적으로 강화된다. 그리고 이 과정은 무엇보다 의식적인 훈련과 노력이 필요하다. 자신의 신념 패턴을 객관적으로 들여다보고, 오랫동안 반복적으로 해왔던 자기 평가 방식을 점검하며, 실패의 순간에도 자신을 지지하고 성장을 위한 기회로 해석을 재구성하는 꾸준한 연습이 필요하다. 윌리엄 제임스는 "우리는 자신이 행동하는 존재라는 것을 잊지 말아야 한다"고 말했다. 자기 효능감 역시 그러하다. 그것은 머릿속으로 '생각해내는' 것이 아니라, 실제 생활 속에서 '행동해내는' 과정을 통해 길러지는 것이다. 그리고 그 행동은 꾸준한 반복을 통해 뇌의 신경 구조를 변화시키고, 감정 반응을 조절하며, 궁극적으로 자기 인식의 체계를 다시 구성하는 강력한 힘을 발휘한다.

자기 효능감을 키우는 믿음의 기술은 구체적이어야 한다. "나는 할 수 있어"와 같은 추상적이고 막연한 구호보다는 "나는 하루에 30분씩 꾸준히 연습했고, 그 결과 이전보다 훨씬 나아졌다. 따라서 다음번에는 더 잘할 수 있을 것이다"는 식의 구체적인 근거와 함께할 때, 믿음은 현실성과 강력하게 연결되고 자기 효능감은 더욱 견고하게 강화된다. 막연하고 근거 없는 긍정은 오히려 허무감이나 실망감을 남길 수 있다. 자기 효능감은 비현실적인 희망이 아니라, 현실적인 기반 위에 형성된 믿음이며, 그 기반은 구체적인 행동, 즉각적인 피드백, 자기반성, 그리고 필요에 따른 조정 등을 포함한다. 믿음은 감정과 결합될 때 강력한 동기 부여의 힘을 얻지만, 구체적인 행동과 결합될 때 비로소 지속 가능하고 현실적인 변화를 만들어낸다. 따라서 믿음은 단지 내면의 확신에 그치지 않고, 자기 안에서 실천과 결합되어 구조화된 심리적 도구가 되어야 한다.

자기 효능감을 키우는 데 가장 큰 걸림돌 중 하나는 완벽주의이다. 완벽이라는 비현실적인 기준을 삼으면, 어떤 시도도 자신의 불완전함 때문에 쉽게 좌절감을 느끼게 되고, 그로 인해 자기 효능감은 쉽게 훼손된다. 하지만 진정한 자기 효능감은 완벽한 수행 능력에서 오는 것이 아니다. 그것은 오히려 불완전하고 미숙한 상태에서도 포기하지 않고 지속할 수 있다는 믿음에서 자라난다. 실패를 경험했음에도 불구하고 다시 시도할 수 있다는 회복 경험, 어려운 상황 속에서도 목표를 향한 방향을 잃지 않았다는 경험이 오히려 자기 효능감을 더욱 단단하고 견고하게 만든다. 실수를 기꺼이 용인하고, 실패를 긍정적으로 해석하며, 끊임없이 시도를 멈추지 않는 태도가 자기 효능감의 풍요로운 밑거름이 된다. 그래서 자기 효능감은 최종적인 성과나 결과물에 의해 결정되는 것이 아니라, 도전하고 배우는 과정에서 길러지는 내면의 힘이다.

윌리엄 제임스의 실용주의 철학은 자기 효능감을 이해하는 데 결정적인 통찰을 제공한다. 그는 진리란 그것이 삶에 유용하고 실질적인 의미를 가질 때 비로소 가치를 갖는다고 보았다. 그리고 믿음 또한 삶에 긍정적인 변화를 가져올 때 그 가치를 온전히 인정받는다고 역설했다. 자기 효능감이라는 믿음은 바로 그러한 종류의 '유용한 진리'이다. 그것은 스스로를 향한 가장 유용하고 생산적인 믿음이며, 구체적인 행동을 이끌어내는 강력한 내면의 에너지이다. 이 믿음은 외부에서 객관적으로 증명될 수 있는 것도 아니고, 타인에 의해 강제될 수도 없다. 오직 개인의 삶 속에서 행동과 해석의 끊임없는 반복을 통해 스스로 형성되고 증명되는 것이다. 자기 효능감을 키운다는 것은, 곧 자신의 삶에 대한 통제권을 자신의 손에 다시 쥐는 일이며, 무력감과 좌절의 굴레에서 벗어나 스스로 선택하고 변화할 수 있다는 가능성을 온전히 회복하는 과정이다.

믿음은 기술이다. 그리고 그 믿음이 우리의 현실을 이끄는 가장 강력한 동력이다. 자기 효능감은 단순한 자신감을 넘어선다. 그것은 훈련된 믿음이며, 자기 자신을 효과적으로 다루고 이끌어가는 능력이다. 누구나 이 기술을 키울 수 있고, 누구나 자신의 효능감을 확장할 수 있다. 다만, 그 기술은 자연스럽게 생겨나는 것이 아니라, 의식적인 선택과 꾸준한 반복, 긍정적인 해석, 그리고 회복의 과정을 통해 조금씩 다듬어지고 완성되어 간다. 자기 효능감을 키우는 것은 곧 인간이라는 존재가 자신을 믿을 수 있다는 가능성을 스스로 실현해가는 숭고한 과정이며, 그 과정은 삶의 방향과 질을 근본적으로 바꾸는 가장 강력한 힘이 된다.

의식과 세계의 공진화

우리는 흔히 실재가 우리 바깥에 객관적으로 존재하며, 의식은 그 실재를 수동적으로 반영하는 거울이라고 생각한다. 그러나 이 관점은 인간 의식의 능동적인 본질을 간과한다.

고차원적인 인지 기능은 단순히 외부 정보를 수집하고 처리하는 것을 넘어 들어오는 감각의 홍수 속에서 의미를 부여하고, 패턴을 찾아내며, 궁극적으로는 우리가 경험하는 세계의 구조를 적극적으로 만들어 간다.

뉴런의 전기적 신호와 화학적 상호작용 속에서 형성되는 ‘나’라는 감각은 고정된 실체가 아니라, 환경과의 끊임없는 상호작용을 통해 재구성되고 확장되는 유동적인 과정인 것이다.

현대 신경과학은 뇌를 단순한 정보 처리 장치가 아닌, 본질적으로 예측 기제로 설명한다. 뇌는 외부에서 들어오는 감각 정보를 수동적으로 기다리지 않는다. 오히려 끊임없이 미래를 예측하고, 그 예측과 실제 감각 정보 사이의 불일치를 최소화하는 방향으로 신경망을 조정한다. 이는 마치 과학자가 가설을 세우고 실험을 통해 검증하는 과정과 유사하다. 우리가 세상을 ‘본다’는 것은 단순히 빛이 망막에 맺히는 현상이 아니라, 뇌가 과거의 경험과 학습된 패턴을 바탕으로 외부 세계에 대한 가장 가능성 높은 ‘추측’을 끊임없이 생성하고, 들어오는 감각 정보가 그 추측과 얼마나 일치하는지를 확인하는 복잡한 과정이다. 만약 예측과 정보가 불일치하면, 뇌는 예측을 수정하거나 새로운 정보를 학습하여 ‘오차’를 줄이려 한다. 이 과정에서 강력하게 고착된 예측은 곧 우리의 ‘믿음’이 되고, 이 믿음은 다시 세상의 어떤 정보를 걸러내고 어떤 정보를 증폭시킬지 결정하는 필터 역할을 한다. 즉, 우리는 뇌의 예측 모델이 만들어낸 ‘내부 시뮬레이션’을 통해 세상을 경험하며, 이 시뮬레이션의 품질은 우리가 어떤 믿음을 가지고 있는가에 따라 결정되는 것이다.

인간 의식의 독특성은 언어와 내러티브를 통해 자기 자신과 세계의 의미를 구성할 수 있다는 점에 있다. 우리는 단순히 사건을 경험하는 존재가 아니라, 그 경험을 언어화하고 이야기로 엮어냄으로써 비로소 그것에 의미를 부여한다. 이 과정에서 '나'라는 자아 서사(self-narrative)가 형성된다. 이 서사는 과거의 경험을 해석하고, 현재의 정체성을 정의하며, 미래의 가능성을 상상하게 한다.

윌리엄 제임스는 이러한 자아 서사의 유동성을 강조하며, 우리의 성격이나 감정조차도 고정된 실체가 아니라 반복된 사고와 행동, 그리고 그것을 뒷받침하는 언어적 구성물에 의해 형성된다고 보았다. 즉, "나는 원래 이런 사람이야"라는 말은 단순한 사실 진술이 아니라, 자기 자신을 특정 틀 안에 가두는 자기 충족적 예언이 될 수 있는 것이다.

나아가 언어는 단순한 의사소통의 도구를 넘어, 사고의 틀을 제공하고 현실을 조직하는 매트릭스 역할을 한다. 우리가 사용하는 단어와 문장은 우리의 지각을 형성하고, 감정을 유발하며, 행동을 이끄는 강력한 힘을 가진다. 특정 언어 구조는 특정 사고방식을 강화하고, 새로운 언어를 학습하는 것은 새로운 관점과 가능성의 문을 열어준다. 이러한 언어적 구성물들은 개인의 내면적 실재뿐만 아니라, 집단적 실재, 즉 사회적 합의와 문화를 형성하는 데도 결정적인 역할을 한다.

한 사회의 구성원들이 공유하는 내러티브는 그 사회의 가치관, 행동양식, 그리고 궁극적으로는 그들이 경험하는 집단적 실재를 규정짓는다. 따라서 현실의 변화를 진정으로 원한다면, 외부의 조건을 바꾸는 것을 넘어, 우리 자신과 세계를 설명하는 내러티브와 언어적 틀을 재구성하는 데서 시작해야 한다.

우리의 잠재력은 흔히 '아직 발현되지 않은 능력'으로 정의되지만, 이는 단순한 결핍의 의미를 넘어선다. 오히려 그것은 무한한 가능성을 내포하는 잠재적 실재(potential reality) 이다. 이 잠재적 실재가 현실 속으로 구체화되기 위해서는 단순한 지식의 축적이나 긍정적 사고를 넘어선 실천이 필수적이다.

윌리엄 제임스의 실용주의는 '작용하는 진리'를 강조하며, 어떤 생각이나 믿음이 진정한 가치를 갖는 것은 그것이 삶에 실질적인 변화를 가져올 때라고 보았다. 즉, 머릿속으로만 그려보는 이상이나 가능성은 현실에서 구체적인 행동으로 이어지지 않으면 그저 관념으로 남을 뿐이다.

이러한 실천은 거창한 도약을 의미하지 않는다. 오히려 일상에서의 '작은 비움'과 '새로운 시작'에서 비롯된다. 오래된 습관, 고정된 관념, 그리고 익숙한 안락함이라는 심리적 공간을 비워낼 때, 새로운 경험과 가능성이 들어설 자리가 마련된다. 이는 정신적인 '정원 가꾸기'와 같다. 불필요한 잡초를 뽑아내고, 새롭고 건강한 씨앗을 심어야만 비로소 풍요로운 수확을 기대할 수 있다.

이와 관계된 예를 보면, 자신이 수학을 못한다는 오래된 믿음을 '비워내고' 새로운 학습 방법과 작은 성공 경험을 통해 그 자리에 '나는 성장할 수 있다'는 믿음을 심는 것은 잠재력을 현실로 전환하는 과정이다.

궁극적으로 인간은 정해진 '되어야 할 존재'가 아니라, 끊임없이 '될 수 있는 존재'이다. 우리의 의식은 수동적인 수용자가 아니라, 적극적으로 실재를 해석하고 구성하며, 행동을 통해 잠재적 실재를 현실로 불러내는 실재의 건축가인 것이다. 이 과정은 자기 인식의 변화에서 시작하여, 새로운 언어로 자신을 정의하고, 작은 실천을 통해 내면의 믿음을 강화하며, 궁극적으로는 우리 자신의 삶이라는 건물을 매 순간 새롭게 짓는 자기 창조적인 여정이다. 우리가 진정으로 변화하고 싶다면, 먼저 우리 안의 건축가가 어떤 설계도를 가지고 있는지를 탐색하고, 그 설계도를 용기 있게 수정하며, 매일의 작은 벽돌 쌓기를 게을리하지 않아야 할 것이다.

12장

인간은 가능성의 존재다

변화와 성장의 심리학

우리는 되어야 할 존재가 아니라, 될 수 있는 존재다

우리는 누구나 마음속에 질문 하나를 품고 살아간다. "나는 이 일을 해낼 수 있을까?" 이 질문은 시험을 앞둔 학생에게도, 새로운 직무에 투입된 직장인에게도, 인생의 전환점 앞에 선 이에게도 예외 없이 던져지는 질문이다. 이때 스스로 "할 수 있다"고 대답할 수 있는 힘을 자기 효능감이라고 부른다. 자기 효능감은 단순히 막연한 자신감과는 다르다. 그것은 구체적인 상황에서의 수행 능력에 대한 내면의 평가이며, 행동과 결과를 이끄는 심리적인 기반이다. 자기 효능감이 높은 사람은 도전 앞에서도 흔들리지 않고, 실패해도 스스로를 다시 일으킬 수 있는 회복 탄력성을 가지는 특징이 있다. 반면 자기 효능감이 낮은 사람은 시도조차 하기 전에 포기하거나, 작은 실수에도 과도하게 위축되는 모습을 보인다. 이는 단순한 기질의 차이가 아니라, 자신을 어떻게 믿고, 어떻게 해석하며, 어떻게 다룰지를 훈련해온 내면의 기술이다.

자기 효능감은 타고나는 것이 아니라 후천적으로 형성되는 특성이다. 어떤 사람은 어린 시절부터 반복된 성공 경험이나 부모 및 주변의 지지적인 환경 속에서 자기 효능감을 자연스럽게 형성한다. 반면, 지속적인 실패 경험이나 과도한 비난, 타인과의 끊임없는 비교에 노출되어 자기 효능감이 약화된 사람도 존재한다. 하지만 다행스러운 점은 자기 효능감이 한 번 형성되면 고정되는 불변의 성질을 가진 것이 아니라는 점이다. 그것은 새로운 경험, 긍정적인 해석 방식, 외부 환경의 변화, 그리고 무엇보다 자기 자신과의 끊임없는 대화를 통해 얼마든지 새롭게 구성되고 강화될 수 있는 역동적인 심리적인 자원이다. 자기 효능감은 자신을 바라보는 방식이며, 자신에 대한 정보를 지속적으로 업데이트하는 피드백 시스템과 같은 역할을 한다. 이 시스템은 구체적인 경험에 매우 민감한 반응을 보이는 것이다. 작은 성공이라도 직접 이겨본 경험이 쌓이면 "나는 해낼 수 있다"는 내적인 확신이 더욱 강화되고, 그 강화된 확신이 다음 도전을 위한 행동을 가능하게 한다. 따라서 자기 효능감은 추상적인 생각이나 믿음만으로 키워지는 것이 아니라, 실행하고 경험하는 과정을 통해 비로소 성장하는 것이다.

자기 효능감이 건강하게 자라기 위해서는 무엇보다 경험을 해석하는 방식이 결정적으로 중요한 요소이다. 동일한 외부 경험이라 할지라도 그것을 개인이 어떻게 받아들이고 해석하느냐에 따라 자기 효능감은 극적으로 올라갈 수도 있고, 반대로 심하게 떨어질 수도 있다. 어떤 사람은 "이번에는 실패했지만, 이 경험을 통해 다음번에는 다르게 시도해볼 수 있다"고 긍정적으로 해석하며 앞으로 나아간다. 반면, 또 다른 사람은 같은 실패를 겪고 "역시 나는 안 되는 사람인가 봐"라고 부정적인 결론을 내리며 포기하는 경우도 있다. 이 두 사람 사이의 근본적인 차이는 능력의 차이가 아니라 바로 해석의 차이이며, 믿음의 차이다. 경험에 대한 해석은 단순한 지적인 활동이 아니라, 감정과 깊이 연결된 신념의 활동이다. 이러한 믿음은 마치 자기 내면의 말버릇이나 습관처럼 자리 잡아, 이후 유사한 상황에 처했을 때 자동적으로 개입하며 우리의 감정 반응과 행동을 조율하는 역할을 한다. 그래서 자기 효능감을 효과적으로 키우기 위해서는 실패하더라도 그것을 긍정적이고 건설적인 방향으로 다르게 해석하는 기술이 필수적이다. 실패는 피할 수 없는 삶의 일부이지만, 그 실패를 바라보는 시선과 태도는 언제든지 우리가 선택할 수 있는 부분이다.

사회적 모델링 또한 자기 효능감을 형성하고 강화하는 데 핵심적인 역할을 한다. 인간은 타인의 성공이나 역경 극복 과정을 지켜보면서 "나도 할 수 있을 것 같다"는 강한 동기와 가능성의 감정을 얻는다. 이것은 단순한 모방을 넘어, 자신의 내재된 한계를 확장시키고 새로운 잠재력을 발견하게 하는 중요한 학습 경험이다. 특히 자신과 비슷한 조건이나 배경에 있던 사람이 어려움을 극복하고 성공하는 모습을 볼 때, 사람은 스스로에 대해 더욱 강력한 새로운 가능성을 상상하게 된다. 이러한 관찰 경험은 긍정적인 기대와 도전하려는 동기를 강하게 자극하고, 자신이 실제로 할 수 있다는 믿음을 강화시키는 역할을 한다. 그래서 자기 효능감을 키우는 환경은 단순히 격려나 칭찬만을 제공하는 공간이 아니다. 그곳은 다양한 성공 경험 사례와 긍정적인 역할 모델이 풍부하게 존재하는 장이어야 하는 이유가 된다. 이러한 원리는 교육 현장, 조직 문화, 그리고 가족 등 모든 종류의 집단에 공통적으로 적용된다. 사회적 환경은 우리가 자신을 해석하는 거울이 되며, 그 거울이 긍정적일수록 자기 효능감은 건강하게 자라나는 것이다.

인간이 가지는 자기 효능감은 언어에서 시작되고 인간만이 상상할 수 있다는 점에서 그 특별함이 있다. 이 두 가지 능력은 우리가 자신에 대해 신념을 만들고, 그것을 확장하며, 때로는 전혀 현실적이지 않은 가능성마저 믿게 만드는 출발점이 된다. 자기 효능감은 단순히 '할 수 있다'는 감각이 아니다. 그것은 인간만이 가진 언어적 구조 위에 세워진 자기 설득(self-persuasion)이며, 미래를 그려볼 수 있는 상상의 힘 위에 뿌리내린 능력이다. 우리는 미래의 일을, 이미 경험한 것처럼 마음속에서 시뮬레이션할 수 있다. 이 가상의 연습은 실제 경험이 없더라도 뇌의 운동 피질과 감각 피질을 부분적으로 자극하며, 뇌는 그것을 '부분적 현실'로 받아들인다. 수많은 운동선수들이 실제 훈련만큼이나 '심상 훈련(mental rehearsal)'을 중시하는 이유도 여기에 있다. 상상은 실제를 준비하게 하고, 그 준비는 언어를 통해 강화된다. "나는 할 수 있다"는 말은 신비한 주문이 아니다. 그 말이 반복될 때, 뇌는 그것을 지시로 받아들이고 실제 실행을 준비하기 시작한다. 즉, 자기 효능감은 우리가 뇌에게 '내가 누구인지'를 어떻게 반복적으로 말해주느냐에 따라 그 구조가 정교해지는 것이다. 윌리엄 제임스는 이를 심리적인 습관 형성이라고 불렀고, 오늘날 인지신경과학은 이를 '자기서술적 반복'(self-referential processing)이라고 부르는 것이다.

이처럼 자기 효능감은 경험 이전에 언어로 만들어진다. 언어는 우리가 경험을 정리하는 틀이며, 아직 경험하지 않은 것을 상상하고 실행하게 만드는 동력이다. 이때 중요한 건 단지 긍정적인 말을 반복하는 것이 아니라, 자기서술의 정확성이다. "나는 무조건 잘할 거야"가 아니라, "나는 작년보다 10분 더 집중할 수 있고, 그래서 이번엔 조금 다르게 할 수 있다"는 식의 구체적인 자기 언어가 뇌의 신경가소성을 자극하고 자기 효능감을 자라게 한다. 그리고 여기에 내러티브(narrative)의 힘이 개입된다. 인간은 자신을 이야기로 조직하는 존재다. 내가 어떤 실패를 경험했는가보다, 그 실패를 어떤 이야기로 기억하고 말하는지가 더 중요하다. 어떤 이는 "나는 그때 무너졌다"고 말하고, 또 다른 이는 "나는 그때 다시 방향을 잡았다"고 말하는 것이다. 같은 사건이라도 이야기에 따라 자기 효능감의 방향이 결정된다. 특히 어린 시절, 부모나 교사의 언어가 자기 효능감에 결정적인 영향을 미치는 이유도 이 때문이다. "넌 늘 이래"라는 언어는 아이의 신경회로에 반복되는 자아 서술을 만들고, "이번에는 좀 다르게 해보자"는 말은 가능성에 열린 자아 서사를 심어주는 것이다. 이처럼 신념은 주관적인 사실이 아니라, 타인과의 언어적인 상호작용에서 길러지는 해석적인 구조물이다. 결국 믿음이란, 나를 바라보는 언어의 각도인 것이다.

이제 우리는 자기 효능감을 키우는 가장 강력한 기술이 무엇인지 알게 된다. 그것은 다름 아닌 자기 언어의 훈련, 그리고 상상된 이야기의 재구성이다. 자기 효능감을 높이고 싶은가? 그렇다면 매일, 자신에 대해 기록하라. 작은 변화도 기록하고, 자신에게 말을 걸어보라. "어제보다 오늘은 조금 나아졌어." 이 문장이 뇌 안에 하나의 회로를 만들고, 반복될수록 그것은 행동의 조건이 된다. 윌리엄 제임스는 말했다. "행동을 원한다면, 먼저 믿음을 훈련하라. 믿음을 훈련하려면, 그 믿음을 말하라." 이 단순한 심리의 원리는 오늘날 뇌과학으로도 입증되는 것이다. 말하

라. 반복하라. 그리고 다시 쓰라. 그 모든 말들이 당신의 가능성을 결정짓는 것이다.

잠재력의 절반만 써도 삶은 달라진다

인간이 가진 가능성은 종종 수사적으로 포장된 말처럼 들리지만, 실제 삶의 조건 속에서 그것은 분명히 존재한다. 다만 그 가능성은 위기 속에서 드러나기도 하고, 일상의 반복 속에서 사라지기도 한다. 사람들은 보통 자신이 무엇을 잘하는지, 어디까지 할 수 있는지를 알고 있다고 생각하지만, 사실은 대부분 그것을 시험해보지 않은 채 살아간다. 우리는 삶의 대다수 순간을 관성에 의해 살아가며, 익숙한 범위 내에서만 선택하고 행동한다. 그 과정에서 진짜 문제는 능력의 부족이 아니라, 이미 가진 잠재력을 꺼내 쓰지 않는다는 데 있다. 이는 마치 서랍 깊숙이 숨겨 둔 보물지도를 들여다보지 않고, 익숙한 길만 걷는 것과 같다. 우리는 스스로에게 설정한 보이지 않는 한계 안에서 머물며, 그 바깥 세상에 무엇이 있는지 탐험할 기회조차 갖지 못하는 경우가 많다. 이처럼 잠재력은 단순히 재능의 문제가 아니라, 그것을 인식하고 활용하려는 의지의 문제인 것이다.

윌리엄 제임스는 인간이 자신의 심리적 자원의 일부만을 활용하며 살아간다고 보았다. 그는 대부분의 사람들이 삶에서 자신의 가능성을 시험해보지도 않고, 마치 작은 방 안에 스스로를 가두는 것처럼 심리적 한계를 설정한다고 지적했다. 이런 자기 제한은 실제적인 능력 부족 때문이라기보다는, 과거의 실패 경험이나 사회적 기대에 대한 과도한 부담,

타인과의 끊임없는 비교 심리, 혹은 단순히 변화에 대한 두려움 등 다양한 내면적 요인에서 비롯된다. 중요한 것은 우리가 가진 모든 잠재력을 한 번에 100% 활용해야 한다는 강박이 아니라, 그중 아주 일부라도 용기 내어 꺼내 쓰는 작은 경험이 우리의 삶에 어떤 긍정적인 전환점을 만들 수 있는지를 인식하는 것이다. 아주 미미해 보이는 잠재력의 발현조차도 생각지 못한 큰 변화의 시발점이 될 수 있다. 이는 평소 해보지 않던 새로운 취미를 시작하거나, 두려워했던 작은 발표를 성공적으로 해내는 경험은 우리가 스스로에게 설정했던 심리적 장벽을 허물어뜨리는 계기가 된다.

대부분의 사람들은 자기 가능성의 100%를 활용하지 않더라도 삶을 큰 문제 없이 유지할 수 있다고 생각한다. 그러나 문제는 그 '유지'의 상태가 실제로는 성장이 아니라 정체일 수 있다는 점이다. 진정한 의미의 변화와 발전은 항상 현재의 익숙한 기준을 넘어서는 도전적인 시도에서 비롯된다.

사람들은 보통 완벽한 계획과 충분한 준비가 되었을 때에만 자신의 가능성을 시험하려 한다. 모든 것이 갖춰진 다음에야 움직이려고 하는 완벽주의적인 경향이 잠재력의 발현을 가로막는 경우가 많다. 그러나 윌리엄 제임스는 그의 실용주의 철학을 통해 행동이 감정을 만들고, 실천이 믿음을 만든다고 보았다. 다시 말해, 잠재력과 가능성은 모든 준비를 다 마친 안전한 다음이 아니라, 불확실하더라도 일단 움직이는 가운데 비로소 그 모습을 드러낸다는 것이다. 여기에는 머리로만 고민하는 사고 실험의 한계를 벗어나, 몸으로 직접 부딪히는 실행의 중요성을 강조한다. 우리는 종종 "생각이 많으면 행동하기 어렵다"는 말을 하는데, 이는 제임스의 통찰과 일맥상통한다. 행동하지 않으면 아무것도 변하지 않는다는 단순한 진리가 여기에 담겨 있다.

자기 효능감 이론에 따르면, 사람들은 자신의 행동이 원하는 결과에 긍정적으로 영향을 미칠 수 있다고 강하게 믿을 때 더욱 적극적으로 움직이고 목표를 향해 나아간다. 즉, 단순히 "나는 할 수 있다"고 생각하는 것만으로는 부족하며, 실제로 행동하고, 그 과정에서 작게라도 성취를 경험하고, 거기서 얻은 긍정적인 감정이 다시 "나는 할 수 있는 사람이다"라는 견고한 신념을 만드는 것이다. 이렇게 형성된 신념은 다시 더 큰 도전과 행동을 가능하게 만드는 선순환을 이룬다. 이처럼 잠재력은 머릿속으로만 그려보는 사고실험이 아니라, 구체적인 실천 속에서 살아나고 성장하는 것이다. 특히 꾸준하고 반복적인 실천은 가능성에 대한 우리의 내면적 감각을 더욱 단단하고 확실하게 만들어준다. 한 번의 성공보다는 여러 번의 작은 성공이 더 큰 확신을 만든다는 의미이다.

문제는 사람들이 보통 그 '반복의 시작'조차 하지 못한다는 데 있다. 잠재력을 끄집어내는 첫 발걸음을 떼지 못하는 이유는 다양하다. 실패에 대한 과도한 두려움, 주변의 부정적인 평가에 대한 걱정, 자기 자신에 대한 깊은 회의감, 또는 이미 너무 늦었다는 절망적인 생각 등이 그것이다. 이러한 심리적 장벽들은 우리가 가진 잠재력을 가두는 강력한 감옥이 된다. 그러나 중요한 것은 거대한 도약이나 혁명적인 변화가 아니라, 아주 작은 전진이라도 꾸준히 해내는 것이다.

우리는 평소보다 하루에 10분 일찍 일어나 새로운 것을 시작하는 것, 낯선 사람에게 먼저 용기 내어 인사하는 것, 오랫동안 자신이 미루던 일을 단 한 번이라도 해보는 것 등. 이러한 작은 실천들이 바로 잠재력의 문을 여는 강력한 열쇠가 된다. 이른바 '작은 성공 경험'은 오랫동안 정체되어 있던 자아 이미지를 흔들어주고, 사람으로 하여금 다시 자신의 내면에 잠재된 가능성에 주목하고 기대를 품게 만든다. 작은 돌멩이 하나가 잔잔한 호수에 큰 파문을 일으키듯이 말이다.

사람은 자신이 아는 만큼만 세상을 해석하고, 자신이 할 수 있다고 믿는 만큼만 행동한다. 그러나 문제는 그 '믿음'이라는 것이 때로는 근거 없는 자의식이나 오해에서 비롯될 수 있다는 점이다.

한 번도 시도해본 적이 없기 때문에 자신이 알지 못하는 영역, 용기 있게 도전하지 않았기에 아직 열리지 않은 가능성, 바로 그것이 우리가 진정으로 가지고 있는 잠재력이다.

윌리엄 제임스는 인간이 고정된 자아의 경계를 뛰어넘을 수 있다고 보았고, 특히 감정이나 성격조차도 미리 정해진 고정된 실체가 아니라 반복된 행동과 경험에 의해 형성된다고 강력하게 주장했다. 이는 곧 사람의 타고난 성향이나 능력조차도 학습과 경험을 통해 얼마든지 변화하고 발전할 수 있다는 무한한 가능성을 열어준다. 이는 운명론적인 관점에서 벗어나, 인간의 주체적인 노력을 통한 자기 변화의 중요성을 강조하는 것이다.

우리는 종종 커다란 변화나 극적인 사건만을 '성장'이라 부르는 경향이 있다. 그러나 진짜 변화는 한순간에 이루어지는 것이 아니라, 작은 변화들이 쌓이고 누적되는 과정에서 나온다. 자신이 아직 할 수 없는 거창한 일에 무작정 도전하기보다는 현재 할 수 있는 일의 강도를 아주 조금씩 높여가는 방식으로 자신의 가능성을 점진적으로 확장해 나가는 것이 훨씬 더 현실적이고 지속 가능한 접근이다.

잠재력은 내면에 숨겨진 신비로운 보석처럼 찾아야 하는 것이 아니라, 일상생활 속에서 반복되는 꾸준한 실천 가운데 서서히 그 모습을 드러내는 능력이다. 따라서 그것은 훈련 가능하며, 매일의 작은 실천을 통해 얼마든지 꺼내 쓰고 개발할 수 있는 것이다. 이는 우리가 매일 헬스장에서 근육을 단련하듯이, 정신적인 잠재력도 훈련을 통해 강화될 수 있음을 의미한다.

이러한 내면의 전환은 단지 긍정적인 자기 암시나 막연한 긍정적 사고만으로는 충분하지 않다. 가장 중요한 것은 구체적인 행동이다. 생각은 머릿속을 맴돌 뿐이지만, 행동은 그 자체로 외부 세계에 영향을 미치고 우리의 내부 심리 구조를 변화시킨다. 우리가 한 걸음 내딛으면 방향이 바뀌고, 펜을 들어 글을 쓰면 새로운 문장이 만들어지며, 작은 행동 하나하나가 세계에 분명한 흔적을 남긴다. 잠재력도 마찬가지다. 머릿속에만 품고 있으면 아무런 변화도 일어나지 않지만, 일단 그것을 꺼내 쓰기 시작하면 거기서부터 실질적인 변화는 시작된다.

윌리엄 제임스는 이런 점에서 실용주의 철학의 핵심을 '작용하는 진리'로 보았다. 즉, 어떤 생각이 머릿속으로만 진리가 아니라, 삶에 실질적인 변화를 가져오는 것이야말로 진정한 진리라는 것이다. 이는 지식의 유용성을 강조하는 제임스의 철학적 관점이기도 하다.

따라서 잠재력을 온전히 쓰기 위한 조건은 완벽함이나 모든 것에 대한 확신이 아니다. 중요한 것은 바로 '실천 가능성'이다. 단 한 번의 선택이 완벽하지 않아도, 그 작은 실천이 반복되는 과정 속에서 그것은 강력한 심리적 구조를 형성한다. 아주 작게 실천하더라도 그것이 매일 꾸준히 이어진다면 자아의 중심이 긍정적인 방향으로 바뀌고, 그 변화는 우리의 행동 양식을 변화시키며 궁극적으로 삶의 질을 높인다. 우리는 자신이 가진 잠재력의 절반만이라도 제대로 꺼내 쓴다면, 지금의 삶을 절반 이상 긍정적으로 바꿀 수 있을 것이다. 중요한 것은 '전부'를 이루려는 완벽주의적 사고가 아니라, '지금 당장 가능한 만큼'을 시도하고 실천하는 현실적인 태도인 것이다. 이러한 작은 실천들이 모여 큰 변화를 이끌어낸다.

자기 자신이 되기를 두려워하지 마라

살아가는 동안 우리는 끊임없이 '되어야 할 어떤 사람'을 연기하며 살아간다. 그 연기는 때로는 주어진 역할이고, 짊어져야 할 책임이며, 타인의 강렬한 기대이고, 때로는 우리를 짓누르는 시선이다. '진짜 나'는 잠시 옆으로 밀려나고, 사회적으로 요구되는 '적절한 나'가 그 자리를 꿰찬다. 그렇게 우리는 많은 경우 자기 자신이 되는 것을 두려워한다. 있는 그대로의 나로서 솔직하게 말하고, 진정성 있게 행동하는 일이 때로는 가장 위험한 선택처럼 느껴지기도 한다. 왜일까? 그 이유는 단순하고 명확하다. 진짜 나를 드러내는 일은 거절당하거나, 비난받거나, 예상치 못한 실패를 마주할 가능성을 수반하기 때문이다. 이러한 두려움에 갇힌 채 살아간다면, 우리는 결국 가장 소중한 것, 즉 우리 자신을 잃게 된다. 이는 마치 가면을 쓴 채 연극 무대 위에서 평생을 보내는 것과 다름없다.

자기 자신이 된다는 것은 단순히 '하고 싶은 대로 무분별하게 행동하는 것'이 아니다. 그것은 외부의 기준이나 사회적 규범에 맹목적으로 따르는 것이 아니라, 철저히 내부의 기준과 내면의 목소리에 따라 삶을 이끌어가는 것을 뜻한다. 즉, 타인의 기대에 맞춰 자신을 꾸미고 포장하는 인생이 아니라, 자기 내면의 깊은 소리에 귀 기울여 사는 삶이다. 그러나 자기 자신으로 온전히 산다는 것은 가장 자유로운 동시에 가장 고독한 길일 수 있다. 왜냐하면, 우리는 그 길 위에서 무수한 존재론적 질문에 직면하기 때문이다. '나는 누구인가?', '나는 어떤 가치를 진정으로 믿고 있는가?', '나는 지금 진짜로 원하는 삶을 살고 있는가?' 이러한 질문들은 즉각적인 답을 요구하지 않는다. 다만 스스로에게 정직하고, 자기 내면의 진실을 마주하라는 강력한 요구이다. 이 고독한 여정은 자신을 찾아가는 유일한 통로이기도 하다.

윌리엄 제임스는 인간의 삶이란 "결국 자신을 구성해가는 선택의 누적"이라고 말한 바 있다. 그는 자아를 고정된 실체가 아니라 끊임없이 변화하고 성장하는 '과정'으로 이해했다. 오늘의 작은 선택과 행동 하나하나가 곧 내일의 자아를 만들어낸다는 것이다. 자아는 미리 완성되어 우리에게 주어지는 것이 아니라, 우리의 내부로부터 끊임없이 형성되고 생성되는 것이다. 그런 의미에서 자기 자신이 되기를 두려워하지 않는다는 것은 곧 자신의 자아를 수동적으로 받아들이는 것이 아니라 능동적으로 창조해나가는 진정한 용기이기도 하다. 이는 자신의 삶에 대한 주체적인 소유권을 주장하는 행위와 같다.

문제는 대부분의 사람들이 그 출발점조차 넘지 못한다는 데 있다. 자기 자신을 온전히 드러낸다는 것은 자신의 감정을 솔직하게 표현하고, 자신의 생각을 명확하게 말하며, 자신이 믿는 가치관을 당당하게 밝히는 일이다. 그러나 우리는 종종 그 자체를 억제하고 감추는 데 익숙해져 있다. 어린 시절부터 받아온 평가와 순응을 강요하는 교육, 끊임없는 사회적 비교, 실패에 대한 두려움, 그리고 과거의 부정적인 피드백 등은 우리로 하여금 '자기 억제'라는 방어 기제를 학습하게 만든다. 결국 우리는 진짜 나를 보여주기보다, 안전하고 예측 가능한 '적절한 나'를 선택하게 된다. 그러나 윌리엄 제임스는 인간이 자기 자신이 되는 길을 궁극적인 '심리적 자유'로 보았다. 외부 환경이나 타인의 시선에 의해 조종당하지 않고, 오직 내면의 기준과 가치에 따라 삶의 방향을 스스로 설정하는 능력. 그것이 바로 심리적 자유이며, 그것이 자기다움의 본질을 이룬다. 이 자유는 외부의 억압에서 벗어나는 것을 넘어, 내면의 구속에서 벗어나는 것을 의미한다.

진짜 자신이 되지 못하는 사람들은 외적으로는 아무런 문제가 없어 보일 수 있다. 심지어 좋은 직업을 가지고, 안정적인 관계를 맺고 있으며, 명확한 목표를 가졌다고 스스로 말할 수도 있다. 하지만 그러한 삶 안에 설명할 수 없는 깊은 공허함이나 만족감의 결핍이 느껴진다면, 그것은 어딘가 자기 자신으로부터 멀어졌기 때문일 수 있다. 삶의 피로와 무기력함은 단순히 일이 많아서 오는 것이 아니라, 자기 자신이 아닌 다른 사람으로 너무 오랫동안 살아왔기 때문에 오는 것일 수 있다. 자기 자신의 본질을 외면하고 살아가는 삶은 언젠가 반드시 심각한 반작용을 만들어 낸다. 극심한 번 아웃, 만성적인 우울감, 깊은 자기 회의, 삶의 의미 상실 같은 정서적 붕괴가 그 대표적인 예이다. 이는 마치 스프링을 계속 누르고 있으면 언젠가는 터져 오르듯, 억압된 자아가 폭발하는 현상과 같다.

심리학에서는 진정성(authenticity)이라는 개념을 매우 중요하게 다룬다. 진정성은 자기 자신에 대한 솔직함, 그리고 자기 내면의 감정, 생각, 그리고 행동이 일관되게 일치하는 상태를 말한다. 다양한 연구 결과에 따르면 진정성이 높은 사람일수록 삶의 전반적인 만족도가 유의미하게 높고, 자존감이 외부 요인에 흔들리지 않고 안정적이며, 대인관계에서의 불필요한 충돌이나 갈등도 현저히 적은 것으로 나타난다. 그들은 외부의 변화나 비판에 쉽게 흔들리지 않고, 내면의 견고한 일관성을 통해 삶의 중심을 안정적으로 유지한다. 이는 단순히 타고난 성격이나 긍정적인 태도의 문제가 아니라, 꾸준한 훈련과 의식적인 실천의 결과이다. 진정성은 내면의 근육과 같아서, 사용하고 단련할수록 강해진다.

진짜 자신이 되기 위해서는 첫째, 자기 자신을 꾸준히 관찰하고 이해하려는 태도가 필요하다. 자신의 감정을 억누르지 말고 있는 그대로 느껴야 하며, 자동적으로 떠오르는 생각들을 무비판적으로 받아들이지 말고 끊임없이 질문해야 한다.

'나는 지금 왜 이런 감정을 느끼는가?', '이 결정은 진짜 내면의 선택인가, 아니면 외부의 압박이나 기대에 따른 반응인가?'와 같은 질문들을 습관화하는 것이 중요하다. 둘째, 타인의 평가와 시선에 과도하게 휘둘리지 않는 훈련이 필요하다. 세상의 모든 사람의 기대를 동시에 만족시킬 수는 없으며, 모든 외부의 평가가 반드시 진실이나 나에게 적합한 것은 아니다. 가장 중요한 것은 자기 자신이 느끼는 진실과 내면의 확신이다. 셋째, '작은 실천'들이 꾸준히 모여야 한다. 자기다운 말을 용기 내어 한 마디 꺼내는 것, 마음에 없는 일이나 원치 않는 부탁에 '아니요'라고 단호하게 말하는 것, 익숙하고 편안한 환경에서 벗어나 의도적으로 낯선 선택을 해보는 것 등, 이러한 작고 반복적인 실천들이 모여 점진적으로 진정한 자기를 구성해 나간다. 이는 마치 작은 조약돌들이 모여 거대한 산을 이루듯이, 사소한 행동들이 모여 정체성의 큰 변화를 이끌어낸다.

윌리엄 제임스는 말한다. "우리는 습관의 존재다. 그러나 우리는 또한 습관을 선택할 수 있는 존재다." 이 말은 곧, 우리는 타고난 운명에 갇히는 것이 아니라, 자신의 자아조차도 의식적인 선택과 실천을 통해 구성하고 변화시킬 수 있다는 뜻이다. 자기 자신이 되기를 두려워하지 않는다는 것은 외부에서 강요된 정체성의 틀에서 벗어나 스스로의 내면적인 기준을 새롭게 만들어나가는 일이기도 하다. 그 기준은 처음부터 명확하지 않을 수 있다. 그 과정에서 실수도 있을 수 있고, 때로는 후회가 따를 수도 있다. 그러나 그 모든 시행착오와 과정 자체가 '자기'라는 생생하고 고유한 존재를 형성하는 데 필수적인 경험이 된다. 완벽하지 않아도 괜찮다는 자기 수용이 이 과정의 핵심이다.

우리는 누구나 자기만의 내면 언어를 가지고 있다. 그 언어는 아직 말로 표현되기 전의 미묘한 감정과 감각, 깊은 곳에 자리한 가치와 철학으로 존재한다. 그것을 말로, 행동으로, 그리고 구체적인 선택으로 외부 세계에 꺼내 표현하는 일이 바로 '자기 자신이 되는 것'이다. 단지 머릿속으로 생각하고 내면에서 느끼는 것만으로는 부족하다. 자기다움은 반드시 실천되어야 한다. 그것이 반복되고 축적될 때 습관이 되고, 습관이 쌓여 정체성이 되며, 결국 그 정체성이 우리의 삶 전체가 된다. 자기다움은 정적인 상태가 아니라 끊임없이 진화하는 동적인 과정이다.

결국 자기 자신이 되기를 두려워하지 않는다는 것은 존재의 중심에 스스로를 우뚝 세우는 일이다. 그 길은 결코 쉽지 않다. 수많은 도전과 내면의 갈등을 마주해야 한다. 그러나 그 길을 용기 있게 가는 사람만이 진정한 자율성과 창조성을 획득할 수 있다. 윌리엄 제임스의 실용주의가 말하는 진리는, 삶에 구체적인 변화를 가져오는 '작용하는 진리'여야 한다.

우리가 자기 자신이 되기로 선택할 때 그 선택은 단순한 개인의 성향이나 취향의 문제가 아니라, 삶의 근본적인 구조를 변화시키는 강력한 진리가 된다. 그리고 그 진리는 우리로 하여금 비로소 삶을 수동적으로 흘려보내는 것이 아니라, 주체적으로 계획하고 실현해나가게 만든다. 자기다움을 찾아가는 여정은 삶의 가장 큰 모험이자 가장 값진 보상이 될 것이다.

안전지대를 넘을 때 진짜 자아가 나온다

인간은 기본적으로 익숙한 것을 선호한다. 그것은 본능적인 경향으로, 진화론적 관점에서 낯선 환경이 잠재적 위험과 생존 위협을 의미했기에, 우리의 선조들은 예측 가능한 환경에 머물러야만 했다. 이러한 생존 본능은 수만 년에 걸쳐 인간의 유전자에 각인되었고, 오늘날 우리는 죽음의 직접적인 위험으로부터 비교적 자유로워졌음에도 불구하고, 그 본능은 여전히 우리의 무의식을 강력하게 지배하고 있다.

심리학에서는 이러한 심리적 경향이 발현되는 영역을 안전지대라고 부른다. 안전지대란 물리적인 장소라기보다는 특정한 심리적 상태를 의미한다. 그 안에 머물 때 우리는 덜 불안하고, 덜 창피하며, 실패의 위험 또한 현저히 줄어든다. 그러나 역설적으로 덜 불안하다는 말은 덜 성장한다는 말과도 같다. 불편함을 회피하려는 습관은 결국 우리의 잠재력을 제한하고, 진정한 자아를 발견할 기회를 박탈한다.

우리는 스스로에게 설정한 보이지 않는 한계 안에서 머물며, 그 바깥 세상에 무엇이 있는지 탐험할 기회조차 갖지 못하는 경우가 많다. 이처럼 잠재력은 단순히 재능의 문제가 아니라, 그것을 인식하고 활용하려는 의지의 문제이다.

안전지대는 익숙함으로 이루어진 견고한 울타리이다. 그 안에서 우리는 반복되는 일상을 살아가며 어느 정도의 통제력을 느낀다. 업무 패턴, 대인 관계의 유형, 심지어 감정의 표현 방식까지도 모두 익숙하고 예측 가능하다. 하지만 이러한 안정감은 종종 환상에 불과할 수 있다. 왜냐하면 우리의 진정한 자아는 통제되고 예측 가능한 환경 안에서는 온전히 드러나지 않기 때문이다. 진짜 자아는 불확실성과 마주할 때, 예상하지 못한 반응과 대처 능력을 요구받을 때, 실패 가능성과 그에 따르는 책임을 기꺼이 떠안을 때 비로소 그 모습을 드러낸다.

우리가 진정 누구인지, 어떤 잠재력을 가지고 있는지를 알기 위해서는 편안하고 안전한 나의 울타리를 넘어서야만 한다. 심리학적 관점에서 볼 때, 이는 인지 부조화 이론과도 연결될 수 있다. 익숙한 것과의 충돌에서 오는 불편함을 회피하려 할 때, 우리는 스스로의 성장을 저해하는 선택을 하게 된다. 이 현상은 개인이 자신의 믿음과 행동 사이의 불일치를 줄이려는 경향을 보이는 것으로, 안전지대에 머물며 변화를 거부하는 이유 중 하나로 작용하기도 한다.

사람들은 종종 "나는 원래 이런 성격이다", "나는 낯가림이 심하다", "나는 그런 쪽엔 소질이 없다"와 같이 스스로를 규정하는 말을 한다. 하지만 이러한 말들 중 상당수는 실제 타고난 성격이라기보다는, 오랫동안 안전지대 안에서 길들여진 행동 패턴에 불과하다. 심리학에서는 이러한 자기 규정이 고정된 실체가 아니라 행동의 집합으로 본다. 우리가 어떤 행동을 반복하고 어떤 경험을 쌓아가느냐에 따라 자아는 끊임없이 재구성되고 진화하는 것이다. 따라서 진짜 나라는 개념은 우리가 어디까지 용기 내어 도전해보고, 어떤 경험들을 소화해냈는지에 따라 얼마든지 달라질 수 있다. 이는 결정론적 사고에서 벗어나, 인간이 스스로를 만들어갈 수 있는 능동적인 존재임을 강조한다.

사람들 앞에서 발표하는 것을 극도로 두려워하는 사람이 있다고 가정해 보자. 그는 늘 "나는 말수가 적고, 사람들 앞에 나서기를 싫어하는 성격이다"라고 말한다. 하지만 그가 단 한 번이라도 용기를 내어 발표를 시도해보고, 설령 그 과정에서 실수를 경험하고 좌절하더라도 다시 도전해보는 과정을 거친다면, 그는 놀랄 만큼 자신 안에 미처 몰랐던 다른 능력과 잠재력이 있었음을 발견할 수 있다. 중요한 것은 우리가 그 첫 번째 도전을 시도하지 않는다는 데 있다. 실패가 두려워서, 사람들의 비판적인 시선이 무서워서, 혹은 이미 스스로 정해놓은 나의 고정된 이미지에 금이 갈까 봐 두려워하기 때문이다. 그렇게 우리는 자신의 진짜 모습을 확인하고 잠재력을 발현시킬 기회를 스스로 차단하고 제한한다. 이러한 현상은 자기 충족적 예언으로 이어져, "나는 못한다"는 믿음이 실제 실패를 유도하고, 이는 다시 그 믿음을 강화하는 악순환을 만들기도 한다. 이처럼 내면의 신념이 현실을 구성하는 강력한 힘을 가지는 것이다.

아멜리아 에어하트(Amelia Earhart)는 "가장 어려운 일은 행동하는 것, 나머지는 그저 끈기일 뿐이다"라고 말했다. 이 말은 우리가 안전지대의 경계를 넘어설 때마다 우리의 자아는 더욱 넓게 확장된다는 의미이다. 특히 불확실하고 예측 불가능한 상황 속에서 내리는 주체적인 선택과 그에 따른 행동은 우리가 미처 몰랐던 새로운 감정, 사고방식, 그리고 잠재된 가능성들을 끌어올린다. 그 모든 것은 이전에는 우리의 자아 개념 속에 존재하지 않았던 새로운 나의 일부가 된다. 우리는 이러한 도전과 경험 속에서 새로운 자아의 조각들을 찾아내고, 그것들을 통해 전체의 나를 더욱 풍부하게 재구성할 수 있다. 이는 에릭 에릭슨의 심리사회적 발달 이론에서 강조하는 정체성 형성 과정과도 유사한 맥락을 가진다. 자아는 고정된 실체가 아니라, 삶의 경험을 통해 끊임없이 변화하고 성장하는 유기체와 같다.

심리학적으로도 이러한 자아 확장의 원리는 여러 실험과 이론을 통해 명확하게 증명된다.

스탠포드 대학의 심리학자 캐롤 드웩의 성장 마인드셋 연구는, 인간이 자신의 능력이 고정되어 있다는 고정 마인드셋에서 벗어나, 학습과 노력을 통해 발전할 수 있다는 믿음, 즉 성장 마인드셋을 가질 때 놀라운 성장과 성취가 가능하다는 사실을 보여주었다. 한계를 미리 정하지 않고 끊임없이 도전하는 사람들은 실패를 두려워하지 않고 오히려 기꺼이 마주한다. 그들은 실패를 회피해야 할 대상이 아니라, 이를 통해 학습하고 자신의 개념을 확장할 수 있는 소중한 기회로 삼는다. 그들은 실패가 자아를 무너뜨리는 것이 아니라 오히려 강화시킨다는 사실을 경험적으로 알고 있다. 이는 진리를 추상적인 관념이 아니라 실천의 결과로 판단하는 실용주의적 관점과도 완벽하게 일맥상통한다. 즉, 도전하지 않으면 자신의 진짜 능력과 잠재력에 대한 진실은 영원히 드러나지 않는다.

안전지대를 넘어선다는 것은 단순히 외부 환경의 변화에 적응하는 것을 넘어, 내면의 깊은 해체와 재조립 과정을 뜻한다. 우리는 그동안 익숙하고 고정되어 있던 자아 개념을 기꺼이 내려놓고, 새롭게 형성되는 자아를 열린 마음으로 받아들여야 한다. 이 과정은 익숙한 감정의 패턴을 깨뜨리고, 때로는 불편한 진실을 마주하며, 때로는 스스로의 무능함이나 한계를 인정하는 고통스러운 과정을 포함한다. 그러나 그 과정에서 우리가 느끼는 두려움 속에는 귀한 성장의 씨앗이 숨어 있다. 두려움은 단순한 실패의 예고가 아니라, 우리의 의식과 존재가 변화를 향해 나아가고 있다는 강력한 신호일 수 있다 있다. 마치 새가 알을 깨고 나오듯, 고통은 새로운 탄생의 전주곡이 된다.

심리학적 용어로 이는 인지 재구성이나 스캐폴딩과 같이 점진적인 변화를 통해 새로운 능력을 습득하는 과정으로 설명될 수 있다. 불편함은 성장통이며, 우리의 인지적 유연성을 증대시키는 기회가 된다.

사람들은 종종 변화에 대해 강렬한 욕망과 갈망을 품으면서도, 실제로는 아무것도 바꾸지 않고 현실에 안주하는 경향이 있다. 그 이유는 명확하다. 변화가 필연적으로 통증과 불편함을 수반하기 때문이다. 익숙한 것을 버리고 새로운 것을 선택한다는 것은 심리적으로 상당한 스트레스와 불안감을 유발한다.

우리는 무의식적으로 이 불편함을 회피하려 한다. 그러나 이러한 불편함을 기꺼이 받아들이고 감수하는 것이야말로 자기 확장의 필수적인 조건이다. 우리는 불편함을 감수하고 그 속에서 새로운 균형을 찾아가는 법을 배워야 한다. 그것은 곧 현재의 나를 초과하여 더 크고 넓은 나로 나아가는 과정이다.

이러한 자기 초월은 에이브러햄 매슬로의 욕구 단계 이론에서 최고 단계의 욕구로 제시될 만큼 인간 성장 발달의 정점이라 할 수 있다. 이 불편함은 성장을 위한 촉매제이자, 우리의 의지력을 단련시키는 수련과 같다.

프리드리히 니체는 "자신을 극복하는 자는 가장 강한 자이다"라고 말하며, 인간이 스스로 선택할 수 있는 존재라는 사실, 그리고 그 선택의 누적을 통해 자신을 능동적으로 구성해간다는 것에 깊은 철학적 의미를 부여했다. 이 말은 인간이란 미리 정해진 고정된 정체성을 가지고 태어나는 것이 아니라, 삶의 매 순간 이루어지는 끊임없는 선택과 행동의 누적으로 구성되고 진화하는 존재라는 뜻이다. 그리고 그러한 의미 있는 선택은 대부분 우리가 익숙하고 안전하다고 느끼는 곳의 경계를 넘어서는 순간에 가능해진다. 익숙함에서 멀어질수록, 우리는 우리의 진짜 모습과 잠재력에 더욱 가까워지는 역설적인 경험을 하게 된다. 이는 칼 융의 개성화 과정과도 연결될 수 있으며, 자기실현을 향한 개인의 여정을 의미한다. 이 과정에서 개인은 자신의 그림자 측면을 통합하고, 온전한 자신을 향해 나아간다.

결국 안전지대는 물리적인 공간이 아니라 우리 마음속에 존재하는 심리적인 경계이다. 우리는 매일같이 그 보이지 않는 경계 앞에 서서 선택의 기로에 놓인다. 말할 것인가, 침묵할 것인가. 새로운 것을 시도할 것인가, 익숙한 것에 안주할 것인가. 익숙한 방식으로 갈 것인가, 아니면 전혀 새로운 방법을 택할 것인가. 그 선택의 순간마다 우리는 스스로에게 깊은 질문을 던진다. '나는 지금 누구인가', '나는 어떤 사람이 되고자 하는가'. 그리고 이 질문에 진실하게 대답하고, 그 답을 삶으로 증명하기 위해서는 단 한 가지의 본질적인 용기가 필요하다. 바로 안전지대의 경계를 넘어설 수 있는 용기이다. 이 용기는 순간의 충동이 아니라, 자기 성장을 향한 깊은 의지에서 비롯된다. 이는 실존주의 철학에서 강조하는 '선택의 자유와 책임'과도 맞닿아 있는 부분이다.

진정한 자아는 안정되고 편안한 환경 속에서 고요히 숨죽인 채 있지 않는다. 그것은 오히려 불확실성에 흔들리고, 실패에 부딪히며, 고통 속에서 인내하고 배우면서 비로소 단단하게 빚어진다. 우리는 예측 불가능한 상황과 불확실성 속에서 가장 날것의 진짜 자신을 마주하게 된다. 그 과정은 결코 편안하거나 안락하지 않다. 때로는 고통스럽고, 때로는 외롭지만, 바로 그 순간들이 가장 생생하고 의미 있는 자기 발견의 순간들이다. 우리가 안전지대의 편안함을 벗어던질 때 비로소 삶은 시작되고, 잠들어 있던 자아는 깨어나 역동적으로 움직인다. 이것이 인간 존재의 끊임없는 역동성이다. 자기 안의 잠재력을 끊임없이 탐색하고 확장해 나가는 여정은 삶의 본질적인 목적 중 하나이며, 이를 통해 우리는 더욱 충만하고 의미 있는 삶을 살아갈 수 있다.

제임스의 심학적 도구, 인간 내면의 지도 완성하기

인간은 자신을 이해하려는 유일한 동물이다. 우리는 누구인가, 어떻게 살아야 하는가, 무엇이 나를 나답게 만드는가와 같은 질문은 인류의 역사만큼 오래되었으며, 수많은 지성인이 이에 대한 해답을 탐구해왔다. 이 물음의 근원에는 단순히 지적인 호기심을 넘어서는 존재의 깊은 갈망이 자리한다. 우리는 이 광활한 우주 속에서 스스로의 의미를 탐색하고, 정해진 운명을 넘어서는 능동적인 존재로서의 자리를 찾고자 한다.

바로 이 지점에서 우리가 지금까지 함께 걸어온 인간 정신의 여정이 그 궁극적인 의미를 드러낸다.

삶은 마치 거대한 미지의 공간과 같다. 누군가 미리 그려놓은 지도가 있어 안전하게 따라갈 수 있는 길이 아니라, 우리 스스로의 걸음으로 한 발 한 발 개척해나가야 할 미개척지인 것이다. 우리는 종종 외부 환경이나 타고난 조건이 우리의 존재를 규정한다고 여기지만, 진정한 발견은 그 너머에 존재한다. 인간에게는 스스로의 한계를 허물고, 지금까지 닿지 않았던 경지를 향해 나아갈 수 있는 내재된 힘이 있다. 이 힘은 가장 익숙하고 편안한 영역의 경계를 벗어나는 용기 있는 한 걸음에서 시작된다. 변화를 향한 불안과 미지의 것에 대한 두려움은 자연스러운 감정이지만, 그 감정 속에는 새로운 탄생의 씨앗이 숨어 있다. 두려움을 마주하고 한계를 넘어설 때, 우리는 비로소 자신 안에 숨겨진 무한한 가능성을 깨닫게 된다. 이러한 자각은 한 번의 극적인 깨달음에서 오는 것이 아니라, 일상 속에서 행해지는 작은 선택과 행동들의 끊임없는 누적을 통해 서서히 피어난다. 아침에 눈을 뜨는 순간의 결단, 익숙한 방식 대신 새로운 시도를 하는 미미한 변화, 낯선 세상에 손 내미는 작은 용기까지, 이 모든 것이 바로 우리가 알지 못했던 자신을 발견하는 창조의 행위인 것이다.

우리가 경험하는 현실은 외부 세계의 단순한 반영이 아니라, 우리의 의식이라는 내면의 필터를 통해 끊임없이 해석되고 구성되는 것이다. 뇌는 단순히 정보를 수집하고 저장하는 장치가 아니라, 과거의 모든 경험을 바탕으로 미래를 예측하고, 그 예측에 따라 현실의 조각들을 맞춰나가는 능동적인 건축가이다. 우리가 무엇을 진실이라 믿는가에 따라 세상의 풍경이 달라지는 것은 바로 이 때문이다. '나는 해낼 수 있다'는 내면의 확신은 불가능해 보이던 길을 열어주고, '나는 할 수 없다'는 자기 한정적 믿음은 잠재된 가능성마저 침묵시킨다. 이 믿음의 힘은 단순한 정신적 작용을 넘어, 우리의 구체적인 행동을 이끌어내고, 그 행동이 다시금 현실을 변화시키는 역동적인 순환 고리를 형성한다. 우리는 스스로 생각하는 것보다 훨씬 더 깊이 자신의 존재와 경험을 능동적으로 빚어내는 존재인 것이다.

이 책을 통해 우리는 인간 정신의 가장 깊은 곳에 자리한 역동적인 원리들을 탐험했다. 그것은 정지된 지식이 아니라, 살아있는 실천을 통해 우리의 삶 속에서 끊임없이 작동하는 역동적인 힘이었다. 삶은 단 한 번 주어지는 귀한 기회이며, 그 어떤 누구도 우리의 잠재력을 온전히 발현시킬 수 있는 마법의 열쇠를 대신 쥐어줄 수는 없다. 그 열쇠는 오직 우리 자신의 손에, 그리고 우리가 매 순간 내리는 자유로운 결단 속에 숨겨져 있다. 완벽한 준비를 기다리기보다는, 지금 당장 작은 행동으로 시작하는 용기, 실패를 두려워하지 않고 거기서 배우며 나아가는 끈기, 그리고 자신 안의 무한한 가능성을 굳건히 믿는 신념이 바로 그 열쇠를 돌리는 힘이 될 것이다.

당신의 삶은 아직 아무것도 쓰이지 않은 백지와도 같은 책이며, 당신은 그 책의 유일한 작가이자 주인공이다. 지금 이 순간, 당신의 의식 속에서 새로운 이야기가 펼쳐지고 있음을 깊이 신뢰하라. 불확실성과 불안함을 넘어, 당신 안의 무한한 잠재력을 향해 첫 발을 내딛는 당신의 모습은, 이 세상이 본 적 없는 가장 위대한 작품이 될 것이다. 당신의 삶은 이미 시작되었고, 당신의 이야기는 지금부터 가장 빛나는 페이지를 써 내려갈 것이다. 당신은 이미 충분히 강하며, 당신의 가능성은 당신이 상상하는 것보다 훨씬 더 위대하다. 이제, 그 경이로운 가능성을 세상에 펼쳐낼 시간이다.

13장

존재의 심연, 영원한 항해

삶이라는 미지의 바다

우리의 삶은 끝없이 펼쳐진 미지의 바다이다. 이 바다는 예측할 수 없는 파도와 숨겨진 암초, 그리고 때로는 절망적인 고요함으로 가득 차 있다.

우리는 이 바다 위에서 자신이라는 작은 배를 타고 항해를 시작한다. 처음에는 방향을 잃고 헤매거나, 거대한 물결에 휩쓸려 무력감을 느낄 수도 있다. 세상의 모든 풍경은 낯설고, 저 멀리 보이는 육지는 아득한 꿈처럼 느껴지기도 한다. 삶의 바다는 우리에게 무한한 자유를 주지만, 동시에 막막함이라는 가장 깊은 심연을 보여주기도 한다. 우리는 정해진 항로 없이 사회구조 안에서 오직 내면의 지도를 더듬어가며 나아가야 하는 운명이다. 때로는 목적지 없이 표류하는 것처럼 느껴질 때도 있을 것이다. 그러나 이 혼돈 속에서 우리는 비로소 삶의 진정한 의미를 찾아 나서는 것이다. 이 바다는 끝없는 가능성이며, 매 순간 새로운 바람이 불어오는 곳이다.

인간 존재의 가장 근본적인 특성 중 하나는 바로 이 미지의 바다 앞에서 느끼는 경외감과 두려움의 이중성이다.

우리는 익숙하고 예측 가능한 것을 선호하지만, 동시에 알 수 없는 것에 대한 원초적인 끌림을 가진다. 이는 수렵채집 시대부터 인류에게 각인된 본능적인 탐험 욕구와 연결되어 있다. 미지의 바다는 때로 거친 폭풍을 몰고 오며 우리의 나약함을 드러내지만, 동시에 아무도 가보지 못한 새로운 대륙의 발견 가능성을 품고 있다. 우리는 이러한 역설적인 상황 속에서 자신의 한계를 시험하고, 숨겨진 잠재력을 발견하는 것이다. 삶의 바다는 결코 정지해 있지 않다. 끊임없이 움직이고 변화하는 현장에서, 우리에게 새로운 질문과 도전을 던진다. 이 질문에 답하고 도전에 응하는 과정 자체가 바로 우리가 살아있음을 증명하는 가장 생생한 방식이다. 파도에 맞서는 작은 배처럼, 우리는 삶의 매 순간을 통해 희노애락에 맞춰 단련해 나간다.

이 바다 위에서의 항해는 단순히 물리적인 공간의 이동이 아니다. 그것은 우리 내면의 깊이를 탐색하는 영적인 여정이다. 우리는 파도가 심하게 일렁일 때 내면의 불안을 마주하고, 잔잔한 수면 위를 미끄러져 갈 때 평화와 고요함을 경험한다. 멀리서 들려오는 미지의 소리에 귀 기울이며 새로운 가능성을 상상하기도 하고, 때로는 과거의 좌초된 배들을 보며 후회와 교훈을 얻기도 한다.

삶의 바다는 우리의 모든 감정과 생각, 그리고 행동을 비추는 거대한 거울과 같다. 행동한 만큼 비춰지는 이 거울은 자신의 진짜 모습을 발견하고, 그 모습을 통해 앞으로 나아갈 방향을 설정하는 것이다. 우리는 이 항해를 통해 외부 세계뿐만 아니라, 자신의 내면세계에 대한 이해를 구한다.

바다는 끝없는 학습의 장이며, 자기 발견의 무대이다.

삶이라는 미지의 바다 위에서 우리는 혼자가 아니다. 보이지 않는 다른 배들이 함께 항해하고 있으며, 때로는 서로에게 등대가 되어주기도 한다. 다른 이들과의 만남과 헤어짐은 이 바다 위에서 펼쳐지는 가장 아름답고 때로는 가장 고통스러운 경험이다. 우리는 타인의 존재를 통해 자신의 존재를 더욱 선명하게 인식하고, 관계 속에서 사랑과 연대, 갈등과 용서를 배운다. 서로에게 의지하고, 때로는 서로에게 상처를 주면서도 우리는 함께 이 바다를 건너가는 동반자들이다. 이 동반자들과의 여정 속에서 우리의 삶은 더욱 풍요로워지고, 개인의 작은 항해가 인류라는 거대한 배의 역사와 연결되는 것이다. 각자의 배는 다르지만, 모두 같은 바다 위를 항해하며 같은 태양과 달을 바라보는 존재들이다.

결국, 삶이라는 미지의 바다는 우리에게 두려움과 경외감, 도전과 성장의 기회를 동시에 제공한다. 우리는 이 바다 위에서 정해진 운명에 끌려가는 것이 아니라, 스스로 돛을 올리고 키를 잡으며 자신의 항로를 개척해나가는 주체적인 존재이다.

각자에게 주어진 파도가 아무리 거세도, 폭풍우가 아무리 몰아쳐도, 우리 안에는 그 모든 것을 이겨내고 나아갈 수 있는 불굴의 정신력이 있다. 이 바다 위에서 우리가 얻는 모든 경험은 실패든 성공이든, 결국 우리를 더욱 완전한 존재로 만들어주는 소중한 자산이다.

당신의 배를 띄워 당신만의 위대한 항해를 시작하라. 당신의 항해는 당신이 상상하는 것보다 훨씬 더 위대한 서사시가 될 것이다.

삶이라는 미지의 바다

삶이라는 미지의 바다 위에서 우리가 길을 잃지 않고 나아갈 수 있는 가장 중요한 도구는 바로 내면의 나침반, 즉 의식의 빛이다. 의식은 단순히 깨어 있는 상태를 의미하는 것이 아니다. 그것은 우리의 존재를 비추고, 세상의 모든 현상에 의미를 부여하며, 나아가 나아가야 할 방향을 제시하는 살아있는 등대와 같다. 우리의 마음은 고정된 틀 속에 갇힌 것이 아니라, 끊임없이 흐르고 변화하는 강물처럼 유동적인 감정을 가지고 있다. 이 의식의 강물을 인식하고, 우리가 무엇에 주의를 기울이는가에 따라 우리의 항해는 전혀 다른 양상으로 전개되는 것이다.

의식은 우리에게 세상과의 연결고리를 제공하는 동시에, 우리 자신을 이해하는 열쇠이다. 우리는 오감으로 들어오는 정보를 수동적으로 받아들이는 존재가 아니다. 의식은 이러한 정보들을 선택적으로 필터링하고, 해석하며, 이를 통해 우리만의 고유한 현실을 구성한다. 이는 같은 풍경을 보더라도 어떤 사람은 아름다움을 느끼고, 어떤 사람은 쓸쓸함을 느끼는 것은 바로 의식의 이러한 능동적인 작용 때문이다. 이처럼 의식은 단순한 인지 활동을 넘어, 우리의 감정, 생각, 그리고 행동, 결정까지 전반에 걸쳐 강력한 영향력을 행사한다. 우리가 어떤 것에 의식적으로 주의를 기울이느냐에 따라, 우리의 뇌는 해당 정보에 더 많은 에너지를 할당하고, 그와 관련된 신경망을 강화한다. 이것이 바로 우리가 긍정적인 생각에 집중할 때 긍정적인 변화를 경험하고, 부정적인 생각에 몰두할 때 부정적인 결과에 갇히게 되는 이유이다. 의식은 우리의 현실을 능동적으로 빚어내는 가장 강력한 도구인 것이다.

의식의 빛을 활용하는 또 다른 중요한 방법은 '목표 설정'이다. 막연한 꿈이나 희망은 바다 위를 떠도는 부유물과 같다. 그러나 의식적으로 명확한 목표를 설정하고, 그 목표를 향해 주의를 집중할 때, 우리는 강력한 추진력을 얻는다. 목표는 우리의 의식 에너지에 방향성을 부여하고, 뇌가 그 목표 달성에 필요한 자원들을 효율적으로 동원하게 한다.

여기에 어떤 기술을 배우고 싶다는 막연한 생각을 넘어, '3개월 안에 이 기술을 마스터하겠다'는 구체적인 목표를 의식에 새길 때, 우리의 마음은 그 목표를 달성하기 위한 방법을 모색하고, 필요한 행동을 계획하며, 그에 따른 실천을 촉진한다. 의식적인 목표 설정은 우리 존재의 모든 에너지를 한 방향으로 모아주는 강력한 집중점인 것이다.

이러한 의식의 힘은 '선택'과도 깊이 연결되어 있다. 우리는 매 순간 수많은 정보와 자극 속에서 무엇을 받아들이고, 무엇을 거부할지 의식적으로 선택한다. 이 선택은 우리의 의식적 경험을 형성하고, 나아가 우리의 현실을 재구성한다. 어떤 정보를 믿을 것인가, 어떤 가치에 무게를 둘 것인가, 어떤 행동을 할 것인가 등 모든 선택은 우리의 의식적 결정의 산물이다.

제임스가 말한 '의식의 흐름'은 우리가 매 순간 선택하는 주의의 방향에 따라 끊임없이 변화한다. 즉, 우리의 의식은 수동적으로 세상을 비추는 거울이 아니라, 능동적으로 세상을 조각하고 형성하는 예술가의 손과 같다. 이 손이 어디를 향하고 무엇을 빚어내는가에 따라 우리의 삶이라는 작품은 전혀 다른 모습으로 완성되는 것이다.

의식이란 단지 깨어 있는 상태를 넘어, 인간이 세계를 구성하고 스스로를 이해하는 방식 그 자체이며, 그 빛은 우리의 사고를 조율하고 존재를 해석하는 일종의 내면적 조명이다. 창조란 그렇게 깨어 있는 의식의 반응이다.

칸트가 말했듯 "지성은 자연에 법칙을 부여한다."는 통찰처럼, 우리가 무의미한 현실 속에서 의미를 찾아내고, 단순한 감각을 개념으로 끌어올리는 힘은 오직 의식에서 비롯된다. 바로 그 의식이 감정을 이해하게 만들고, 감정의 기원에 이름을 붙이게 하며, 파도처럼 밀려오는 감정의 움직임에 휩쓸리는 것이 아니라 그 흐름의 결을 읽고 방향을 돌릴 수 있는 관찰자의 시점을 가능케 한다.

의식은 감정을 억제하는 것이 아니라 그 감정을 하나의 메시지로 전환시키는 통로이며, 그 메시지는 우리 삶의 깊은 의미를 드러내는 길잡이가 된다.

데이비드 흄이 "이성은 감정의 노예"라 했지만, 그 감정을 해석하는 힘은 여전히 의식 속에서 기인하며, 따라서 우리는 감정의 포로가 아니라 그것을 통제할 수 있는 자율적 존재로 나아갈 수 있다. 나아가 우리는 반복된 행동의 누적 속에 살아가며, 이 습관의 틀에서 벗어나려면 무의식적인 반복을 의식의 장으로 끌어올리는 훈련이 필요하다.

아리스토텔레스는 "덕은 습관에 의해 형성된다"고 했다. 이 말은 인간의 품성이나 삶의 방향이 단 한 번의 결단이 아니라, 반복되는 선택과 행동의 누적으로 구성된다는 뜻이다. 그러나 중요한 것은 그러한 습관이 결코 저절로 형성되는 것이 아니라는 점이다. 우리는 매 순간 수많은 선택의 기로에 서 있고, 그 선택의 방향을 결정짓는 힘은 바로 '의식'이다. 의식은 습관을 단순히 반복하게 하는 자동 기제가 아니라, 그 습관을 인식하고 새롭게 구성할 수 있는 통제력의 원천이며, 우리가 무심코 반복해온 삶의 패턴들을 성찰의 대상이 되게 함으로써 인간을 기계적 존재에서 벗어나 자율적 존재로 탈바꿈시킨다.

프로이트는 인간 심리를 설명하며 무의식의 강력한 영향력을 강조했다. 억압된 기억과 감정, 충동이 우리 삶을 지배한다는 그의 통찰은 인간의 어두운 측면을 응시하게 했고, 인간을 '알 수 없는 자신'과 공존하는 존재로 이해하게 했다. 그러나 이제 우리는 그 무의식의 그림자에만 머물러 있어선 안 된다. 의식은 그 그림자를 비추는 조명이며, 억압된 파편들을 드러내고 재구성하는 힘이다. 의식은 자기 자신을 볼 수 있는 눈이며, 바로 그 눈이 존재의 질서를 다시 그리게 만든다.

프로이트가 어둠을 보여주었다면, 우리는 이제 그 어둠 속에서 빛을 선택해야 한다. 의식의 빛은 감정을 분해하고 기억을 재배열하며, 과거를 단지 반복되는 트라우마가 아닌, 통합된 서사로 승화시킨다.

하이데거는 인간을 '세계-내-존재(Dasein)'라고 명명했다. 인간은 단지 세계 안에 놓인 객체가 아니라, 세계를 해석하고 의미화하는 존재라는 뜻이다. 그에게 의식은 단순한 뇌의 활동이 아닌, 세계를 향해 열려 있는 존재 방식이었다. 인간은 세계에 던져진 존재지만, 동시에 그 세계를 이해하고 의미를 부여함으로써 자신의 존재를 다시 구성할 수 있다. 따라서 의식은 존재론적 차원에서의 방향 설정이며, 삶의 조건에 대한 반응이 아니라 그것을 새롭게 조직하는 창조 행위이다. 하이데거의 사유는 우리에게 묻는다. "당신은 지금 있는 그대로 존재하는가, 아니면 이해하고 선택하며 존재하는가?" 그 질문은 우리를 기계적인 생존의 틀에서 꺼내어, 주체적인 삶의 여정으로 이끈다.

결국 의식은 단지 인지의 도구가 아니다. 그것은 존재를 구성하는 방식이며, 인간이 자기 삶의 주도권을 쥐고 항해할 수 있게 하는 나침반이자 지도이다. 우리는 의식을 통해 습관을 재구성하고, 억압된 무의식을 통합하며, 세계 안에서 자신을 위치 짓고, 방향을 설정한다. 의식은 삶이라는 질문 앞에서 우리가 어떤 대답을 구성해나갈지를 선택하게 하는 가장 근본적인 토대다. 이때 인간은 단지 살아가는 것이 아니라, 자기 삶을 해석하고, 책임지고, 재창조하는 존재로 거듭난다. 그리고 바로 이 점에서 인간은 생물학적 종(species)이 아닌, 실존하는 존재(Existenz)가 되는 것이다.

결단의 본질, 존재의 구조를 바꾸는 힘

우리의 삶은 거대한 조각상과 같다. 우리는 스스로의 형상을 빚어가는 조각가이며, 매 순간의 선택은 망치와 정이 되어 존재의 형태를 새롭게 다듬어간다. 단순히 외적인 틀을 바꾸는 것이 아니라, 존재의 내부 구조와 형식 자체를 근본적으로 전환시키는 힘, 그것이 바로 결단이다. 결단은 수동적인 반응이 아니라 능동적인 창조이며, 우리가 어떤 상황에 놓이든 스스로의 존재 방식과 삶의 규범을 재설정하는 자기 입법의 순간이다. 임마누엘 칸트가 "자유란 자기 입법이다"라고 말했듯이, 인간은 주어진 규칙에 얽매이는 존재가 아니라 스스로에게 명령하고 그 명령에 따라 살아가는 존재인 것이다. 이 결단의 힘은 아침에 어떤 옷을 입을지 선택하는 사소한 순간에서부터, 인생의 방향을 완전히 전환시키는 중대한 결정에 이르기까지 삶의 모든 영역을 관통한다. 중요한 것은 결단의 크기가 아니라, 그 선택이 얼마나 깊은 내면의 울림과 주체적인 의지로부터 비롯되었는가이다. 진정한 결단은 외부의 시선이나 타인의 기대에 의해 좌우되는 것이 아니라, 오직 자신에게로 돌아와 스스로에게 질문하고 답을 찾아가는 용기 있는 행위이다. 이러한 결단을 통해 우리는 존재의 심연에 새로운 길을 개척하고, 자신만의 고유한 의미를 찾아가는 것이다.

결단은 자기 동일성의 중단에서 출발한다. 우리는 흔히 일관되고 고정된 '나'라는 자아를 전제하며 살아가지만, 진정한 선택은 과거의 '나'와 단절하고 새로운 '나'로 거듭나는 순간에야 비로소 가능하다.

프리드리히 니체가 "너 자신이 되어라"고 명령했을 때, 그것은 결코 이미 완성된 자아에 충실하라는 의미가 아니었다. 오히려 그는 끊임없이 새로운 자아로 이행하고, 기존의 모든 한계를 넘어설 것을 촉구하는 급진적인 요구를 제시한 것이다. 그러므로 진정한 결단은 언제나 고통을 수반한다. 익숙하고 안전한 것을 내려놓고, 알지 못하는 방향으로 발을 내딛는 일이기 때문이다. 이는 마치 오랜 항구의 편안함을 뒤로하고 망망대해로 나서는 배와 같다. 예측할 수 없는 파도와 거친 바람을 견뎌야 하는 고통스러운 과정이지만, 바로 그 익숙함으로부터의 이탈이야말로 인간이 진정으로 자유로워지고, 자신의 본질적인 잠재력을 깨우는 출발점이다. 이 고통스러운 단절 속에서 우리는 이전에는 알지 못했던 자신만의 새로운 가능성을 발견하고, 더욱 확장된 존재로 거듭나는 것이다.

결단은 또한 시간의 구조를 근본적으로 바꾼다. 우리는 때때로 과거의 기억과 반복적인 패턴 속에 갇혀 살기도 하고, 불확실한 미래에 대한 불안을 피해 현재에 안주하려 하기도 한다. 그러나 결단은 시간을 단순히 선형적으로 흐르는 일방적인 흐름으로 인식하는 것이 아니라, 현재의 순간을 통해 과거의 의미를 새롭게 해석하고, 미래의 가능성을 다시 구성하게 만드는 역동적인 힘이다. 지그문트 프로이트가 인간을 과거 경험의 반복 속에 묶어놓았다고 보았다면, 자크 라캉은 "무의식은 현재 시제 속에서 말한다"고 주장했다. 이처럼 결단은 바로 이 현재 시제에서 작동하는 힘이며, 과거의 결정론적 원인에 얽매이지 않고, 다가올 결과를 능동적인 선택의 대상으로 삼게 만든다. 이는 곧 '책임'의 출현이기도 하다. 결단은 자신의 모든 행위와 그 결과에 대해 스스로 응답하겠다는 존재의 단호한 선언이다. 우리는 이 순간, 과거의 그림자에서 벗어나 미래를 향한 새로운 길을 열고, 자신의 운명을 스스로 책임지는 진정한 자유를 얻는 것이다.

또한 결단은 관계 속에서 그 진정한 의미를 발휘한다. 우리는 흔히 결단을 고립된 주체의 독립적인 행위로 이해하는 경향이 있다. 그러나 사실 모든 선택은 타자와의 복잡하고 미묘한 관계망을 전제로 한다.

엠마누엘 레비나스는 "나는 타자 앞에서 책임진다, 그것이 나의 존재다"라고 역설했다. 이처럼 결단은 단순히 나 자신만을 위한 이기적인 선택이 아니라, 타인의 존재에 대한 깊은 응답이며, 타인에 대한 책임의 구체적인 형식으로 나타난다. 인간은 홀로 고립되어 결단하는 존재가 아니라, 타인과의 관계 안에서 자신의 결정을 내리고, 타인의 얼굴을 통해 자신의 결정이 지닌 윤리적 무게를 다시 묻게 되는 존재이다. 그래서 결단은 단순한 개인의 선택을 넘어 공동체와 윤리의 가장 근본적인 기초를 이루는 행위인 것이다. 우리의 작은 결정 하나하나가 타인의 삶에 어떤 영향을 미칠지 깊이 헤아릴 때, 우리는 비로소 진정한 의미의 인간성을 발현하고, 책임감 있는 존재로 성장하는 것이다.

결단은 사고의 구조 또한 근본적으로 바꾼다. 우리는 대개 익숙한 인과적 논리와 합리적인 사고방식에 따라 세상을 이해하고 문제를 해결하려 한다. 그러나 진정한 결단은 때로 그러한 익숙한 논리를 중단시키는 과감한 '비약'으로서 발생한다. 마르틴 하이데거는 이를 존재의 "현현"이라 불렀고, 알랭 바디우는 이를 진리의 "사건"이라 정의했다. 즉, 결단은 기존의 인식 틀이나 일반적인 규범으로는 설명되지 않는 돌출적인 현상이며, 완전히 새로운 삶의 가능성이 갑작스럽게 열리는 지점이다. 이 결단이 없이는 우리는 늘 예측 가능한 삶, 반복 가능한 일상에 머무르며 정체된 상태로 존재하게 된다. 그러나 진정한 변화와 혁신은 언제나 이 돌연하고 비합리적으로 보이는 결단에서 시작된다. 이는 마치 캄캄한 밤하늘에 갑자기 나타나는 새로운 별처럼, 기존의 모든 질서를 뒤흔들고 새로운 빛을 비추는 사건인 것이다. 결단은 용기 있는 자만이 경험할 수 있는 진리의 순간이며, 그 순간을 통해 우리는 자신의 한계를 넘어 새로운 지평을 열어간다.

결국 결단은 인간 존재의 가장 깊은 차원을 드러낸다. 그것은 단순히 "내가 누구인가"를 묻는 철학적이고 추상적인 질문을 넘어서, "내가 어떤 삶을 살기로 하는가"를 묻는 실존적인 질문이다. 이 질문은 사유만으로 끝나지 않고, 반드시 구체적인 행위로 이어진다. 그리고 이러한 행위의 축적이야말로 우리를 진정한 인간으로 만든다. 우리는 결단함으로써 스스로를 형성하고, 자신만의 고유한 삶의 서사를 써 내려간다. 존재는 미리 주어지는 수동적인 상태가 아니라, 매 순간의 결단 속에서 능동적으로 쓰여지고 창조되는 과정인 것이다. 우리는 자신의 선택을 통해 끊임없이 자신을 정의하고, 삶의 의미를 부여하며, 이 세상에 자신만의 흔적을 남긴다. 우리의 삶은 완성된 작품이 아니라, 죽는 그 순간까지도 끊임없이 변화하고 발전하는 살아있는 예술 작품이다.

결단은 결국 창조의 행위이다. 기존의 규범과 조건을 넘어서는 이 탈주적인 선택이 없었다면, 인류 역사상 어떤 혁명도, 위대한 예술 작품도, 심오한 철학적 통찰도 존재하지 않았을 것이다. 인간이 인간으로 존재할 수 있는 가장 근본적인 이유, 그것은 바로 '결단할 수 있는 능력'에 있다. 이 능력이 사라질 때, 우리는 단순히 주어진 프로그램에 따라 움직이는 기계적인 존재로 전락하고 만다. 결단은 삶의 방향을 능동적으로 선택하는 자유일 뿐만 아니라, 그 자유가 진실되게 작동하기 위한 윤리적인 용기이기도 하다. 우리는 선택함으로써 비로소 존재의 의미를 부여받고, 존재함으로써 자신의 선택에 대한 책임을 지게 된다. 그 책임의 무게를 기꺼이 견딜 수 있을 때, 인간은 비로소 진정한 의미에서 자유로운 존재가 되는 것이다. 이 자유는 방종이 아니라, 존재의 깊은 책임감과 함께 피어나는 가장 고귀한 인간의 특성이다.

삶의 모든 순간은 결단의 연속이다. 우리는 매일 아침 눈을 뜨는 순간부터 잠자리에 들 때까지 수많은 작은 결단들을 내린다. 이 작은 결단들이 모여 우리의 하루를 만들고, 우리의 한 주를 만들며, 결국 우리의 삶 전체를 빚어내는 것이다. 때로는 고통스러운 결단도 있다. 사랑하는 사람과의 이별, 오랜 꿈의 포기, 새로운 시작을 위한 용기 있는 도약 등이다. 이러한 결단들은 우리에게 깊은 상처를 남기기도 하지만, 동시에 우리를 더욱 강인하고 성숙한 존재로 만든다. 진정한 성장은 편안하고 쉬운 길에서 이루어지는 것이 아니라, 고통스러운 결단을 통해 자신의 한계를 넘어서는 순간에 이루어진다. 우리의 삶은 결단의 파도 위에서 펼쳐지는 영원한 춤과 같다.

결단은 또한 우리에게 '미래'를 열어주는 힘이다. 과거에 얽매이거나 현재에 안주하는 대신, 용기 있게 결단함으로써 우리는 새로운 미래를 창조할 수 있다. 미지의 바다를 향해 돛을 올리는 배처럼, 결단은 우리를 새로운 가능성의 지평으로 이끈다. 이 과정에서 우리는 때때로 길을 잃거나 예상치 못한 어려움에 부딪히기도 한다. 그러나 그러한 실패와 좌절조차도 우리에게는 새로운 배움과 성장의 기회가 된다. 결단은 끊임없는 자기 갱신과 발전의 과정이며, 이 과정을 통해 우리는 자신의 잠재력을 최대한 발휘하고, 더욱 풍요로운 삶을 살아갈 수 있는 것이다. 우리의 미래는 이미 정해진 것이 아니라, 지금 이 순간 우리가 내리는 결단에 의해 끊임없이 재구성되고 있다는 사실을 기억하라.

지속되는 여정, 영원한 성장

삶의 항해는 정해진 끝이 없는 영원한 여정이다. 이 여정은 성공과 실패, 기쁨과 슬픔, 만남과 헤어짐이라는 수많은 순간들로 점철되어 있다. 때로는 거센 폭풍우를 만나 배가 산산조각 날 것 같은 절망을 경험하기도 한다. 그러나 바로 그 가장 어두운 순간 속에서 가장 밝은 한 줄기 빛, 즉 영원한 성장의 가능성이 피어나는 것이다. 인간에게는 어떠한 역경 속에서도 다시 일어서고, 더욱 단단해지며, 본래의 자신을 초월하는 불굴의 힘이 내재되어 있다. 이 힘은 단순히 타고난 재능이 아니라, 고통을 직시하고 그 안에서 의미를 찾아내려는 우리 내면의 깊은 의지이다. 우리가 역경 속에서 얻는 통찰은 그 어떤 평온한 순간에도 얻을 수 없는 깊이와 지혜를 지닌 것이다. 삶의 모든 경험, 심지어 가장 어두운 순간조차도 우리를 성장시키고, 우리의 존재를 더욱 풍요롭게 만드는 귀한 자양분이다.

영원한 성장은 정지된 상태가 아니라 끊임없이 움직이고 변화하는 과정이다. 우리는 삶의 매 순간 새로운 것을 배우고, 자신의 관점을 확장하며, 내면의 지평을 넓혀간다. 이 과정은 우리의 뇌가 가진 놀라운 신경가소성, 즉 경험에 따라 스스로를 재구성하고 새로운 연결을 만들어내는 능력과 깊이 연결되어 있다. 우리는 새로운 지식을 습득하고, 새로운 기술을 배우며, 새로운 관계를 형성함으로써 끊임없이 자신을 갱신한다. 어제의 내가 오늘의 나를 만들었고, 오늘의 내가 내일의 나를 빚어가는 것이다. 이처럼 성장은 우리 존재의 본질적인 특성이며, 살아있는 모든 것이 그러하듯, 우리는 멈추지 않고 끊임없이 진화하는 존재이다.

성장은 또한 불완전함을 인정하고 포용하는 데서 시작된다. 우리는 완벽한 존재가 아니며, 실수와 부족함을 가진 존재이다. 그러나 바로 이 불완전함이 우리에게 성장할 수 있는 동기와 기회를 제공한다. 실패를 두려워하여 아무것도 시도하지 않는다면, 우리는 결코 자신의 진정한 잠재력을 발견할 수 없을 것이다. 실패는 끝이 아니라, 더 깊은 이해와 더 큰 성숙을 위한 필수적인 단계이다. 우리는 넘어지고 일어서기를 반복하며 배우고 강해진다. 마치 나무가 강한 비바람 속에서 뿌리를 더 깊이 내리듯, 역경은 우리를 더욱 단단하게 만들고 내면의 힘을 길러준다. 이처럼 성장은 좌절 속에서 피어나는 희망이며, 고통을 통해 얻는 지혜이다.

지속적인 성장은 의식적인 노력을 요구한다. 그것은 우연히 찾아오는 것이 아니라, 우리의 의지와 결단을 통해 이루어진다. 우리는 자신의 생각과 감정을 의식적으로 관찰하고, 비생산적인 습관을 개선하며, 긍정적인 신념을 강화하기 위해 노력해야 한다. 이러한 의식적인 자기 관리는 우리가 원하는 방향으로 성장할 수 있도록 돕는 가장 강력한 도구이다. 자신을 이해하고, 자신의 강점과 약점을 파악하며, 진정으로 무엇을 원하는지 명확하게 인식할 때, 우리는 성장이라는 나침반을 더욱 정확하게 사용할 수 있다. 이처럼 성장은 우리의 의식적인 선택과 노력의 산물이며, 자기 주도적인 삶을 살아가는 핵심 요소이다.

성장은 또한 우리의 '관계' 속에서 더욱 풍부해진다. 우리는 타인과의 상호작용을 통해 자신을 돌아보고, 새로운 관점을 배우며, 자신의 한계를 넘어선다. 사랑하는 사람들과의 깊은 유대감 속에서 우리는 위로와 지지를 얻고, 갈등 속에서 인내와 이해를 배운다. 타인의 성공을 통해 영감을 얻고, 타인의 아픔에 공감하며 더욱 성숙해진다. 우리는 홀로 성장하는 존재가 아니라, 서로에게 영향을 주고받으며 함께 성장하는 공동체의 일원이다. 이처럼 관계는 우리의 성장을 촉진하는 중요한 촉매제이며, 삶을 더욱 의미 있게 만드는 근원적인 힘이다. 서로에게 배우고, 서로를 지지하며 함께 나아갈 때, 우리는 진정한 의미의 영원한 성장을 경험한다.

영원한 성장은 우리의 '목표'와도 깊이 연결되어 있다. 목표는 단순히 도달해야 할 지점이 아니라, 그 목표를 향해 나아가는 과정 자체가 성장의 기회이다. 우리는 목표를 설정하고, 그것을 달성하기 위해 노력하며,

그 과정에서 새로운 기술을 습득하고, 새로운 문제 해결 능력을 개발한다. 목표 달성 여부와 상관없이, 그 과정에서 우리가 얻는 경험과 학습은 그 자체로 소중한 의미를 지닌다. 목표는 우리에게 방향성을 제시하고, 동기를 부여하며, 끊임없이 자신을 개선해나갈 수 있도록 이끌어준다. 이처럼 목표는 성장을 위한 등대이며, 우리가 나아갈 길을 밝히는 빛이다.

삶의 모든 경험은 성장을 위한 씨앗이다. 기쁨의 순간은 우리에게 감사하는 마음을 일깨우고, 고통의 순간은 우리에게 인내와 회복탄력성을 가르친다. 평범한 일상 속에서도 우리는 작은 깨달음을 얻고, 자신을 조금씩 변화시킨다. 우리는 경험을 통해 배우고, 그 배움을 통해 더욱 지혜로운 존재가 된다. 이처럼 성장은 삶의 모든 측면에서 일어나는 자연스러운 과정이며, 우리는 그 과정 속에서 자신의 잠재력을 끊임없이 발현시킨다. 우리는 삶의 모든 순간을 통해 완성되어 가는 존재인 것이다.

이 영원한 성장의 여정은 우리에게 '의미'를 부여한다. 단순히 살아 숨쉬는 것을 넘어, 자신이 무엇을 위해 존재하는지, 어떤 가치를 추구하며 살아갈 것인지 질문하고 답을 찾아가는 과정 자체가 삶의 의미가 된다. 우리는 성장을 통해 자신의 목적을 발견하고, 그 목적을 향해 나아가며 삶의 깊이를 더한다. 이처럼 성장은 단순한 발전이 아니라, 우리 존재의 의미를 끊임없이 재확인하고 재창조하는 신성한 행위이다. 우리의 삶은 의미 없는 방황이 아니라, 목적 있는 성장 과정인 것이다.

궁극적으로, 영원한 성장은 '자유'로 이어진다. 성장할수록 우리는 외부의 제약과 내면의 한계로부터 자유로워진다. 새로운 가능성을 발견하고, 더 많은 선택권을 가지며, 자신의 삶을 더욱 주체적으로 이끌어갈 수 있게 된다. 성장하는 만큼 우리의 시야는 넓어지고, 우리의 마음은 더욱 개방되며, 세상과의 연결성은 더욱 깊어진다. 이처럼 성장은 우리에게 진정한 자유를 선사하며, 우리가 삶의 모든 순간을 온전히 누릴 수 있도록 돕는다. 우리는 끊임없이 성장하며, 그 성장을 통해 진정한 자유를 얻는 존재인 것이다.

삶이라는 바다 위에서 영원한 성장의 물결은 멈추지 않는다. 이 물결은 우리를 항상 더 높이, 더 멀리 이끌어줄 것이다. 두려워 말고, 그 물결에 몸을 맡겨 당신만의 위대한 여정을 계속하라. 당신의 삶은 당신이 생각하고, 믿고, 행동하는 대로 펼쳐질 가장 위대한 성장 이야기이다. 이 이야기는 결코 끝나지 않으며, 당신은 그 이야기의 영원한 주인공이다. 당신의 잠재력은 무한하며, 당신의 성장은 영원하다. 당신은 이미 충분히 강하며, 당신의 삶은 당신이 상상하는 것보다 훨씬 더 위대하다. 이 모든 것이 당신이라는 존재의 경이로움이다.

에필로그

당신의 의식이 깨어 있는 한, 그 여정은 끝나지 않는다.

우리는 스스로를 몰랐기에 흔들렸고, 타인의 시선에 매달렸기에 외로웠으며, 과거에 얽매였기에 미래를 두려워했다. 그러나 이제는 안다. 내가 누구인지 완전히 알 수는 없을지라도, 나는 지금 이 순간부터 다시 써 내려갈 수 있는 존재라는 것을. 삶은 완성된 작품이 아니라 살아 있는 문장이다. 매일 조금씩 고쳐 쓰고, 지우고, 덧붙이며 완성되어 간다. 그리고 그 문장을 가장 깊이 있게 써 내려갈 수 있는 사람은 다름 아닌 당신 자신이다.

이제 우리는 선택 앞에 서 있다. 익숙한 무력감에 머물 것인가, 아니면 아직 쓰이지 않은 새로운 삶의 문장을 향해 한 발 내디딜 것인가. 정답은 이미 당신 안에 있다. 삶은 답을 찾는 과정이 아니라, 의미를 만들어 가는 예술이다. 그리고 그 예술은 지금, 바로 여기서부터 다시 시작된다.

이 책의 마지막 장을 넘기는 당신의 손끝에서, 우리는 비로소 깊은 여운과 함께 새로운 시작을 마주하게 된다. 책장을 덮는 순간은 단순히 한 권의 끝이 아니라, 당신 내면의 이야기가 새롭게 열리는 문이기도 하다. 우리는 삶이라는 드넓은 바다 위에서 자신만의 배를 띄우고, 미지의 수

평선을 향해 끊임없이 나아가는 항해자다. 이 책이 그 항해에 필요한 작은 나침반이자, 흔들림 없는 돛대가 되어주었기를 바란다.

삶의 여정에는 예측할 수 없는 파도와 바람이 있다. 순풍을 타고 유유히 나아가는 순간도 있지만, 거센 폭풍에 휘말려 좌초될 위기를 맞는 순간도 있다. 그러나 중요한 것은 어떤 상황 속에서도 포기하지 않는 용기와 흔들리지 않는 결단력이다. 이 책은 당신이 마주할 모든 역경 속에서, 당신 내면에 잠든 가능성을 깨우고, 자신만의 항로를 개척할 수 있도록 돕기 위해 쓰였다. 당신은 이미 그 모든 것을 이겨낼 수 있는 강인한 존재이기 때문이다.

우리는 함께 존재의 심연을 탐색했고, 삶의 본질적인 질문들을 마주했다. 당신의 의식은 어둠 속에서도 길을 밝히는 가장 강력한 등대이며, 당신의 자유로운 결단은 어떤 운명도 스스로 개척해 나갈 수 있는 유일한 힘이다. 삶은 미리 쓰인 각본이 아니라, 당신이 매 순간 내리는 선택과 행동으로 완성되는 '영원한 성장'의 이야기다. 이 이야기는 결코 끝나지 않으며, 당신은 그 이야기의 영원한 주인공이다.

당신의 삶은 당신이 상상하는 것보다 훨씬 더 위대하다. 당신의 잠재력은 무한하며, 당신의 성장은 영원하다. 이 책의 여정은 여기서 끝나지만, 당신의 삶이라는 위대한 항해는 이제 막 새로운 장을 시작하려 하고 있다. 당신의 배에 순풍이 가득하기를, 당신의 모든 순간이 영원한 성장의 기회가 되기를 진심으로 기원한다.

당신은 존재 자체로 빛나는 별이며, 그 빛은 결코 꺼지지 않는다. 그러니 주저하지 말고 당신만의 위대한 서사시를 계속 써 내려가라. 그 이야기는 이 세계에서 단 하나뿐인, 당신만의 걸작이 될 것이다.